湖南省能源经济与电力发展(2017)

国网湖南省电力公司经济技术研究院　编著

科 学 出 版 社
北 京

内 容 简 介

本书以湖南"能源、经济、电力"为主题，针对我国经济发展步入新常态的特点，全面分析湖南省经济发展态势和走向、重点行业发展态势、能源供需形势、电力需求发展态势及电力供应保障，对湖南经济增长与电力消费之间的关系、能源消费强度下降原因等开展深入的专题研究。

本书适合政府部门、能源生产企业和社会各界，以及能源、经济和电力相关规划决策人员参考使用。

图书在版编目(CIP)数据

湖南省能源经济与电力发展(2017)/国网湖南省电力公司经济技术研究院编著. —北京：科学出版社，2018.1

ISBN 978-7-03-055371-3

Ⅰ.①湖… Ⅱ.①国… Ⅲ.①能源发展-研究报告-湖南- 2017 ②电力发展-研究报告-湖南- 2017 Ⅳ.①F426.2 ②F426.64

中国版本图书馆 CIP 数据核字(2017)第 279682 号

责任编辑：魏英杰 / 责任校对：桂伟利
责任印制：张 伟 / 封面设计：陈 敬

科 学 出 版 社 出版
北京东黄城根北街 16 号
邮政编码：100717
http://www.sciencep.com
北京京华虎彩印刷有限公司 印刷
科学出版社发行 各地新华书店经销
*
2018 年 1 月第 一 版 开本：720×1000 B5
2018 年 1 月第一次印刷 印张：12 1/4
字数：235 000
定价：90.00 元
(如有印装质量问题，我社负责调换)

《湖南省能源经济与电力发展(2017)》
编委会

前　言

湖南省地处我国中部、长江中游，是人口大省，也是农业和粮食生产大省。2016年湖南省生产总值居全国第九位、中部六省第三位，但人均GDP居全国第十六位、低于全国平均水平。当前我国经济发展进入新常态，供给侧结构性改革持续深入推进，党的十八大提出了“两个一百年”发展目标，明确“十三五”时期是全面建成小康社会的决胜阶段。湖南省围绕“经济强省、科教强省、文化强省、生态强省、开放强省”目标，实施“一带一部”战略，大力推进“四大体系、五大基地”建设，确保如期全面建成小康社会，建设富饶美丽幸福新湖南。经济社会发展目标的实现离不开强有力的能源电力支撑，对湖南省能源、电力发展提出了更高要求。

本书分为综合篇、专题篇两部分，针对我国经济发展步入新常态的特点，全面分析了湖南省经济发展态势和走向、重点行业发展态势、能源供需形势、电力需求发展态势及电力供应保障，多角度地研究了湖南省能源电力发展与经济社会发展的内在规律，对促进能源电力发展更好地服务于湖南五大强省目标做出了思考。

本书密切跟踪湖南省宏观经济发展、能源电力发展、重点行业，以及电力供需形势，通过对2016年以来宏观经济、能源及电力等领域研究分析，可为政府部门、能源生产企业和社会各界提供更多具有价值的分析依据和决策参考。

限于水平，书稿中难免有疏漏与不足之处，恳请读者批评指正。

2017年7月

目　　录

专　题　篇

综　合　篇

第1章　湖南省经济发展

1.1　湖南省自然环境

湖南东邻江西，南接广东、广西，西连贵州、重庆，北交湖北，位于长江中游、洞庭湖以南，是我国东南腹地，因全省大部分地处洞庭湖以南而得名，因省内最大河流湘江流贯全境而简称“湘”。全省东西直线距离宽667公里，南北直线距离长774公里，土地面积21.18万平方公里，占国土面积的2.2%，在各省市区面积中居第10位。

湖南地貌以山地、丘陵为主，山地面积占全省总面积的51.2%，丘陵及岗地占29.3%，平原占13.1%，水面占6.4%。全省三面环山，形成从东、南、西三面向北倾斜开口的马蹄形状。东有幕阜山、罗霄山脉；南有南岭山脉；西有武陵山、雪峰山脉，海拔从500～1500米不等；北为洞庭湖平原，海拔多在50米以下；湘中则丘陵与河谷相间；洞庭湖位于湘北，是全国第二大淡水湖。

湖南属中亚热带季风湿润气候，光热充足，雨量丰沛。湖南年日照时数为1300～1800小时，热量丰富。年气温高，年平均温度在15～18℃。湖南冬季处在冬季风控制下，而东南西三面环山，向北敞开的地貌特性，有利于冷空气的长驱直入，故一月平均温度多在4～7℃。湖南无霜期长达260～310天，大部分地区都在280～300天。湖南年平均降水量在1200～1700毫米，雨量充沛，是我国雨水较多的省区之一。

湖南省矿藏丰富，素以有色金属之乡和非金属矿之乡著称。已探明储量的80多种矿藏中，锑的储量居世界首位，钨、铋、铷、锰、钒、铅、锌，以及非金属雄黄、萤石、海泡石、独居石、金刚石等居中国前列。

湖南基础设施日趋完善，形成了以长沙为中心，沟通省内外，辐射14个市、州的交通、通信、电力网络。全省交通便利，京广、沪昆、湘桂、石长、洛湛等铁路干线横跨东西，贯穿南北。高速公路里程达到约6000公里，省会长沙与湖南省13个市州全部实现高速公路相连。

1.2 湖南省经济发展回顾

1.2.1 湖南省 2016 年经济情况

2016 年是“十三五”开局之年,也是供给侧结构性改革元年。全省经济总体运行平稳。全年完成地区生产总值 3.12 万亿元,按可比价格计算,比 2015 年增长 7.9%,规模以上工业增加值增长 6.9%;全社会固定资产投资增长 13.8%;全省一般公共预算收入增长 6.0%;社会消费品总额增长 11.7%;居民消费价格上涨 1.9%;城镇居民人均可支配收入、农村居民人均可支配收入实际分别增长 6.5%、6.5%。

1. 工业经济

2016 年,全年生产总体运行平稳,呈现出稳中有进、稳中提质的发展态势。规模以上工业增加值增长 6.9%,增速高于全国平均水平 0.9 个百分点,居全国第 16 位,中部第 5 位;规模以上工业企业实现主营业务收入 37686.5 亿元,同比增长 7.6%;实现利润总额 1620.5 亿元,比上年增长 4.5%。

2. 工业投资

2016 年受市场需求疲软、重大项目支撑不足等因素影响,全省投资增速呈现回落态势。全省工业投资同比增长 7.5%,增速比上年回落 9.3 个百分点,比全部固定资产投资增速低 6.3 个百分点。全省进出口总额 1782.2 亿元,比上年下降 2.1%。其中,出口 1205.3 亿元,增长 1.5%;进口 577.0 亿元,下降 8.9%。

3. 工业结构优化

新兴经济加快发展,代表转型升级方向的高技术产业和高加工度工业增加值分别增长 11.4%和 10.6%,占全部规模工业的比重稳步提高,分别达到 11.2%和 38.0%,较上年末分别提高 0.7 和 0.8 个百分点。其中,汽车制造业同比增长达 36.1%,电子计算机及办公设备制造业、航空航天器制造业同比增长超过 20.0%。

4. 产业园区发展

产业园区发展是湖南工业经济发展一大特色,经过近十几年的快速发展,产业园区已成长为全省工业的主战场,对推动全省工业经济发展起着至关重要的作用。目前,湖南共有省级及以上产业园区 142 家,其中国家级园区 19 家。“十二五”期间,全省园区规模工业增加值由 2011 年的 3150.52 亿元,逐步发展到 2015 年的

6570.17亿元，占规模工业增加值比重由2011年的38.8%逐步提高到2015年的61.5%。2016年，省级及以上产业园区工业增加值增长9.4%，占规模以上工业的比重为65.7%，比上年提高4.2个百分点。

5. 农业经济

湖南是农业大省，稻谷、油料、柑橘、生猪、水产品等生产规模较大，在全国具有举足轻重的地位，但农业科学技术推广普及应用率较低，农产品加工业不发达，农业经营方式落后。2016年，第一产业中农业实现增加值2276.6亿元，比上年增长3.6%；林业增加值237.8亿元，增长8.2%；牧业增加值805.4亿元，下降0.1%；渔业增加值258.6亿元，增长6.5%。全省粮食播种面积489.1万公顷，比上年下降1.1%，粮食总产量2953.1万吨，比上年减产1.7%；油料与上年持平；棉花减产15.2%；烤烟增产2.5%；茶叶增产5.9%；蔬菜增产5.0%；猪、牛、羊肉类减产2.6%；牛奶增产4.1%；水产品增产4.0%；禽蛋增产3.2%。

1.2.2　湖南省经济发展态势

2016年湖南地区生产总值迈上3万亿元新台阶，达到3.12万亿元，居全国第9位，同比增长7.9%，增速高于全国平均水平1.2个百分点；人均生产总值达到4.58万元左右，为全国平均水平的85.1%；三次产业结构为11.5∶42.2∶46.3，第三产业比重比上年提高2.4个百分点，工业增加值占地区生产总值的比重为35.8%，比上年下降2.1个百分点；城镇化率为52.75%，低于全国水平(57.35%)约4.60个百分点。

1. 经济总量稳步增长

1978年改革开放以来，湖南经济实现了稳步增长。按2010年不变价格计算，2016年湖南省经济总量达到2.84万亿元，比1978年增长了约32倍，年均增速达到9.8%，目前湖南省经济总量占全国经济总量的4.2%，位于中西部前列。湖南省历年GDP增长情况如图1.1所示。

“七五”期间，湖南省GDP由1985年的1430亿元增至1990年的1970亿元，年均增长6.6%。

“八五”期间，湖南省GDP由1990年的1970亿元增至1995年的3237亿元，年均增长10.5%。

“九五”期间，湖南省GDP由1995年的3237亿元增至2000年的5146亿元，年均增长9.7%。

“十五”期间，湖南省GDP由2000年的5146亿元增至2005年的8383亿元，

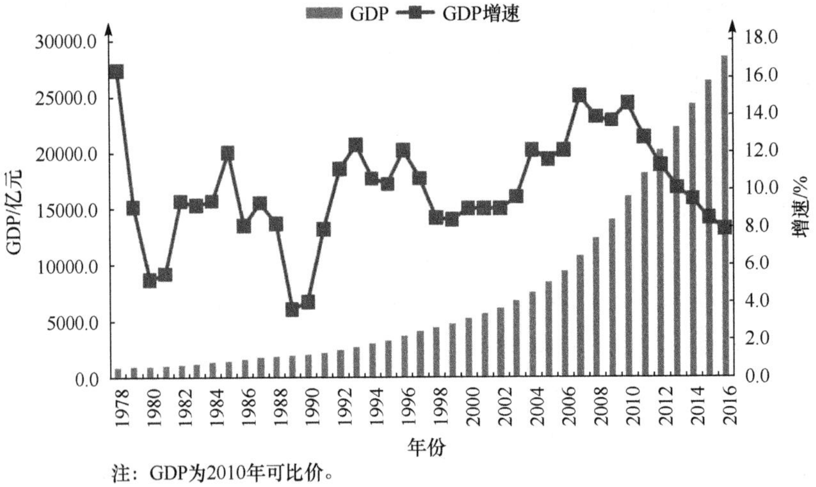

图 1.1　1978～2016 年湖南省 GDP 增长情况

年均增长 10.3%。

"十一五"期间，湖南省 GDP 由 2005 年的 8383 亿元增至 2010 年的 16038 亿元，年均增长 13.9%。

"十二五"期间，湖南省 GDP 由 2010 年的 16038 亿元增至 2015 年的 26338 亿元，年均增长 10.4%。

2011 年以来，全省经济增速呈现回落的趋势，GDP 增速从 2011 年的 12.8% 下降到 2015 年的 8.6%。但从 2016 年全省经济运行来看，湖南经济增长积极因素逐步增多，经济增速由一季度的 7.3% 逐步回稳至上半年的 7.6%，全年实现 7.9%。

2. 城镇化加速推进

改革开放以来，湖南省城乡之间的壁垒逐渐松动并被打破，城镇化发展加速推进，尤其是小城镇的发展，推动了湖南省经济的快速发展。1978～2016 年，湖南省城镇化率由 11.5% 上升到 52.8%，提高 41.3 个百分点，年均上升 1.1 个百分点，如图 1.2 所示。

目前，湖南省城镇化水平仅达到全国 2012 年的平均水平，在时间上滞后 4 年左右，低于全国水平 4.6 百分点。但 2011 年以后，湖南城镇化进程加快，平均每年提高 1.5 个百分点，高于全国同期平均水平。

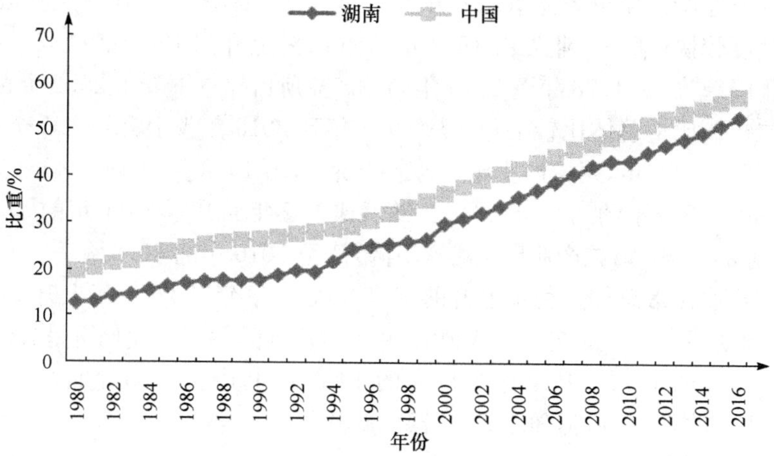

图 1.2　1978～2016 年湖南省城镇化水平

1.2.3　湖南省产业结构调整

1. 产业结构分析

(1) 变化历程

湖南省经济产业结构调整在 1996 年后呈加速趋势，第一产业比重持续下降，第二产业比重保持稳定，第三产业比重持续上升。三次产业占 GDP 比重的结构由 1978 年的“一、二、三”演变为 2016 年的“三、二、一”(三次产业产值占比由 40.7：40.7：18.6 演变为 11.5：42.2：46.3)，如图 1.3 所示。

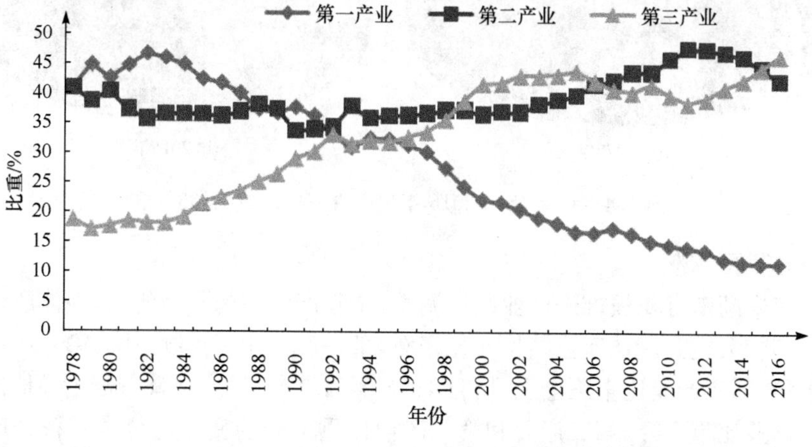

图 1.3　1978～2016 年湖南省三次产业结构变动情况

第一产业所占比重大体呈现先升后降的态势。1983 年达到最大值 45.8%之后下降速度较快;第一产业先由 1978 年的 40.7%上升到 1983 年的 45.8%,之后总体呈下降趋势,从 1978 年到 2016 年第一产业所占比重下降了 29.2 个百分点。

第二产业比重总体比较平稳。从 1978 年到 2016 年仅上升了 1.5 个百分点。从 1978 年到 1990 年,第二产业比重为下降阶段,由 1978 年的 40.7%下降至 1990 年的 33.6%,下降了约 7.1 个百分点;随后比重逐年回升至 2011 年的 47.6%;从 2012 年到 2016 年,第二产业比重再次下降,降至 2016 年的 42.2%。

第三产业比重总体呈稳步上升的态势。从 1978 年到 2016 年上升了 27.7 个百分点,但期间存在一定波动。从 1978 年到 2005 年,第三产业比重呈总体上升趋势,由 1978 年的 18.6%上升至 2005 年的 40.4%,上升了 21.8 个百分点,之后下降到 2011 年的 38.6%,但随之又上升到 2016 年的 46.3%。

(2) 发展阶段

湖南省三次产业结构变化经历以下几个发展阶段。

1978～1991 年是"一、二、三"结构。

1992～1995 年是"二、一、三"结构。

1996～1998 年是"二、三、一"结构。

1999～2005 年是"三、二、一"结构。

2006～2015 年是"二、三、一"结构。

2016 年是"三、二、一"结构。1978 年与 2016 年湖南三次产业结构对比情况如图 1.4 所示。

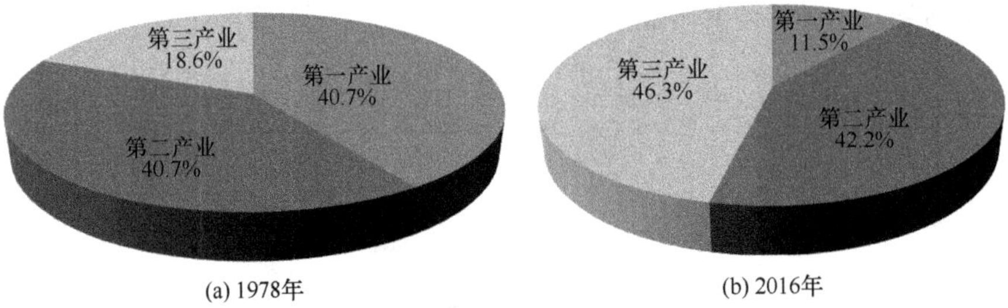

图 1.4　1978 年与 2016 年湖南省三次产业结构对比

(3) 发展态势

近年来湖南省积极推进产业结构调整,全省产业结构不断优化,整体质量和竞争力得到较大提升。从产业结构变化来看,第一产业比重持续下降,第二产业比重保持平稳,第三产业比重逐渐上升,自 1998 年后二产、三产交替占据主导地位。这种第一产业比重下降,第二产业和第三产业比重上升的变化趋势也是符合产业结构演变的一般规律。

与全国相比，2016年湖南省第一产业占比11.5%，较全国高出2.9个百分点；第二产业占比42.2%，较全国高2.4个百分点；第三产业占比46.3%，较全国低5.3个百分点。对比2016年湖南省与全国三产结构(8.6∶39.8∶51.6)，可以看出湖南省第一产业和第二产业比重偏高，第三产业比重则偏低，说明湖南省三次产业结构的演变进度还低于全国水平。

根据世界银行数据，低收入国家第三产业占比为46.1%，中等收入国家第三产业占比为53.0%，高收入国家第三产业占比为72.5%。目前，湖南省第三产业占比最大，2016年第三产业增加值占地区生产总值的比重提升明显，比2015年提高了2.4个百分点，高于第二产业比重4.1个百分点，为历年来最高水平。与世界其他国家相比，湖南省第三产业比重仍较低，距离发达国家仍然有较大的差距。

2. 产业增长特点

① 从总体来看，第二产业增速最高，第一产业增速最低。2000～2016年湖南省第一、第二和第三产业产值年均增速分别为4.2%、13.5%和11.8%，第二产业增速领先其他两个产业。自2011年以来，全省经济增速呈回落趋势，各产业增速整体呈现放缓趋势。2016年湖南省生产总值同比增长7.9%，较“十一五”期间平均增速低6.0个百分点，其中第一、第二和第三产业增速分别为3.3%、6.6%和10.5%，较“十一五”期间平均增速分别降低约1.3、11.4和2.7个百分点。2000～2016年湖南省三次产业增长情况如图1.5所示。

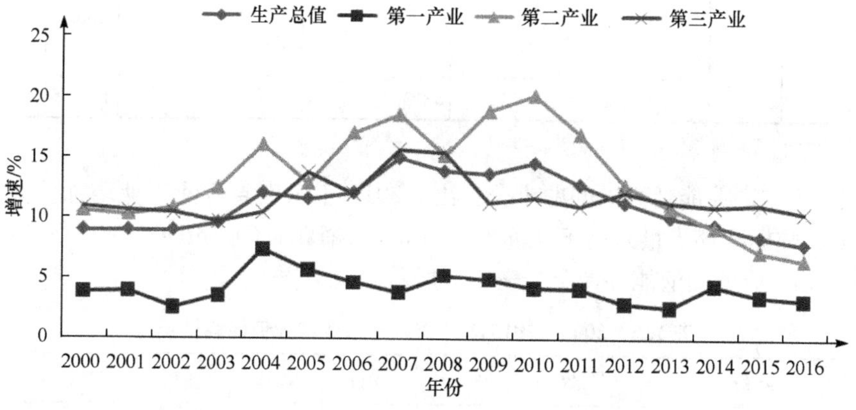

图1.5　2000～2016年湖南省三次产业增长情况

② 从第二产业内部结构看，资源性工业比重过高，受国家政策和市场需求影响较大。2015年，六大高耗能行业综合能源消费量占全省规模工业企业的比重为79.3%，而其工业增加值占规模工业企业增加值的比重为30.3%，能耗比重比2010年提高1.2%，而增加值比重却降低4.6%。由此可见，虽然近年来湖南省在

淘汰落后产能,推动产业结构向中高端演进方面做了很多工作,但六大高耗能行业能耗占全省规模工业能耗比重始终维持在78%~80%,变动不大,到"十二五"末期能耗比重还略有上升。因此,湖南省在淘汰落后产能,调整产业结构上仍面临较大压力。2011~2015年六大高耗能行业综合能源消费情况如表1.1所示。

表1.1 2011~2015年六大高耗能行业综合能源消费量

指标	2011年		2012年		2013年		2014年		2015年	
	能源消费总量	占规模工业比重/%	能源消费总量	占规模工业比重/%	能源消费总量	占规模工业比重/%	能源消费总量	占规模工业比重/%	能源消费总量	占规模工业比重/%
化学原料及化学制品制造业	777.9	10.9	763.9	11.4	701.4	10.4	654.3	10.0	557.2	7.9
非金属矿物制品业	1077.2	15.0	1119.1	16.7	1195.3	17.8	1286.4	19.7	1179.9	19.6
黑色金属冶炼及压延加工业	1313.8	18.3	1234.4	18.4	1189.4	17.7	1190.5	18.2	1161.1	19.7
有色金属冶炼及压延加工业	431.5	6.0	395.0	5.9	368.1	5.5	338.1	5.2	314.3	4.5
电力、热力的生产和供应业	1686.4	23.5	1375.0	20.5	1537.8	22.8	1396.0	21.4	1295.7	22.2
石油加工炼焦及核燃料加工业	308.8	4.3	310.6	4.6	321.3	4.8	288.7	4.4	298.4	5.4
合计	5595.6	78.0	5198.0	77.5	5313.3	79.0	5154.0	78.9	4806.6	79.3

注:能源消费总量单位:万吨标准煤。

③ 第二产业能耗高的问题十分突出。2015年湖南省万元工业增加值能耗为0.57tce(吨标准煤当量),高于江苏省(0.48tce)、浙江省(0.46tce)。2005~2015年全省万元工业增加值能耗情况如表1.2所示。

表1.2 2005~2015年全省万元工业增加值能耗情况

年份	2005	2010	2011	2012	2013	2014	2015
万元工业增加值能耗/tce	2.88	1.36	0.95	0.78	0.73	0.65	0.57
比上年下降/%	—	11.94	8.61	16.56	8.26	11.87	12.69

近年来,湖南省工业结构调整呈现出积极变化,产业链逐步向中高端升级,制造业占比提升。"十二五"期间,全省规模工业制造业增加值年均增长13.5%,而采掘业、电力燃气,以及水的生产和供应业年均仅分别增长5.7%和4.1%。2015

年，全省规模工业中制造业增加值占90.7%，比2010年提高4.4个百分点。向中高端升级稳步推进。“十二五”期间，全省规模工业中高加工度工业、高技术产业增加值年均分别增长16.4%和26.4%，明显快于全省规模工业。2015年，全省规模工业中高加工度工业和高技术产业增加值分别占37.2%和10.5%，分别比2010年提高5.2和5.9个百分点。高耗能行业比重降低，“十二五”期间，全省规模工业中高耗能行业增加值年均增长11.4%，比全省规模工业低1.3个百分点。2015年，全省规模工业中高耗能行业增加值占30.3%，比2010年降低5.6个百分点。

2016年全省工业增加值11177.3亿元，同比增长6.6%，占地区生产总值的比重为35.8%，对经济增长的贡献率为31.6%。其中，规模以上工业增加值增长6.9%。高加工度工业和高技术制造业增加值分别增长10.6%和11.4%，占规模以上工业增加值的比重分别为38.0%和11.2%，比上年提高0.8和0.7个百分点。六大高耗能行业增加值增长5.1%，占规模以上工业的比重为30.6%，比上年提高0.3个百分点。

1.2.4　湖南省主要行业发展

1. 传统行业

“十三五”期间是湖南省产业结构转型的重要时期，钢铁、水泥、化工、有色等传统行业、传统产业经过“十五”、“十一五”的快速发展后，行业产能过剩，转型升级压力较大，湖南传统工业经济仍处于加速转型升级的量变爬坡阶段。

① 钢铁行业。行业存在铁矿石进口依赖性高、整体装备水平低、技术研发能力弱、关键技术和高端产品缺乏、产业链延伸不足、产能过剩等劣势。2016年，钢铁行业深入推进供给侧结构性改革，大力化解过剩产能，各项政策措施陆续出台，效果开始显现，市场出现积极变化，钢铁行业运行走势稳中趋好。全年粗钢产量同比小幅上升，钢材价格大幅上涨，钢材出口略有下降，企业效益好转，湖南钢铁企业出现两极分化，湘钢、涟钢等大型企业业绩明显好转，产量增加，而福源钢厂等一批中小型企业被定为“地条钢”，陆续关闭。

② 水泥行业。行业呈现集中度低、企业规模偏小，局部区域产能严重过剩、市场过度竞争，科技含量低，能耗高等特点，导致整个水泥行业的利润水平偏低。随着经济发展方式加快转变，市场对水泥总量需求将由高速增长逐步转为平稳增长。2016年，湖南水泥行业发展呈现以下特点：一是整体效益指标平稳增长；二是主要产品价格回升、受季节性用电增加和行业价格协同双重作用影响，水泥、商品混凝土等大宗建材从三季度开始环比大幅提升；三是基建类水泥增长乏力，随着基建新开工项目的减少，基建类水泥明显呈下降趋势；四是去产能、错峰生产任务艰巨，受

国家宏观经济下行影响，产供销的矛盾进一步加剧。

③ 化工行业。化工行业在国民经济中占有重要地位，是国家的基础产业和支柱产业，行业受国家政策、资源环境约束、产能过剩、成本上升、市场价格波动影响较大。2016 年，全省化工行业产业结构持续优化，随着产品价格触底回升，化工行业经济运行总体保持平稳态势，整体效益企稳回升，主要呈现以下特点：一是以湘江涂料集团有限公司、湖南海利化工股份有限公司为代表的技术创新型企业走势强劲，不断提质升级，抢占市场先机；二是节能减排效果明显，高能耗企业逐步减少；三是重点项目建设稳步推进；四是部分企业亏损严重，因国家取消化肥优惠电价，湖南省唯一一家尿素生产企业湖南宜化化工有限责任公司停产。

④ 有色金属。在经历了十年黄金发展期之后，由于需求增长放缓，供应不断扩张，自 2012 年起，世界有色金属市场开始进入周期性下行通道，铜、铝、锌、镍等主要有色金属价格持续下滑，2015 年更是出现断崖式下跌。2016 年，湖南省有色金属行业发展呈现以下特点：一是行业投资增速趋缓；二是进出口降幅收窄；三是电解铝价格持续保持低位，最低时跌破 10000 元/吨，湖南省唯一的电解铝企业——创元铝业有限公司关停。目前有色金属工业进入一轮深度调整阶段，湖南省有色金属行业也面临供需失衡、市场无序、结构不合理的严峻挑战。因此，加快供应侧结构性改革，是产业实现稳增长、促转型、降本增效的根本途径。

2. 能源资源类行业

湖南省丰富的自然资源为湖南省矿业开采、金属冶炼、化工、建材等高耗能行业的发展提供了有利条件。自 1990 年起，钢铁、水泥、硫酸、纯碱、平板玻璃等工业品产量一直呈上升趋势。2000～2015 年，全省生铁、粗钢、钢材、水泥、纯碱、平板玻璃等产量迅猛增加，年均增长率分别达到 11.8%、12.8%、13.3%、11.1%、9.0%、7.4%。2016 年，受国家宏观调控政策及市场价格影响，全省钢材、粗钢、生铁、水泥、硫酸产量的增长速度放缓，增速均未超过 5%，而平板玻璃产量则进一步提高，增速达到 27.6%。1990～2016 年湖南省若干工业产品产量如表 1.3 所示。

表 1.3　1990～2016 年湖南省若干工业产品产量

年份	1990	1995	2000	2005	2010	2015	2016
原煤/万吨	3371	5565	1491	3647	7670	3465	—
硫酸(折 100%)产量/万吨	70.5	99.3	128.2	183.9	261.3	244.1	240.7
烧碱(折 100%)产量/万吨	14.5	21.5	21.0	33.8	73.5	48.0	43.0
纯碱(碳酸钠)产量/万吨	6.5	10.8	13.0	27.5	47.1	47.2	—
农用氮、磷、钾化肥产量/万吨	119.9	152.8	141.7	261.4	332.6	112.7	—

续表

年份	1990	1995	2000	2005	2010	2015	2016
化学纤维产量/万吨	3.5	4.8	7.8	8.3	4.6	6.5	7.2
水泥产量/万吨	1002	2196	2396	3742	8749	11680	12178
平板玻璃产量/万重量箱	375	861	735	1091	1757	2146	2739
生铁产量/万吨	154	188	333	1028	1744	1763	1791
粗钢产量/万吨	136	177	304	977	1767	1812	1828
钢材产量/万吨	120	151	299	966	1816	1951	1999

3. 高成长行业

随着产业升级稳步推进，工业产业链向中高端延伸升级。2016年，在全省规模工业中，高加工度工业、高技术产业增加值分别增长10.6%和11.4%，增长速度明显领先于制造业和全部规模工业，其中高加工度工业增加值占全部规模工业的38.0%，比上年提高0.8个百分点；高技术产业增加值占全部规模工业的11.2%，同比提高0.7个百分点。在全省规模工业统计的主要产品中，数控金属切削机床产量增长1.37倍，环境污染防治专用设备增长28.8%，工业机器人增长12.6%，新能源汽车增长43.7%，平板显示器增长46.6%。

1.2.5 湖南省各地市经济发展

1. 经济增长情况

进入21世纪，国家宏观调控主要实行扩大内需方针和扩张性的积极财政政策，加大城市、水利、交通等基础设施的投资，带动经济景气回升，在“十五”、“十一五”期间，全省各地区经济增长速度迅速提升。

整个“十五”期间，全省大部分地区GDP年均增长率在10%以上，其中邵阳、益阳和湘西自治州增长速度较慢，分别为9.1%、9.7%和8.1%；株洲、湘潭、岳阳、常德和郴州增长速度较快，增速均在11%以上；长沙经济发展速度最快，GDP增速达到13.7%。

“十一五”期间，全省除邵阳(12.3%)、郴州(11.7%)和湘西自治州(10.9%)，其他地区GDP年均增长率均在13%以上，株洲、湘潭和岳阳增速超过14%，长沙GDP增长率达到15.2%。

“十二五”期间，各市州GDP增速有所回落，年均增长速度在11%左右，其中湘西自治州增速最低，仅8.0%；长沙增速最高，达到12.0%。

2016年全省所有地区经济增长速度继续探底,GDP增长速度均在10%以下,其中GDP增长率最高的三个地市为长沙(9.4%)、湘潭(8.2%)和郴州(8.2%);最低的为湘西自治州,只有6.9%。湖南省各地市2000～2016年GDP增长情况详见附表2。

2. 经济构成情况

就全省各地区的经济构成情况而言,湖南各地区按三产结构差异可分为以下几类:第一类为长沙、株洲、湘潭,这三个地区经济发展迅速,第一产业比重在10%以下,第二产业、第三产业发展较为均衡;第二类为工业化程度较高的地区,第二产业占GDP的比重基本在40%以上,包括衡阳、岳阳、常德、益阳、郴州、怀化、娄底;第三类为工业不发达的地区,包括湘西自治州、张家界,这两个地区经济总量较小,第二产业占比只有31.2%、21.5%,旅游业对地区经济发展贡献较大;第四类为农业占比较高的地区,第一产业比重在20%以上,包括邵阳、永州。湖南省各地市2000～2016年GDP构成情况详见附表3。

1.3　湖南省经济发展对比

1.3.1　省间经济水平对比

1. 先进省份经济发展

1980～1995年,湖南省经济增速低于全国平均水平。1995年后近20年间,湖南省经济发展速度加快,经济增速高于全国平均水平。与江苏、浙江等先进省份相比,1980～2005年,湖南省经济年均增速明显低于江苏省和浙江省,特别是"八五"期间,湖南省年均增速大约是江苏省的40%,浙江省的55%。2005～2016年,湖南省经济增速略高于江苏省和浙江省,也比全国平均水平高约2.5个百分点,如表1.4和图1.6所示。1978～2016年全国及江苏、浙江、湖南经济发展情况与2015年全国各地经济发展基本情况详见附表4和附表5。

表1.4　1980～2016年湖南、江苏、浙江及全国经济年均增速对比(单位:%)

年份	1980～1990	1990～1995	1995～2000	2000～2005	2005～2010	2010～2016
湖南	7.8	10.5	9.7	10.3	13.9	10.0
江苏	14.9	26.4	11.4	12.9	13.5	9.3
浙江	11.0	19.1	11.0	13.0	11.8	8.0
全国	9.3	12.3	8.6	9.6	11.4	7.7

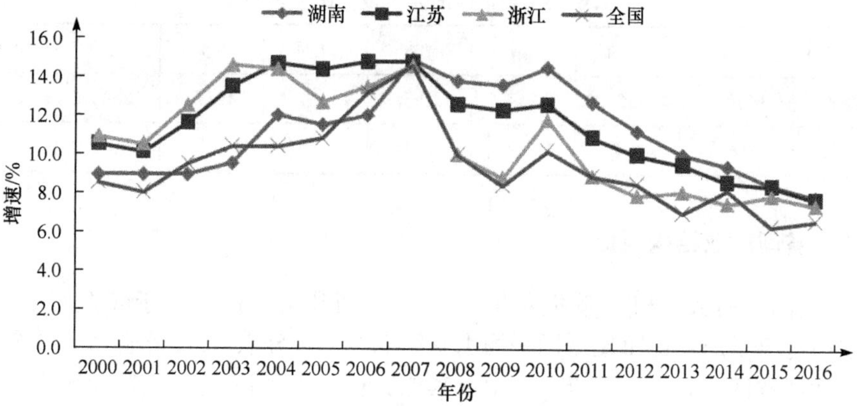

图1.6 2000～2016年湖南、江苏、浙江及全国经济增速对比

2. 中部六省经济发展对比

“十二五”以来，随着供给侧改革的进一步深入，去产能力度加大，需求侧总体呈下行态势，投资、消费和进出口均出现一定程度的下降，整体增长速度放缓。随着“中部崛起”战略的深入实施，中部六省加快承接产业转移、实施产业振兴，2015年GDP同比增长6.0%，低于全国平均水平0.9个百分点，2016年GDP同比增长8.3%，高于全国平均水平1.6个百分点，如表1.5所示。

表1.5 2015～2016年湖南省与中部六省及全国主要指标增长速度比较

指标	2015年			2016年		
	湖南省	中部六省	全国	湖南省	中部六省	全国
生产总值/%	8.6	6.0	6.9	7.9	8.3	6.7
一般公共预算收入/%	11.2	9.7	5.8	7.3	14.1	4.5
固定资产投资/%	18.4	15.7	10.0	13.8	12.2	8.1
社会消费品零售总额/%	12.1	11.6	10.7	11.7	11.5	10.4
进出口总额/%	−3.7	4.4	−7.0	−2.1	−0.4	−0.9
城镇居民可支配收入/%	8.5	8.4	8.2	8.5	7.7	8.4
农村居民可支配收入/%	9.3	9.0	8.9	8.5	8.0	8.2

就各省情况来看，湖南省经济总量居第3位，增速居第5位，仅高于山西省；一般公共预算收入增速与湖北省并列第3位，固定资产投资增速居第2位，仅低于江西省(表1.6)。总体来看，湖南省各项主要经济指标在中部六省中处于中等水平位置。

表 1.6　2016 年中部六省及全国生产总值

地区	全国	湖南	湖北	江西	安徽	山西	河南
生产总值/亿元	744127.0	31244.7	32297.9	18364.4	24117.9	12928.3	40160.0
增长率/%	6.7	7.9	8.1	9.0	8.7	4.5	8.1

1.3.2　省间产业结构对比

与全国平均水平和东部发达省份相比，湖南省第三产业处于较低水平，2016 年，湖南省第三产业比重比全国平均水平低 5.3 个百分点，比江苏省低 3.8 个百分点，比浙江省低 5.3 个百分点。与中部其他五省相比，湖南省第三产业比重仅低于山西省。近年来，湖南省以发展新兴产业为抓手，加快转变经济发展方式，加快产业结构转型升级。2016 年湖南省高新技术产业增加值增长 16.0%，占地区生产总值的比重为 22.0%，比 2015 年提高 0.8 个百分点，而工业增加值占地区生产总值的比重下降 2.1 个百分点。各省间三产结构比较如表 1.7 所示。

表 1.7　2015～2016 年省间三产结构比较

指标	三产结构	
	2015 年	2016 年
1. 湖南	11.5∶44.6∶43.9	11.5∶42.2∶46.3
2. 全国	9.0∶40.5∶50.5	8.6∶39.8∶51.6
3. 中部其他五省	10.6∶48.1∶41.3	10.2∶46.2∶43.6
其中：湖北	11.2∶45.7∶43.1	10.8∶44.5∶44.7
江西	10.6∶50.3∶39.1	10.4∶49.2∶40.4
安徽	11.2∶49.7∶39.1	10.6∶48.4∶41.0
山西	6.1∶40.7∶53.2	6.1∶38.1∶55.8
河南	11.4∶48.4∶40.2	10.7∶47.4∶41.9
4. 其他先进省份	5.1∶45.8∶49.1	4.9∶44.4∶50.7
其中：江苏	5.7∶45.7∶48.6	5.4∶44.5∶50.1
浙江	4.3∶45.9∶49.8	4.2∶44.2∶51.6

2016 年，中部六省第一产业和第二产业增加值分别为 16620.8 亿元和 72236.6 亿元，平均增长率为 3.6%和 7.2%，其中湖南省第一产业和第二产业增加值分别为 3578.4 亿元和 13181.0 亿元，分别占中部六省的 21.5%和 18.2%；中部六省的服务业保持稳步增长态势，第三产业增加值为 70255.9 亿元，增长

9.9%，高于全国 2.1 个百分点，其中湖南省增长 10.5%。2016 年中部六省主要指标如表 1.8 所示。

表 1.8　2016 年中部六省主要指标

指标	第一产业			第二产业			第三产业	
	增加值/亿元	增速/%	粮食产量/万吨	增加值/亿元	增速/%	规模以上工业增加值增速/%	增加值/亿元	增速/%
湖南	3578.4	3.3	2953.1	13181.0	6.6	6.9	14485.3	10.5
湖北	3499.3	3.9	2554.1	14375.1	7.8	8.0	14423.5	9.5
江西	1904.5	4.1	2138.1	9032.1	8.5	9.0	7427.8	11.0
安徽	2567.7	2.7	3417.5	11666.6	8.3	8.8	9883.6	10.9
山西	784.6	2.9	1318.5	4926.4	1.5	1.1	7217.4	7.0
河南	4286.3	4.2	5946.6	19055.4	7.5	8.0	16818.3	9.9
总计	16620.8	—	18327.9	72236.6	—	—	70255.9	—

1.3.3　省间经济效益对比

从经济规模看，中部六省生产总值仅相当于江苏和广东的总量，占全国比重比相应人口占比低 5.0 个百分点。从经济结构看，2016 年中部 GDP 中第一产业比重比全国平均水平高出 1.8 个百分点，服务业比重低 7.4 个百分点，农业现代化程度低，工业发展方式粗放，现代服务业发展不足，城镇化率为 52.75%，低于全国平均水平 4.60 个百分点。

随着经济的快速增长，中部经济增长的质量和效益也在提高。从产业结构来看，六省三次产业比重均呈现出“一、二降，三升”的态势，三次产业增加值比重由 2015 年的 10.8∶47.3∶41.9 调整为 2016 年的 10.4∶45.4∶44.2，其中第一产业和第二产业比重分别下降 0.4 和 1.9 个百分点，第三产业比重提高 2.3 个百分点。与 2015 年比较，湖南第二产业比重由 44.6%回落到 42.2%，第三产业比重由 43.9%上升到 46.3%，分别位居中部六省的第 5 位和第 2 位。

从中部六省内部来看，2016 年湖南省城镇化率位居第 4 位，略低于中部六省平均水平，比全国平均水平低 4.60 个百分点；人均地区生产总值位居第 2 位，仅次于湖北省，但落后于华北、华东的大部分地区，与全国平均水平也存在明显差距；三产结构，与其他五省相比，湖南第一产业占比最高，第二产业居第 5 位，第三产业居第 2 位，如表 1.9 所示。

表 1.9　2016 年省间主要经济指标对比

指标	城镇化率/%	人均 GDP/万元	三产结构
1. 湖南	52.75	4.59	11.5∶42.2∶46.3
2. 全国	57.35	5.40	8.6∶39.8∶51.6
3. 中部其他五省	52.77	4.28	10.2∶46.2∶43.6
其中:湖北	58.10	5.49	10.8∶44.5∶44.7
江西	53.10	4.01	10.4∶49.2∶40.4
安徽	52.00	3.91	10.6∶48.4∶41.0
山西	56.21	3.52	6.1∶38.1∶55.8
河南	48.50	4.22	10.7∶47.4∶41.9
4. 其他先进省份	67.41	9.02	4.9∶44.4∶50.7
其中:江苏	67.70	9.53	5.4∶44.5∶50.1
浙江	67.00	8.35	4.2∶44.2∶51.6

注:人均 GDP 为 2016 年当年价。

1.4　经济发展阶段对比

1.4.1　发展阶段概述

根据对部分发达国家和地区各发展阶段生产总值增长速度、各阶段人均生产总值水平的研究,早在 20 世纪初就已进入人均生产总值 2000～10000 美元的重工业化快速发展阶段,并在 20 世纪中期完成了重工业化进程,度过了快速发展时期,现在正处于后工业化时代,经济低速增长(生产总值增长率水平在年均 3%左右)。

美国、日本城镇化进程加快、农村人口向城市大规模迁移的时期都处于工业化快速发展和经济高速增长时期,大致对应工业化的中期阶段。韩国发展阶段则稍有延迟,从 1970～2000 年,利用 30 年时间完成了人均生产总值 2000～10000 美元的重工业化快速发展阶段,现也进入了后工业化阶段。

中国当前所处的工业化阶段,相当于 20 世纪初的美国、20 世纪 60 年代的日本。美国、日本的重工业化阶段分别经历了近 30 年、20 年。目前中国城镇化进程正在加快,自 2002 年以来工业和重工业的比例也持续走高,2020 年中国将成为中等收入国家,城镇化率将达到 60%,工业占主导的趋势将延续到 2020 年左右。部分发达国家各阶段人均 GDP 如表 1.10 所示。

表 1.10 部分发达国家各阶段人均 GDP(单位:美元)

年份	1980	1985	1990	1995	2000	2005	2010	2015	2016
加拿大	17651	19083	20289	20834	24222	26172	26266	27690	27810
美国	23206	26082	29327	31269	36433	39363	39081	41627	42269
澳大利亚	13887	15034	16562	17887	20744	23046	24203	25490	25673
日本	23023	27438	34263	36176	37302	39300	40031	41492	41820
法国	16243	17127	19718	20590	23318	24438	24665	25120	25292
韩国	2926	4275	6695	9535	11947	14701	17520	19777	20222
德国①	16675	17831	20374	21743	23774	24368	26112	28144	28252
英国	16260	18185	21366	22881	26405	29656	29258	31019	31377
意大利	13684	14824	17265	18248	20116	20732	19956	18735	18804

从国外经济发展阶段看,人均生产总值达到 2000 美元以后,人们对发展前景普遍看好,投资将保持良好态势,经济社会将从人均 2000 美元以下的经济起飞阶段进入 2000~10000 美元的加速发展阶段。

1.4.2 发展阶段对比

1. GDP 增长与人均 GDP

世界各国的历史发展经验表明,一个国家或者相对独立地区的经济发展具有明显的阶段性特点,经济发展速度会随着经济总量的增加和产业结构轻型化等变化而呈现先加快后放缓的趋势。其中,在工业化过程中,经济社会进入加速发展阶段。发达国家早在 20 世纪初就已进入这一快速发展阶段,并在 20 世纪中期度过了快速发展时期,美国、日本和韩国的工业化阶段分别经历了 20~30 年的时间,与此形成鲜明对比的是中国在其工业化过程中快速的增长。

各阶段湖南省、中国及部分发达国家和地区经济增长速度如表 1.11 和图 1.7 所示。

表 1.11 湖南省、中国及部分发达国家和地区各阶段 GDP 增长速度比较(单位:%)

年份	1970~1980	1980~1990	1990~2000	2000~2010	2010~2016
湖南	6.1	7.8	10.1	12.0	10.0
中国	7.7	9.3	9.5	10.5	7.7
澳大利亚	3.0	3.0	3.9	3.6	2.6

① 1990 年以前德国的数据均来自民主德国,本书其他位置与此相同。

续表

年份	1970～1980	1980～1990	1990～2000	2000～2010	2010～2016
加拿大	4.2	2.8	3.1	1.9	2.0
法国	3.3	2.5	2.0	1.2	0.9
德国	2.8	2.3	2.1	3.1	1.5
意大利	3.6	2.3	1.8	0.3	−0.4
日本	4.5	3.9	1.3	0.8	0.6
韩国	7.4	8.6	5.9	4.6	2.9
英国	2.0	2.6	2.5	1.6	2.0
美国	3.3	3.2	3.3	1.8	2.1

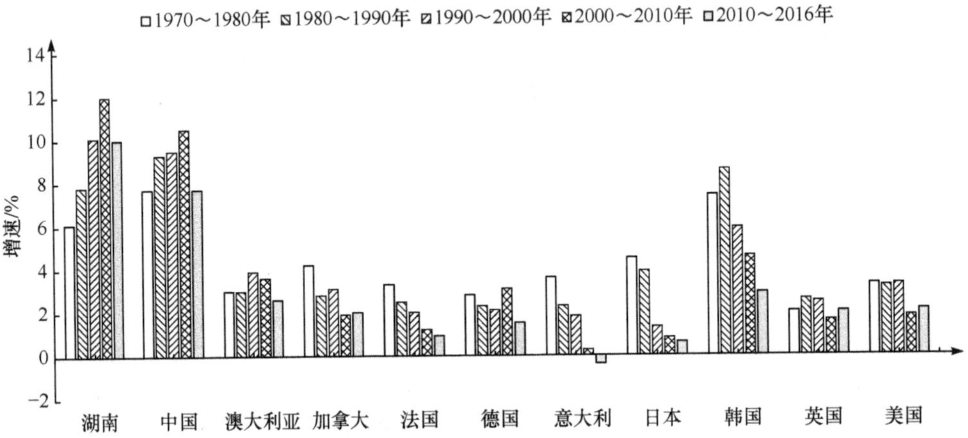

图 1.7　各阶段湖南省、中国及部分发达国家 GDP 增长速度

2. 人均 GDP 水平

从国际经验来看，人均 GDP 从 1000 美元到 2000 美元，再从 2000 美元到 3000 美元，一般需要 10～15 年时间，比如德国分别用了 9 年和 6 年，日本分别用了 7 年和 4 年，韩国分别用了 10 年和 6 年。

与这些发达国家相比，2003 年我国人均 GDP 突破 1000 美元(2000 年价)。根据世界银行 2006 年国家分类标准的数据，人均国民收入不大于 875 美元为低收入国家，人均国民收入 876～3465 美元为中低收入国家，人均国民收入 3466～10725 美元为中高收入国家，人均国民收入大于 10726 美元为高收入国家。根据世界银行的标准，我国已经步入了中等收入国家行列。

从我国内部来看，过去 20 年间，中东部发达地区 GDP 增长较快，湖南 GDP 增长与全国平均水平相当，在 1995 年之后还高于全国平均水平，但由于人口增长较快，导致人均 GDP 落后于全国平均水平，绝对差距还有所拉大。

2016 年，湖南人均 GDP 为 45931 元(超过 6900 美元，当年价)，低于全国平均水平，经济社会处于“重工业化”初级阶段，已经进入人均生产总值 2000～10000 美元的“重工业化”快速发展阶段，经济增长呈快速发展态势。

1.5　经济发展阶段判断

1.5.1　发展阶段划分理论

在经济发展过程中，产业结构的变化具有一定的规律性，即第一产业的比重呈现出持续下降的趋势；第二产业的比重是先稳步上升，之后保持稳定，再持续下降；第三产业的比重则是先略微下降，之后基本稳定，再持续上升。对此现象，国外经济学家钱纳里、库兹涅兹、赛尔奎等基于几十、上百个国家的案例，采取实证分析的方法，得出了经济发展阶段和工业化阶段的经验性判据，进而得出“标准结构”。

不同学者对发展阶段的划分不尽相同，最具代表性的是钱纳里和赛尔奎的方法。钱纳里利用第二次世界大战后发展中国家，特别是其中的 9 个准工业化国家(地区)1960～1980 年的历史资料，建立了多国模型，利用回归方程建立了 GDP 市场占有率模型，提出标准产业结构，即根据人均国内生产总值，将不发达经济到成熟工业经济整个变化过程划分为前工业化、工业化实现和后工业化三个阶段，其中工业化实现阶段又分为初期、中期、后期，从任何一个发展阶段向更高一个阶段的跃进都是通过产业结构转化来推动的，人均收入的不断提高是工业化的自然后果，综合反映了工业化的经济效益。本书主要从人均收入水平、三次产业结构、就业结构、城市化水平四个方面判断工业化阶段进程，如表 1.12 所示。

表 1.12　工业化不同阶段指标

基本指标	前工业化阶段	工业化实现阶段			后工业化阶段
		工业化初期	工业化中期	工业化后期	
人均 GDP/美元	745～1490	1490～2980	2980～5960	5960～11170	11170 以上
三次产业结构	A>I	A>20%且 A<I	A<20%且 I>S	A<10%，I>S	A<10%，I<S
第一产业就业人员占比	60%以上	45%～60%	30%～45%	10%～30%	10%以下
城镇化率	30%以下	30%～50%	50%～60%	60%～75%	75%以上

注：① A 代表第一产业，I 代表第二产业，S 代表第三产业。

② 人均 GDP 为 2005 年可比价。

根据表 1.12,进入工业化后期的标志是人均 GDP 在 5960～11170 美元(2005 年可比价),第一产业增加值占比在 10%以下,且第二产业比重高于第三产业,第一产业就业人员占比在 10%～30%,城镇化率在 60%～75%。实现工业化进入后工业阶段的标志是人均 GDP 达到 11170 美元以上,第一产业增加值占比低于 10%,且第三产业占比高于第二产业占比,第一产业就业人员占比在 10%以下,城镇化率达到 75%以上。

1.5.2 发展阶段梳理

根据钱纳里的经济发展阶段理论与判断标准,美国、英国、德国、日本、韩国各工业化阶段梳理如表 1.13 所示。

表 1.13 部分主要国家经济发展阶段梳理

国家	美国	英国	德国	日本	韩国
前工业化阶段	19 世纪 20 年代	18 世纪 60 年代	19 世纪 40 年代	20 世纪初	20 世纪 50～60 年代
工业化初期	19 世纪 20 年代～20 世纪 40 年代	18 世纪 60 年代～20 世纪 50 年代	19 世纪 40 年代～20 世纪 50 年代	20 世纪初～20 世纪 60 年代	1968～1975
工业化中期					1976～1986
工业化后期					1987～1994
后工业化阶段	20 世纪 40 年代至今	20 世纪 50 年代至今	20 世纪 50 年代至今	20 世纪 60 年代至今	1995 年至今

就完成工业化的耗时来看,英国、美国、德国完成工业化的时间分别花了约 190 年、120 年、110 年,而韩国仅花了约 40 年。这主要是因为后发国家工业化过程面临着更为宽广的技术选择,消费结构转型升级,城市化不断推进,技术更新步伐加快,工业化进程被大幅缩短,从而呈现出与先发国家不同的能源经济发展特点。

1.5.3 湖南工业化发展阶段研判

基于人均 GDP 指标衡量,2016 年湖南人均 GDP 达到 45931 元,按当年平均汇率计算为 6915 美元,按 2005 年不变价计算为 4935 美元,正处于钱纳里模型中的工业化中期阶段。

从三次产业结构判断,按照三次产业产值结构来看,2016 年第一产业产值占比为 11.5%,第三产业产值占比为 46.3%,比重高于第二产业的 42.2%,相差 4.1 个百分点。根据产业结构判断,没有完全对应的发展阶段,但对照历史年产业结构，发现2007～2015年湖南省第二产业占比均高于第三产业占比，2016年受国家宏观调控影响，某些高耗能行业出现断崖式下跌，因此判断湖南仍处于工业化中期阶段。

从第一产业占比情况判断，改革开放以来，湖南第一产业的就业比重持续下降，但受城市化水平低、农村人口多、三次产业发展滞后等因素的影响，湖南第一产业就业比重仍处于较高水平，2015年为40.7%，高于第三产业4.9个百分点，高于第二产业17.2个百分点，处于工业化中期的30%～45%。

从城市化水平判断，由于湖南社会经济"城乡二元结构"的不平衡性，城镇化率一直处于较低水平。2015年，湖南城镇化率首次超过50%，2016年达到52.8%，处于工业化中期的50%～60%，但低于工业化后期至少10个百分点。因此，如果基于城市化水平判断，湖南目前刚进入工业化中期的初始阶段。可见，湖南城市化水平略滞后于工业化的整体进程，处于刚迈入工业化中期门槛。

综合上述分析对比，湖南省经济发展目前正处于工业化中期阶段，但第一产业就业比重仍较大、城市化水平不高，目前仅处于进入工业化中期的初始阶段，距离工业化发展后期阶段仍有较大的差距。

1.6 湖南省经济发展展望

1.6.1 湖南省经济发展规划

1. 长江中游城市群发展规划

长江中游城市群是以武汉城市圈、环长株潭城市群、环鄱阳湖城市群为主体形成的特大型城市群。按照国家《长江中游城市群发展规划》，湖南省规划实施范围为环长株潭城市群，即以长沙、株洲、湘潭三市为核心，辐射衡阳、岳阳、常德、益阳、娄底五市，总面积9.68万平方公里，2014年常住人口4105.9万人，地区生产总值21599亿元，分别占长江中游城市群的30.4%、33.9%和36.0%。

长江中游城市群发展规划明确了长江中下游城市群的四大战略定位，即中国经济新增长极、中西部新型城镇化先行区、内陆开放合作示范区、"两型"社会建设引领区。长江中游城市群主要规划指标如表1.14所示。

表1.14 长江中游城市群主要规划指标

年份	2014	2020
人均地区生产总值/元	49700	75000
进出口总值/亿美元	1020	1900

续表

年份	2014	2020
三次产业结构	10.2∶52.4∶37.4	8.0∶50.0∶42.0
研发经费占 GDP 比重/%	1.6	2.5
城镇居民人均可支配收入/元	25100	43000
农村居民人均纯收入/元	12000	22000
常住人口城镇化率/%	55.5	60.0
户籍人口城镇化率/%	32.3	45.0

规划发展目标是到 2020 年，长江中游城市群整体经济实力明显增强，转变经济发展方式取得实质性进展；交通、能源、信息等基础设施全面对接联网，布局合理、特色鲜明、分工合作的产业发展格局初步形成；城镇体系更加完善，中心城市辐射带动能力明显增强，城乡统筹发展和城乡一体化发展格局基本形成；市场一体化建设取得重大进展，开放型经济向更广领域和更高层次迈进；流域生态环境保护取得积极成效，生态环境质量位居全国前列；基本公共服务体系一体化水平稳步提升，社会就业更加充分，人民生活水平不断提高。

到 2030 年，稳步走上科学发展道路，现代市场体系和城乡发展一体化体制机制更加完善，开放开发水平进一步提升，城乡、区域发展格局更加优化，经济社会持续健康发展，城乡生活和谐宜人，发展成为我国经济增长与转型升级的重要引擎和具有一定国际竞争力的现代化城市群。

2. 湖南省“十三五”新型工业化发展规划

“十三五”新型工业化发展规划强调要牢固树立创新、协调、绿色、开放、共享的发展理念，坚持新型工业化第一推动力不动摇，大力推进供给侧结构性改革，紧紧围绕制造强省建设，以创新发展为主题，转型提质增效为中心，两化深度融合为主线，智能制造为主攻方向，巩固提升传统优势产业、培育壮大新兴产业、加快发展生产性服务业，促进产业结构优化升级，全力构建多点支撑、多极发展、绿色两型、特色突出的现代工业产业新体系，将湖南打造成为全国工业转型创新区、两型产业发展示范区、智能制造引领区，加快由制造大省向制造强省跨越发展的步伐。

“十三五”新型工业化发展规划指出了今后湖南省工业化发展的三大重点。一是巩固提升传统优势产业。加大传统优势产业技术改造力度，运用先进适用技术、信息技术和低碳技术，实施“互联网＋”行动，大力提升传统装备制造业、原材料工业和消费品工业，培育发展特色子产业或相关产业，争取到 2020 年，全省装备工业规模企业主营收入达到 15000 亿元，年均增长 10%左右；原材料工业增加值 4500 亿元，成为全国重要的原材料工业基地；消费品工业增加值 4900 亿元，推进轻工、纺织产业向中高端升级。二是加快壮大新兴产业。把握国家大力发展新兴产业和扩大消费需求契机,加快发展新一代信息技术、新材料、高端装备、新能源汽车、生物医药、节能环保等战略性新兴产业。到2020年,全省新一代信息技术产业增加值达到1200亿元,年均增速12%左右;实现新材料产业增加值1400亿元,年均增速达到12%以上。三是积极发展生产性服务业。充分发挥湖南省"一带一部"区位优势,积极发展与先进制造业相配套的生产性服务业,重点发展工业研发设计、信息服务、现代物流、现代商务等,促进生产性服务业与现代产业体系全面对接、配套和融合,加快构建立足湖南、服务全国的生产性服务业体系,促进制造业转型升级和提升竞争力。

3. 湖南省"十三五"服务业发展规划

湖南省"十三五"服务业发展规划坚持以满足人民群众日益增长的服务需求为根本,着力改造提升传统业态、大力培育发展新兴业态,充分发挥"一带一部"区位优势,推动生产性服务业向专业化和价值链高端延伸、生活性服务业向精细化和高品质转变,促进带动"三量齐升"、"五化同步",高水平建设"三基地两中心",致力于打造中部地区现代服务业强省。力争到2020年,全省服务业综合实力和竞争力显著增强,产业关联辐射效应不断扩大,国际竞争力有较大提升,成为国内服务业的重要增长极,如表1.15所示。

表1.15　湖南省"十三五"服务业发展主要指标

指标	2015年	2020年
服务业增加值/亿元	12760.2	21000
服务业增加值占GDP比重/%	43.9	48.0
服务业地方税收占全省地方税收比重/%	68.6	75.0
服务业就业人口占全社会从业人员人数比重/%	35.7	40.0
长株潭城市群服务业增加值占全省服务业增加值比重/%	40.0	45.0
年营业收入过百亿的服务业企业/家	5.0	10.0
省级以上服务业示范集聚区/个	15.0	50.0
生产性服务业增加值占全部服务业增加值比重/%	41.6	50.0
服务业实际利用外资规模/亿美元	37.9	75.0

湖南省"十三五"服务业发展规划提出今后湖南省服务业发展的两大重点。一是大力发展生产性服务业。加快生产性服务业创新发展,进一步提升现代物流、现代金融、研发设计、信息服务等潜力大、带动力强的重点产业,推动生产性服务业向

专业化和价值链高端延伸,促进全省经济提质增效。力争到2020年,全省社会物流总费用占GDP的比率比2015年下降2个百分点左右;金融业增加值占GDP的比重达到6%;实现研发设计产业增加值年均增长12%;信息产业总产值达到4500亿元,其中软件企业营业收入年均增长15%以上。二是优化提升生活性服务业。以消费引领创新、以创新引领供给,不断扩大服务消费供给规模,推动生活性服务业向精细化和高品质转变。重点发展旅游、文化、健康养老、居民和家庭生活、住宿餐饮等生活性服务业。

1.6.2 湖南省经济发展预测

"十三五"时期是湖南省全面建成小康社会的决胜阶段,是经济转型的爬坡过坎时期。

从国际看,和平与发展的时代主题没有变,世界多极化、经济全球化、文化多样化、社会信息化深入发展,世界经济在深度调整中曲折复苏;从国内看,经济长期向好基本面没有改变,但发展进入新常态,面临增速放缓、结构优化和动力转换的考验;从省内看,面临诸多有利条件,发展基础更加坚实,发展区位优势凸显,发展潜能依然巨大。

1. 经济总量预测

湖南省经济发展加快向更高级阶段演化,增长速度从高速转向中高速,发展方式从规模速度型转向质量效益型,结构调整从增量扩能为主转向调整存量、做优增量并举,发展动力从主要依靠资源和低成本劳动等要素投入转向主要依靠创新驱动。根据《湖南省国民经济和社会发展第十三个五年规划纲要》确定的发展目标,"十三五"期间,湖南省经济保持中高速增长,继续保持高于全国平均水平,到2020年地区生产总值达到43680亿元,年均增速保持在8.5%;规模工业增加值达到15690亿元,年均增长8.0%;固定资产投资保持15%的高速增长;居民人均可支配收入达到29050元,年均增长8.5%(表1.16)。

表1.16 湖南省"十三五"经济社会发展主要目标

指标	2015年	2020年	年均增速/%
地区生产总值/亿元	29047.2	43680	8.5
规模工业增加值/亿元	10679.9	15690	8.0
财政总收入/亿元	4008.1	5890	8.0
固定资产投资/万亿元	[9.2]	[20]	5.0
社会消费品零售总额/亿元	12024	21190	12.0
进出口总额/亿美元	293.7	600	15.4

续表

指标	2015年	2020年	年均增速/%
服务业增加值比重/%	43.9	48	—
居民人均可支配收入/元	19317	29050	8.5
常住人口城镇化率/%	50.9	58	—
户籍人口城镇化率/%	28.1	40	—

注:2015年可比价,[ ]表示5年累计数。

2. 经济结构预测

现阶段湖南省正处于工业化中期阶段,到2020年前后,将逐步向工业化后期过渡。参照国内外经济发展的规律和经验,结合湖南省当前实际情况,未来湖南省将进入产业结构深度调整期,第一产业比重将进一步降低,第二产业比重略有下降,份额继续处于高位,第三产业比重稳步提升并超过第二产业,占据重要地位,预计三产结构比例将由2015年的11.5∶44.6∶43.9调整为2020年的8.5∶42.0∶49.5,三次产业的格局由“二、三、一”变为“三、二、一”。经济结构进一步得到优化,工业化和信息化融合发展水平进一步提高,产业迈向中高端水平,先进制造业加快发展,新产业新业态不断成长,服务业比重进一步提升,农业现代化取得明显进展。

(1) 第一产业

湖南作为传统的农业大省,第一产业占GDP的比重一直偏高,但特色农业、生态农业的发展还远远不够,农业优势资源没有得到充分开发利用。“十三五”及以后,湖南省将深入推进农业结构调整,推动农业产业升级,向高产、优质、特色的农业现代化方向发展,在确保粮食种植面积稳定的同时粮食产量稳步增长,经济作物种植面积明显增加,规模化和特种养殖积极推进,主要农产品品种、品质结构不断优化。

预计“十三五”期间第一产业GDP增速达3.0%,第一产业占GDP比重下降至10.0%以下,粮食生产能力达到3200万吨,农村居民可支配收入年均增长10.0%以上。总的来看,近期湖南省第一产业将继续保持平稳有序的增长。

(2) 第二产业

湖南省将巩固提升传统优势产业、培育壮大新兴产业,促进产业结构优化升级,全力构建多点支撑、多极发展、绿色两型、特色突出的现代工业产业新体系,主要包括装备制造、有色、化工、建材、冶金等传统优势行业,以及信息技术、新材料、高端装备、新能源汽车、生物医药、节能环保等战略性新兴产业。“十三五”及以后,湖南省将全力深化产业结构调整,大力推进传统产业转型升级,积极培育新兴产业,促使优势产业更优、新兴产业加快成长,呈现出传统产业高新化、新兴产业规模化、优势产业集群化的良好态势,形成多点支撑的产业格局。紧抓汽车消费升级和国家大力发展新能源汽车的机遇,打造中国汽车产业第六极和新能源汽车之都;充分发挥湖南省医药研发和生物资源优势,形成集研发、生产、物流和服务于一体的医药产业链;准确把握新一轮产业科技革命脉搏,努力把高端装备制造业培育成为湖南省具有国际竞争力的国民经济支柱产业。

预计到2020年,规模工业增加值突破15000亿元,年均增长8%;工业投资达到17000亿元,年均增长10%,实现工业总量持续稳定增长。

(3) 第三产业

“十二五”期间,随着湖南产业结构的不断优化调整,第三产业一直保持较快的增长速度,GDP占比稳步提升,对经济社会发展的支撑和拉动作用日益突出。进入“十三五”,将继续加快现代物流、现代金融、商务商贸等生产性服务业的发展,提高其整体发展水平和产品附加值,推动生产性服务业向专业化和价值链高端延伸;不断加强文化、旅游、健康养老、住宿餐饮等生活性服务业的功能,推动生活性服务业向精细化和高品质转变。

预计到2020年,第三产业增加值突破21000亿元,占GDP比重达49.5%;第三产业税收占全省地方税收的比重超过75.0%,从业人员比重达到40.0%。从整体来看,湖南省第三产业仍将继续保持较高的发展速度,是未来的发展重点。

第 2 章　湖南省能源发展

2.1　湖南省一次能源消费

2.1.1　湖南省能源消费总量

"十二五"期间，随着社会经济的不断发展，湖南省能源消费总量达到新的历史高度，"十二五"中后期受经济增速下滑、产业结构调整、节能降耗政策落实、能源领域供给侧改革等多方面因素的影响，全省能源消费总量有所回落。至"十二五"末期，全省一次能源年消费总量达到 1.55 亿 tce，比 1980 年的 0.21 亿 tce 增长了 6.4 倍，年均增长 5.9%。历史各年湖南省一次能源消费总量增长情况如图 2.1 所示。

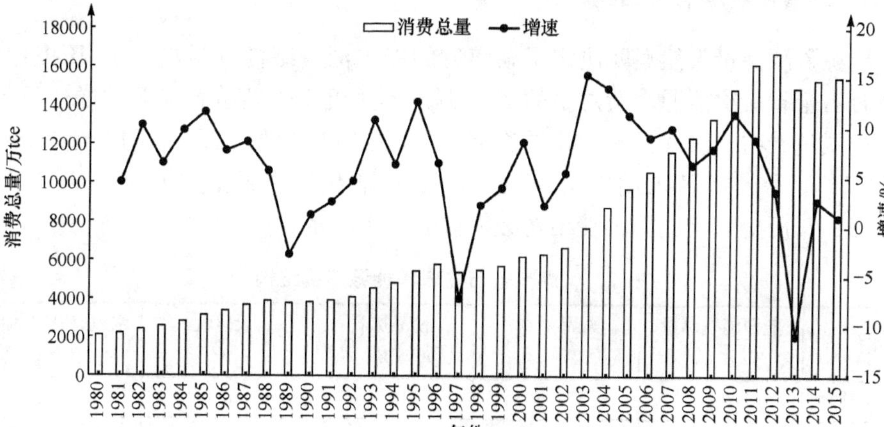

注：湖南省统计局于2014年调整了全省一次能源消费总量的数据口径。

图 2.1　湖南省历史各年一次能源消费总量增长情况

煤炭在湖南省一次能源消费结构中占有举足轻重的地位。"十二五"末期，全省煤品燃料年消费量为 0.93 亿 tce，占全省一次能源消费总量的比重为 59.9%；油品燃料消费量为 2486 万 tce，占比 16.1%；天然气消费量为 353 万 tce，占比 2.3%；水电、核电、风电和其他能源消费量为 3361 万 tce，占比 21.7%。

2.1.2　湖南省人均能耗水平

"十二五"末期湖南省人均能耗 2.136tce，远低于全国人均能耗水平 3.128tce。

历史各年全省人均能耗水平变化情况如图 2.2 所示。

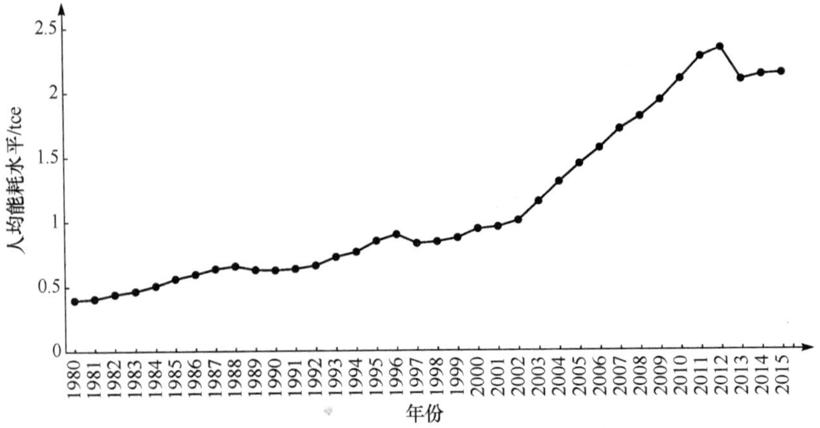

图 2.2 湖南省历史各年人均能耗水平变化情况

2.1.3 湖南省能源消费结构

能源资源储量天然禀赋决定了湖南省的能源消费结构以煤炭为主,历史比重最高时占全省一次能源消费总量的 78.1%。不过近年来随着新能源的增速发展,全省煤炭消费占一次能源消费比重逐渐下降,从 1980 年的 71.4%下降至 2015 年的 59.9%。“十二五”末期煤炭、石油、天然气、非化石能源比重为 59.9∶16.1∶2.3∶21.7,历史各年能源消费结构数据如表 2.1 所示。

表 2.1 湖南省历史各年能源消费结构

指标	能源消费总量/万 tce	煤品燃料/%	油品燃料/%	天然气/%	水电、核电、风电和其他能源/%
1980 年	2099.0	71.4	13.4	0.0	15.2
1985 年	3147.0	78.1	13.0	0.0	8.9
1990 年	3821.4	72.6	10.3	0.0	17.1
1995 年	5425.6	75.5	9.3	0.0	15.2
2000 年	6171.0	71.5	10.4	0.0	18.1
2005 年	9709.3	68.5	12.8	0.7	18.0
2006 年	10580.9	66.3	12.5	0.6	20.6
2007 年	11629.0	67.6	12.6	0.9	18.9
2008 年	12355.3	66.0	10.9	0.9	22.2
2009 年	13331.0	65.8	11.2	1.1	21.9
2010 年	14852.2	62.8	11.1	1.1	25.0

续表

指标	能源消费总量/万 tce	煤品燃料/%	油品燃料/%	天然气/%	水电、核电、风电和其他能源/%
2011 年	16160.9	65.2	11.0	1.3	22.5
2012 年	16744.1	60.8	11.2	1.5	26.5
2013 年	14918.5	60.7	14.4	1.8	23.1
2014 年	15316.8	58.1	14.6	2.1	25.2
2015 年	15468.6	59.9	16.1	2.3	21.7
2016 年	—	—	—	—	—

2.1.4　湖南省能源消费强度

湖南省单位 GDP 能耗累计下降十分显著。全省单位 GDP 能耗由 1980 年的 2.29tce/万元下降至 2015 年的 0.59tce/万元(按 2010 年可比价计算),累计下降达 74.2%,年均下降 3.9%。历史各年全省单位 GDP 能耗如图 2.3 所示。

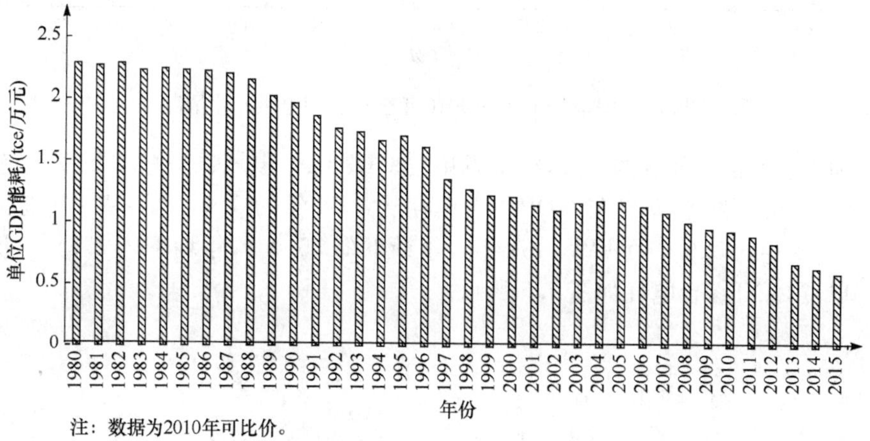

图 2.3　湖南省历史各年 GDP 能耗水平变化情况

2000 年以来,在工业化和城镇化的带动下,高能耗行业发展较快,单位 GDP 能耗下降幅度趋缓。2003～2005 年处于上升状态,出现了小幅波动,其后又开始不断下降。随着社会经济发展进入新常态,社会经济增速减缓、产业结构调整、节能降耗技术应用的不断深化,单位 GDP 能耗从 2013 年开始较大幅度地下降。“十二五”期间,全省单位 GDP 能耗累计下降 36.7%,年均下降 8.7%。

2.1.5　湖南省电力消费水平

近十几年以来,伴随着社会经济和电力需求的快速发展,湖南省电力消费水平显著提高。“十一五”期间全省电力需求增速很快，全社会用电量从 2005 年的 674.4 亿 kW · h 增至 2010 年的 1171.9 亿 kW · h，年均增长 11.7%；“十二五”期间全省电力需求增速放缓，2015 年全社会用电量为 1447.6 亿 kW · h，年均增长 4.3%。2016 年，湖南省全社会用电量为 1495.7 亿 kW · h，同比增长 3.3%，比 2005 年累计增长 1.2 倍，年均增长 7.5%。历史各年湖南省全社会用电量如图 2.4 所示。

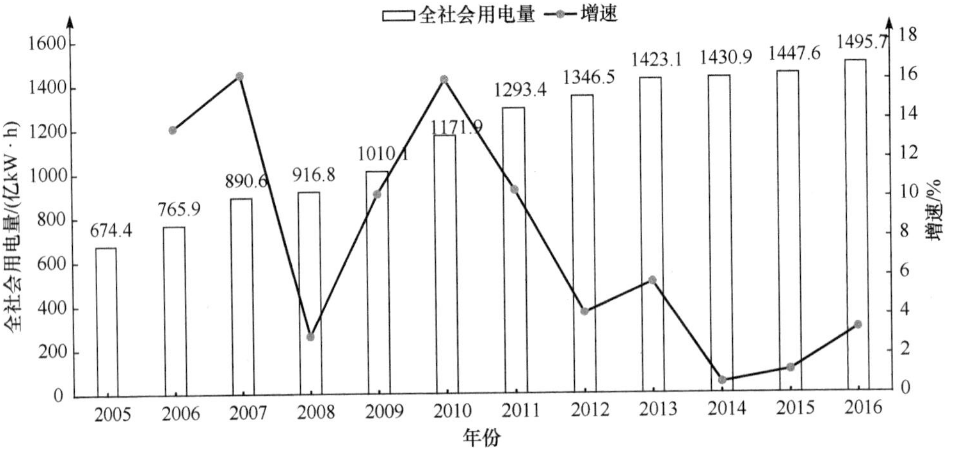

图 2.4 湖南省 2005～2016 年全社会用电量变化情况

随着能源消费强度的下降，湖南省单位 GDP 综合电耗也呈总体下降的趋势。按 2010 年可比价计算，全省 GDP 综合电耗从 2005 年的 809.6 万 kW · h/亿元下降至 2016 年的 526.3 万 kW · h/亿元，累计下降 35.0%，年均下降 3.8%。历史各年单位 GDP 综合电耗如图 2.5 所示。

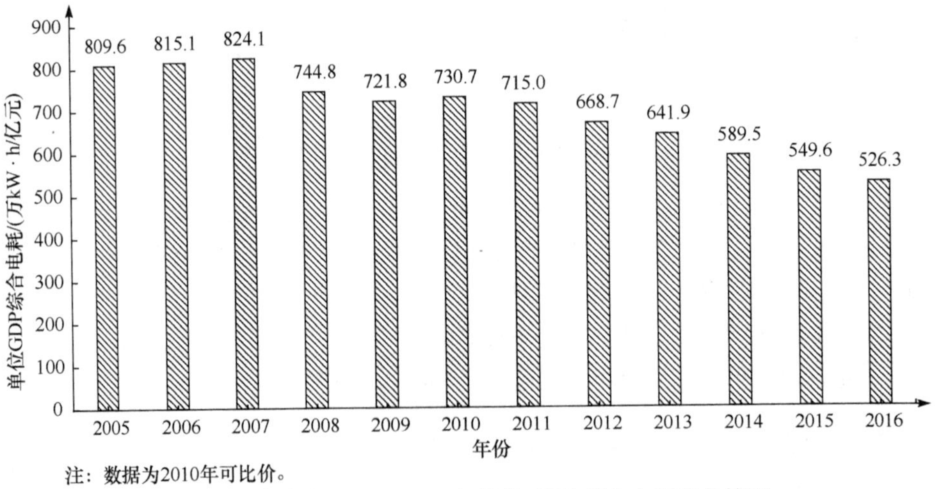

注：数据为2010年可比价。

图 2.5 湖南省 2005～2016 年单位 GDP 综合电耗变化情况

2.2　湖南省能源发展对比

2.2.1　能源发展阶段概述

能源消费需求与经济发展阶段密不可分。一个国家在工业化的过程中，经济社会将进入加速发展的阶段，能源消费需求迅速增加。世界主要发达国家早在 20 世纪初就进入这一快速发展阶段，并于 20 世纪中期度过了快速发展期，其后随着经济发展阶段的变化，能源消费增速迅速下降，并长期保持相对稳定的状态。

中国从改革开放至今，持续的工业化进程使得能源消费需求不断增长，其中 2000～2005 年增长最为迅猛，其后能源消费需求增速逐渐下降。近几年来，随着一些发达省份进入工业化后期，以及一些省份进入工业化中期向工业化后期的过渡阶段，能源消费需求增速出现了进一步的下降。

湖南省 2016 年人均 GDP(2010 年美元可比价)约为 6153 美元，根据广泛采用的钱纳里工业化阶段理论和我国工业化不同阶段的人均 GDP 标志(表 2.2)，湖南省正处于工业化中期即将向工业化后期转变的阶段。也就是说，湖南省工业化的特点发生了转变，随着高耗能产业去产能和节能降耗措施的实施、现代服务业的兴起、新型工业化、战略性新兴产业的发展、新型城镇化的加快推进，湖南省一次能源消费总量也进入了较低增速的阶段。

表 2.2　工业化不同阶段的人均 GDP

指标		人均 GDP/美元
前工业化阶段		827～1654
工业化实现阶段	工业化初期	1654～3308
	工业化中期	3308～6615
	工业化后期	6615～12398
后工业化阶段		12398 以上

注：人均 GDP 采用 2010 年可比价。

自人类进入近代工业社会以来，能源消费结构共经历了三次大的调整。

第一次是 18 世纪下半叶英国产业革命以后，由传统的柴薪能源迅速转向以煤炭为主的能源结构，直到 20 世纪初煤炭在工业国家能源构成中的比例达到了 95%，由此直接推动了资本主义工业的发展。

第二次是 19 世纪末，由于电力、钢铁工业、铁路技术、汽车和内燃机技术的发展,煤炭作为主要能源已越来越不适应生产的需要,随着石油资源的开发,从20世纪初以后,石油迅速登上能源舞台,至20世纪70年代初石油占世界能源构成的50%。

第三次是近些年,因煤、石油、天然气等储量有限,不可能满足人类不断增长的能源需求,主要发达国家的工业化大量使用这些常规能源引起了严重的环境污染,由此迫使人们必须扼制常规能源的使用,转向建立以可再生能源等新型能源为主体的持久能源体系。

世界范围的能源结构还将在较长时间内以化石能源为主,但目前总体上在向第三个阶段逐渐过渡,新型持久能源体系的形成必将是一个长期的过程。

我国能源结构发展过程也分为三个阶段,一是化石能源消费比重超过90%的阶段,二是能源结构多元化阶段,三是进入以非化石能源为主的阶段。

我国2015年化石能源消费比重为87.9%,以化石能源为主体的能源结构在相当长的一段时间内不会改变。在这个基础上,自"十二五"末期以来,我国能源消费结构正在向能源结构多元化的阶段发展。在这个阶段初期的几十年中,化石能源仍将占大头,但煤炭和石油消费占比总和将逐步下降。《中国能源战略研究》认为,煤炭和石油消费总和的绝对量将持续一段时间(20年左右)的增加,并达到历史性的峰值,然后缓慢减少。在煤炭和石油消费总和的绝对量达到峰值后,我国能源需求总量的增加将由可再生能源、核能、天然气等来补充。这个多元结构阶段大约会持续百年左右,然后才会进入以非化石能源为主的第三阶段。

对于湖南省来说,2000年全省化石能源消费比重为81.9%,低于当年全国平均水平10.8个百分点。湖南省水能资源较为丰富,近十年来全省水电资源的开发利用力度较大,2016年全省水电装机容量比2006年增加了一倍,加之近两年湖南省太阳能、风能、生物质能等可再生能源发展速度也比较快,到2015年全省化石能源消费比重降为70.9%,低于全国平均水平17个百分点。在能源消费结构多元化发展方面,湖南省相对全国平均水平来说比较领先。

2.2.2 湖南省能源发展阶段分析

1. 能源消费总量

我国是一个发展中国家,1985～2015年这30年间,全国一次能源年消费总量增长了4.6倍,年均增长5.9%。湖南省年均增速为5.5%,低于全国平均水平和一些周边省份。

从图2.6可以看出,相比之下,美国、法国、日本年均增长不超过1.0%,德国和英国基本上零增长。具体数据如表2.3所示。

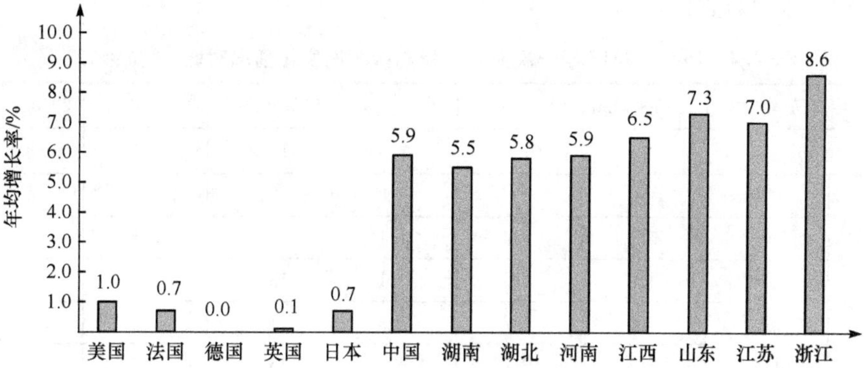

图 2.6　1985～2015 年不同国家地区和国内部分省份能源消费总量年均增速对比

表 2.3　1985～2015 年一次能源消费总量变化情况对比

指标		一次能源消费总量/亿 tce						
		1985 年	1990 年	1995 年	2000 年	2005 年	2010 年	2015 年
全国		7.67	9.87	13.12	14.70	26.14	36.06	42.99
湖南		0.31	0.38	0.54	0.62	0.97	1.49	1.55
国内其他省份	湖北	0.30	0.40	0.57	0.63	1.01	1.51	1.64
	河南	0.41	0.52	0.65	0.79	1.46	2.14	2.32
	江西	0.13	0.17	0.24	0.25	0.43	0.64	0.84
	山东	0.45	0.68	0.88	1.14	2.42	3.48	3.79
	江苏	0.39	0.55	0.80	0.86	1.72	2.58	3.02
	浙江	0.17	0.26	0.46	0.66	1.20	1.69	1.96
部分发达国家	美国	25.11	28.31	30.53	33.29	33.87	33.21	33.61
	法国	2.84	3.11	3.38	3.65	3.76	3.67	3.53
	德国	5.17	5.04	4.77	4.80	4.89	4.90	5.15
	英国	2.88	3.02	3.08	3.22	3.31	3.08	2.98
	日本	5.32	6.25	7.08	7.39	7.56	7.21	6.61

从表 2.4 可以看出，由于工业化进程的加快和高耗能产业的发展，我国一次能源消费总量在 2000～2005 年增长速度很快，周边省份增速普遍达到两位数，湖南省略低一些，但也达到了 9.5%。2005～2010 年全国能源消费增速回归至中等水平。2010～2015 年，在全国整体工业化指标增速普遍下降的大背景下，随着湖南省产业结构调整、供给侧改革和节能降耗、防治大气污染等政策的落实，湖南省一次能源消费总量增速也降至 0.8%，低于 3.6%的全国平均水平，也低于沿海发达

省份和一些周边省份。

表 2.4　1985～2015 年一次能源消费总量增速变化情况对比(单位:%)

年份		1985～1990	1990～1995	1995～2000	2000～2005	2005～2010	2010～2015
全国		5.2	5.9	2.3	12.2	6.6	3.6
国内其他省份	湖南	4.0	7.3	2.6	9.5	8.9	0.8
	湖北	5.9	7.2	2.1	10.0	8.5	1.6
	河南	4.9	4.5	4.1	13.1	7.9	1.6
	江西	6.5	6.7	0.9	11.3	8.2	5.8
	山东	8.5	5.2	5.3	16.3	7.6	1.7
	江苏	7.0	7.9	1.4	14.8	8.5	3.2
	浙江	9.1	12.2	7.5	12.9	7.0	3.1
部分发达国家	美国	2.4	1.5	1.7	0.3	−0.4	0.2
	法国	1.8	1.7	1.5	0.6	−0.5	−0.8
	德国	−0.5	−1.1	0.1	0.4	0.0	1.0
	英国	1.0	0.4	0.9	0.6	−1.4	−0.7
	日本	3.3	2.5	0.9	0.5	−0.9	−1.7

2. 能源消费结构

我国是煤炭消费大国,2015 年全国一次能源消费总量中煤炭消费比重为 63.7%,远高于世界主要发达国家。我国煤炭资源总量远超石油和天然气资源,煤炭仍然是我国最安全、经济和可靠的能源。随着技术的进步,煤炭生产成本正在降低,洁净煤技术已取得突破,在未来较长一段时间内,煤炭在我国能源消费结构中都将具有相当的重要性。沿海发达省份浙江省煤炭消费比重相对较低,但仍有近 50%之多。湖南省也是传统的煤炭消费大省,2000 年全省煤炭消费比重达 71.5%,2015 年降低为 59.9%,稍低于全国平均水平,但远高于湖北省和浙江省。

湖南省与国内其他一些省份,以及一些主要发达国家的一次能源消费总量和消费结构对比情况如表 2.5 所示。

表 2.5　2015 年一次能源消费总量及消费结构对比

指标	一次能源消费总量/亿 tce	煤炭消费比重/%	石油消费比重/%	天然气消费比重/%	水电、核电及其他能源消费比重/%
全国	42.99	63.7	18.3	5.9	12.1
湖南	1.55	59.9	16.1	2.3	21.7

续表

指标		一次能源消费总量/亿 tce	煤炭消费比重/%	石油消费比重/%	天然气消费比重/%	水电、核电及其他能源消费比重/%
国内其他省份	湖北	1.64	52.0	22.4	3.2	22.4
	河南	2.32	69.7	13.1	4.4	12.8
	江西	0.84	65.5	17.5	2.8	14.2
	山东	3.79	73.7	15.3	2.8	8.2
	江苏	3.02	67.7	14.8	7.2	10.3
	浙江	1.96	49.9	22.6	5.3	22.2
部分发达国家	美国	33.61	16.9	36.2	30.3	16.6
	法国	3.53	3.5	30.8	14.2	51.5
	德国	5.15	21.7	30.6	18.6	29.1
	英国	2.98	11.2	34.3	29.5	25.0
	日本	6.61	25.7	41.0	22.1	11.2

从表2.5中还可看出，湖南省石油消费比重在国内来看属于较普通的水平，而天然气消费比重偏低。湖南省2015年的天然气消费比重不但低于沿海发达省份，而且低于全国平均水平，也低于周边相关省份。作为清洁而经济的能源，湖南省天然气消费仍有潜力可挖，未来随着“气化湖南工程”的深入实施，全省天然气消费比重将有明显提升。

3. 人均能源消耗

我国人均能耗明显低于发达国家水平，1985年全国人均能耗为0.73tce，仅为美国的6.9%。经过了30年的发展，这一差距逐渐缩小，到2015年，美国的人均能耗基本没有增长，而中国人均能耗增长到了3.13tce，达到了美国的30.0%。1985～2015年不同国家地区和国内省份的人均能耗情况如表2.6和表2.7所示。

表2.6　1985～2015年人均能源消耗对比情况

指标	人均能耗/tce						
	1985年	1990年	1995年	2000年	2005年	2010年	2015年
全国	0.73	0.87	1.08	1.16	2.00	2.69	3.13
湖南	0.56	0.63	0.85	0.96	1.53	2.26	2.28

续表

指标		人均能耗/tce						
		1985 年	1990 年	1995 年	2000 年	2005 年	2010 年	2015 年
国内其他省份	湖北	0.61	0.74	0.98	1.04	1.77	2.64	2.80
	河南	0.53	0.61	0.71	0.86	1.56	2.28	2.44
	江西	0.36	0.46	0.59	0.61	0.99	1.42	1.85
	山东	0.59	0.81	1.01	1.25	2.61	3.63	3.85
	江苏	0.63	0.82	1.14	1.16	2.26	3.28	3.79
	浙江	0.42	0.62	1.06	1.40	2.41	3.10	3.54
部分发达国家	美国	10.53	11.32	11.46	11.79	11.44	10.72	10.45
	法国	5.15	5.50	5.85	6.20	6.17	5.85	5.49
	德国	6.76	6.36	5.83	5.84	5.93	5.99	6.29
	英国	5.09	5.28	5.31	5.47	5.49	4.95	4.58
	日本	4.40	5.06	5.64	5.83	5.92	5.65	5.21

国内不同地域之间也表现出了差异，从 20 世纪 90 年代开始，沿海地区率先发展，湖南、湖北、河南、江西等中部省份人均能耗低于全国平均水平，而山东、江苏、浙江等沿海发达省份人均能耗高于全国平均水平，至今中部省份与沿海发达省份相比尚有明显差距。2015 年部分不同国家地区和国内省份人均能源消耗对比如图 2.7 所示。

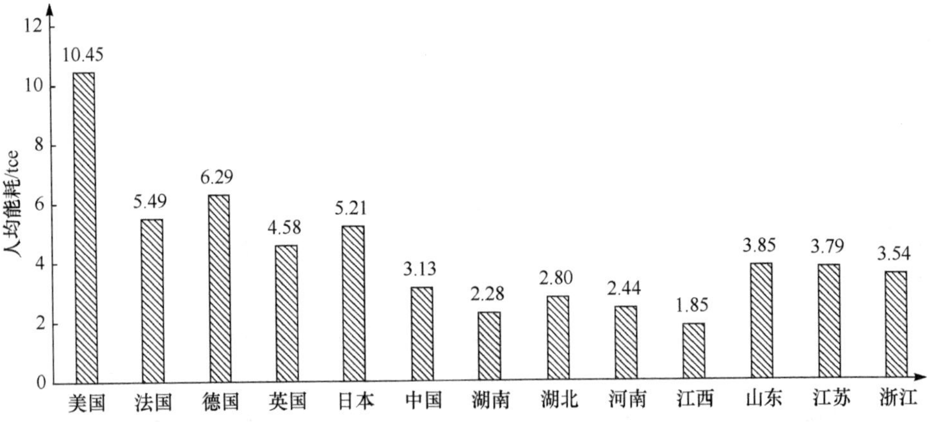

图 2.7　2015 年部分不同国家地区和国内省份人均能源消耗对比

4. 单位 GDP 能耗

我国作为一个发展中国家，生产总体比较粗放，单位 GDP 能耗远高于发达国家。采用 2010 年美元可比价，1985 年全国单位 GDP 能耗为 13.7tce/万美元，是美国的 4.2 倍。经过 30 年的生产技术进步，世界主要发达国家的单位 GDP 能耗都在逐步降低，中国的降低速度更快，到 2015 年，中国的单位 GDP 能耗降至 4.9tce/万美元，是美国的 2.5 倍。中国单位 GDP 能耗仍有很大的降低空间。1985～2015 年不同国家地区和部分国内省份的单位 GDP 能耗情况如表 2.7 所示。

表 2.7　1985～2015 年单位 GDP 能耗对比情况

指标		单位 GDP 能耗/(tce/万美元)						
		1985 年	1990 年	1995 年	2000 年	2005 年	2010 年	2015 年
全国		13.7	12.0	8.9	6.6	7.4	6.0	4.9
湖南		15.1	13.3	11.5	8.2	7.9	6.3	4.0
国内其他省份	湖北	15.1	14.8	11.9	8.3	8.2	6.4	4.2
	河南	16.6	14.3	9.7	7.3	7.9	6.3	4.3
	江西	10.7	10.3	8.6	5.8	5.7	4.6	3.7
	山东	14.3	14.4	8.7	6.7	7.7	6.0	4.2
	江苏	13.3	11.6	7.7	4.9	5.3	4.2	3.1
	浙江	7.7	8.2	6.1	5.2	5.1	4.1	3.2
发达国家	美国	3.3	3.1	3.0	2.6	2.4	2.2	2.0
	法国	1.8	1.6	1.7	1.6	1.5	1.4	1.3
	德国	2.4	1.9	1.7	1.5	1.5	1.4	1.4
	英国	2.1	1.9	1.8	1.6	1.4	1.3	1.1
	日本	1.5	1.4	1.4	1.5	1.4	1.3	1.2

注：单位 GDP 能耗采用 2010 年可比价。

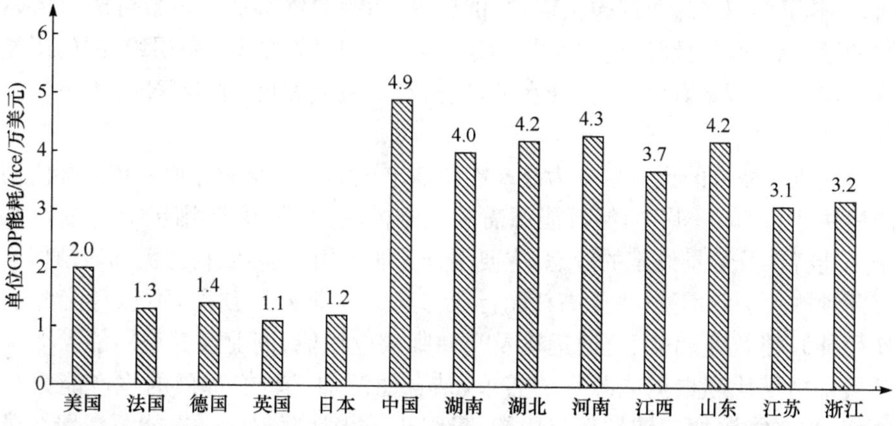

图 2.8　2015 年不同国家地区和国内部分省份单位 GDP 能耗对比

从图 2.8 可以看出,湖南省 2015 年单位 GDP 能耗为 4.0tce/万美元,比全国平均水平低,但比江苏省和浙江省高。由于湖南省工业经济发展阶段落后于沿海发达省份,随着工业化进程的深化、产业结构的调整、先进技术的应用和环保措施的落实,湖南省单位 GDP 能耗仍将不断下降。

2.3 湖南省能源需求预测

随着工业化、城镇化进程的深化和居民生活水平的提高,湖南省的能源需求还在继续增长,但受多种因素影响,能源需求增速将有一些变化。传统的能源需求预测方法在总量上可以对能源需求做到较好的预测,但不能很好地反映行业部门的能源需求变化和能源替代等因素。为了更好地对湖南省能源消费总量及消费结构进行分析和预测,下面采用分产业、分行业、分部门的 LEAP 系统预测法对未来湖南省能源需求进行预测。

2.3.1 基于 LEAP 系统的中长期能源研究框架体系

基于 LEAP 系统的湖南省能源长期替代规划模型采用自下而上的分层级方法对全社会用能按照社会经济各部门、各经济部门子部门、子部门能源使用终端、能源使用终端设备进行用能分析。考虑社会各部门的用能特性和模型情景,将全社会用能划分为居民用能(城镇居民用能和农村居民用能)、工业用能(规模以上高耗能行业及其他行业用能)、交通运输用能、商业用能、能源转换用能及其他用能。

以工业用能为例,根据省内工业用能情况,湖南省中长期能源研究框架体系将工业用能主体划分为化学原料及化学制品业、非金属矿物制品业、黑色金属冶炼及延压加工业、有色金属冶炼及压延加工业等四大高耗能行业及其他工业部门的子部门,在其子部门终端可能包括锅炉、供热等,而锅炉终端适用设备可能包括燃煤锅炉和燃气锅炉,依此类推。预测时采用“自底而上”的方式对各层级、部门用能进行分析,其分析背景,即经济活动水平,包括经济发展速度、节能程度、能源替代程度等因素。

一次能源需求的预测可分为终端能源需求预测模块与能源加工转换部门用能预测模块(图 2.9)。其中,终端能源需求预测模块,按照终端用能部门进行划分,基于用能特性及情景设定的考虑,主要划分为居民用能(将农村居民和城镇居民用能分开预测)、工业用能(主要高耗能行业与其他工业分开预测,不包含能源加工转换用能)、建筑业用能、交通运输及仓储邮政业用能、商业及其他用能。能源加工转换部门模块则根据能源终端需求,结合能源加工转换部门的生产能力与生产效率,预测能源加工转换部门用能,最终进一步计算得到一次能源消费总量的预测结果。

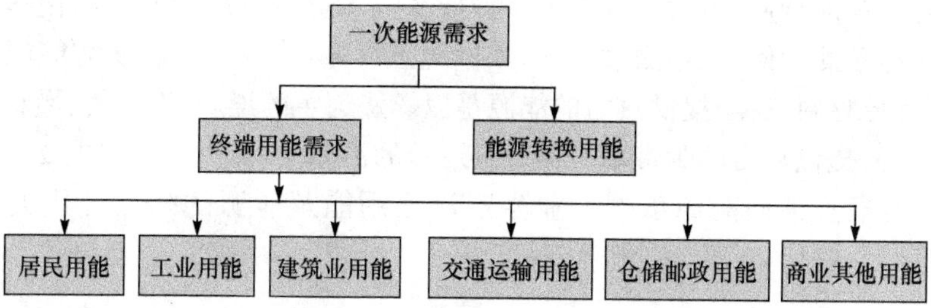

图 2.9　湖南省中长期能源分析预测研究体系框架

1. 终端用能需求预测模型框架

居民用能分为城镇居民用能和农村居民用能，城镇和农村居民用能结构基本相同(图 2.10)，以城镇居民为例，主要包括用电预测、烹饪用能预测、动力能源预测和其他能源预测。用电预测包括主要耗电电器的用电预测(家用空调、冰箱和电灯)和其他用电预测，其他用电包括电视、洗衣机、炊用电器等其他用电设备的电力消费，由于该类家电使用时长难以明确统计与分析，因此没有采用结合终端能耗设备的数量进行分析，采取打包的方式进行分析预测；烹饪用能主要包括煤、液化石油气和天然气；动力能源主要包括柴油、汽油；居民其他用能主要是集中供热的热力能源消费。

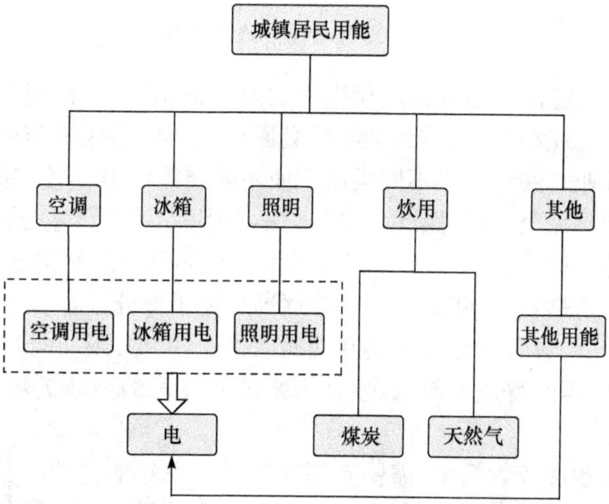

图 2.10　城镇居民用能预测思路

工业用能分析可根据湖南工业发展特点列出已有高耗能行业或者潜在的高耗能行业进行预测，其他行业进行打包预测(图 2.11)。基于工业分行业能耗分析，梳理重点高耗能行业，对行业分能源品种能源需求进行分析预测。以化学原料及制造业用能预测为例，在预测过程中，依据化工行业生产特点，将所需能源分为热力、动力和原材料三类，提供热力的能源是以燃烧为主的煤炭、天然气、燃料油和液化石油气等，提供动力的为带动机器设备运转的油和电，提供原料的主要是以油产品为主。各行业消耗能源依据行业生产流程用能及能源的相互替代关系进行分类。

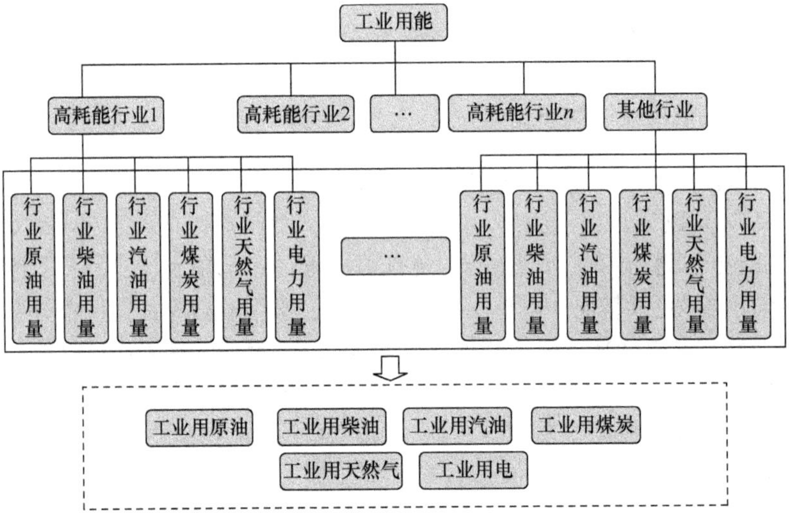

图 2.11　工业用能预测思路

交通运输业用能需求随着城镇化进程的发展而迅速上升，但是随着天然气汽车和电动汽车的出现和逐步普及，也使得交通运输业成为未来节能减排和清洁能源应用的重要行业之一。由于不同类型车使用的能源种类、单位周转量能耗、节能目标和替代能源不完全相同，因此建模时对不同用途、不同运输方式、不同的车型、不同燃料均进行了区分(图 2.12)。以客运中的公共汽车能耗情况为例，传统公共汽车多以柴油作为燃料，近年来湖南各地逐渐更换了部分混合动力、天然气和电动公交车，使得清洁能源替代化石燃料在交通运输业得以实现。同时，新能源交通工具虽然已经出现，但是普及率较低，预计未来随着技术的不断进步，新能源公交车的比例将逐步提高。

商业用能的预测较为简单，需要有基准年和目标年的商业办公面积及单位商业面积的能耗，通过单位商业面积能耗和商业面积的设定可计算得到商业用能需求预测值。

2. 能源加工转换预测模型框架

一次能源需求预测包含终端能源需求和能源加工转换行业用能需求。在上述

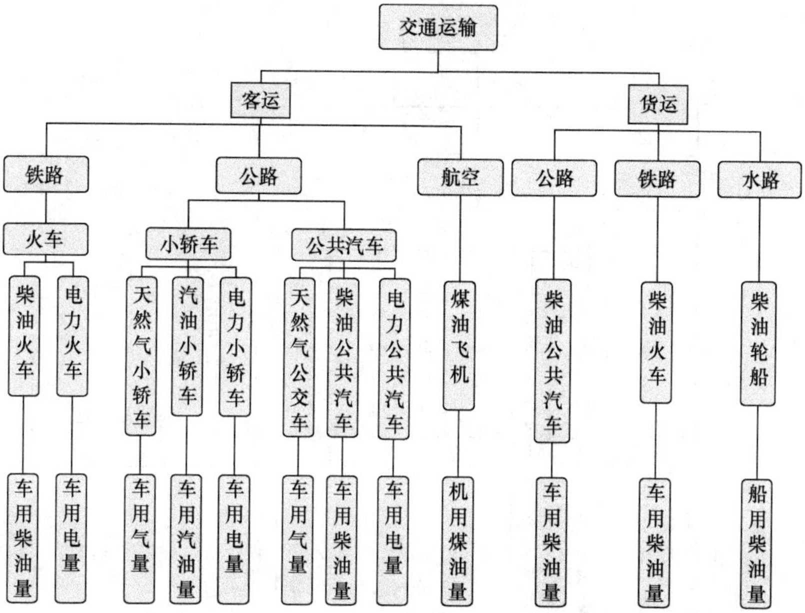

图 2.12　交通运输业用能预测思路

终端能源需求预测的基础上，根据能源供应能力及生产效率得到能源转换用能。其具体实现方式可通过添加能源加工转换部门对二次能源的生产效率、供应能力进行分析，并在此基础上计算基于供需平衡的一次能源需求总量。

能源转化部门包括发电、炼油、炼焦、洗煤，这些也有一个共同特点，即投入产品为能源，产出产品也为能源；当然也有不同之处，如发电，随着新能源的使用，除煤炭、水能，风能、太阳能等均可作为其投入能源，产出产品均为电，而炼油行业其投入产品只能是原油，但是产出产品是各种成品油。

由图 2.13 可知，除电力生产，其他二次能源的生产均无可替代能源可用，相应的能源需求预测会相对简单，只需基准年投入和产出量与目标年需要的产出量即可。电力生产环节用能预测较为复杂，该环节用能预测需要基准年和目标年每种发电方式的效率、各类发电方式之间的替代情况及不同容量等级机组的发电特性(出力系数、煤耗等)，火电发电燃料燃烧释放的各类气体量等。

2.3.2　湖南省中长期能源需求预测

本节所述的湖南省能源需求预测采用情景分析法，预测模型对湖南省经济发展水平和节能情景进行设定。

① 基于湖南省经济发展水平的情景设置可以分为经济发展高、中(基准情景)、低三种方案，三种经济情景均在基准节能情景(节能情景维度)下运行。

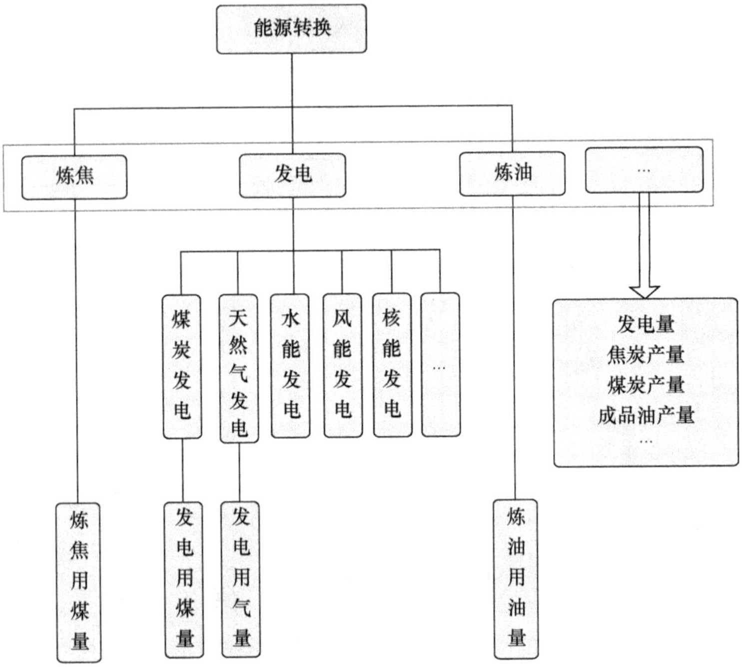

图 2.13　能源转换用能预测思路

② 基于湖南省单位产值能耗或设备能耗降幅进行的情景设置是基于不同的节能程度,分为强节能、基准节能(基准情景)和低节能三种方案。这三种节能方案均在经济方案(经济情景维度)下运行。

采用情景分析法预测湖南省能源需求,在基于最为系统全面考虑的基准情景基础上,为预测结果提供了一个适应情景的变化范围,生成了更为丰富的预测研究成果,同时也为决策者提供了更为全面的参考。

基于上述能源需求预测思路,采用 2010～2016 年历史数据经过定量分析和计算得到的能源需求总量及结构预测结果如下。

1. 能源需求总量预测

在基准情景下,湖南省“十三五”期间一次能源需求将维持在 2.2%左右的低速增长,长期来看,2020～2030 年一次能源需求在“十三五”的基础上缓中趋稳增长,逐步降至 1.5%的增长水平。总体来看,湖南省一次能源需求将在平缓降至低位增长后长期保持该趋势。湖南省一次能源需求预测如图 2.14 所示。

不同经济发展预期将显著影响区域能源消费预测结果。在经济高方案情景下,湖南省一次能源需求“十三五”期间年均增长率近 3%,远期 2020～2030 年年均增长率仍将达到 2%;在经济低方案情景下,湖南省一次能源需求“十三五”期间

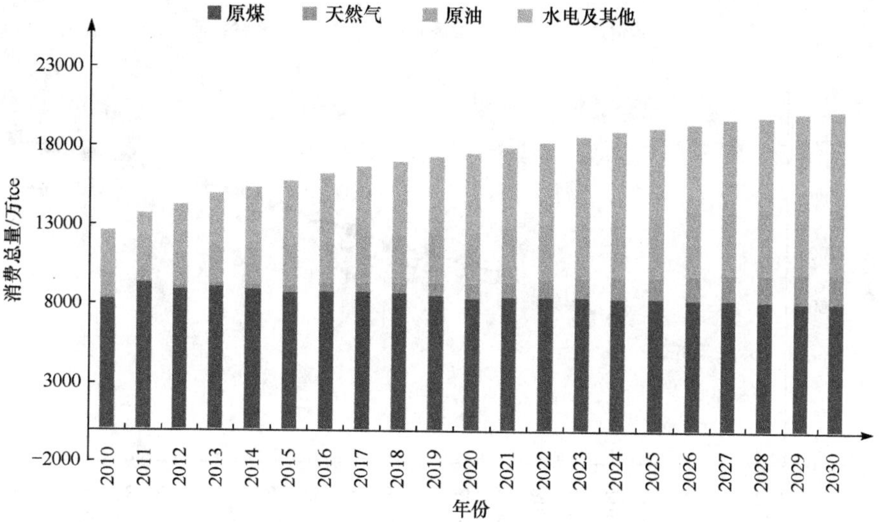

图 2.14　基准情景下湖南省一次能源消费总量预测结果

年均增速 1.6%，2020～2030 年年均增速降至 1.0%。根据对经济发展的不同预期设置的情景所对应的能源需求预测结果如表 2.8 所示。

表 2.8　经济发展情景对应能源需求总量预测结果(单位：万 tce)

指标	2010 年	2013 年	2014 年	2020 年预测值	2030 年预测值
基准情景	14852.2	14918.5	15316.8	17500	20300
经济高方案	14852.2	14918.5	15316.8	18134	22017
经济低方案	14852.2	14918.5	15316.8	16849	18669

不同节能预期将对区域能源需求预测产生一定影响，在强节能情景下，湖南省一次能源需求“十三五”期间年均增速 2.0%，2020～2030 年年均增速降至 1.1%；在弱节能情景下，湖南省一次能源需求“十三五”期间年均增速 2.6%，2020～2030 年年均增速 2.0%。根据对节能强度的不同预期设置的情景所对应的能源需求预测结果如表 2.9 所示。根据不同经济增长情景和不同节能情景下湖南一次能源需求总量预测结果如图 2.15 和图 2.16 所示。

表 2.9　节能情景对应能源需求总量预测结果(单位：万 tce)

指标	2010 年	2013 年	2014 年	2020 年预测值	2030 年预测值
基准情景	14852.2	14918.5	15316.8	17500	20300
强节能情景	14852.2	14918.5	15316.8	17232	19156
弱节能情景	14852.2	14918.5	15316.8	17821	21621

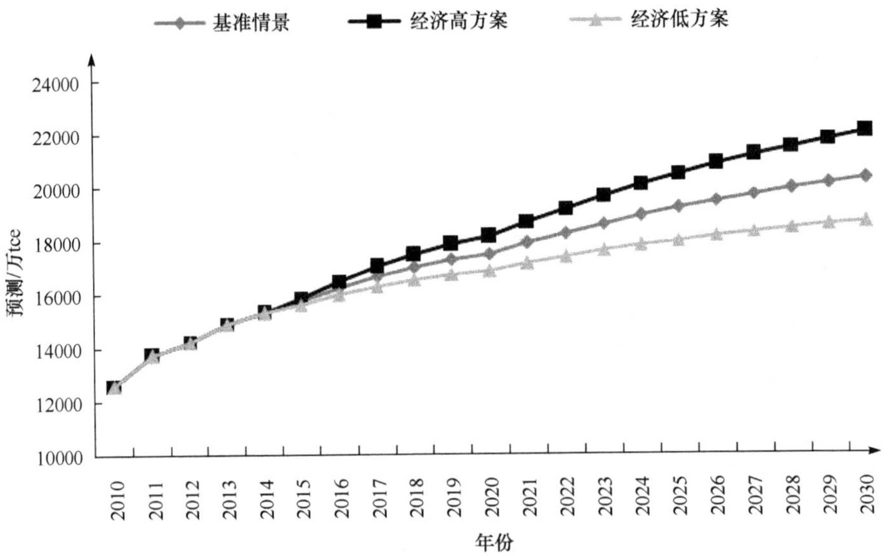

图 2.15　不同经济增长情景下湖南省一次能源需求总量预测

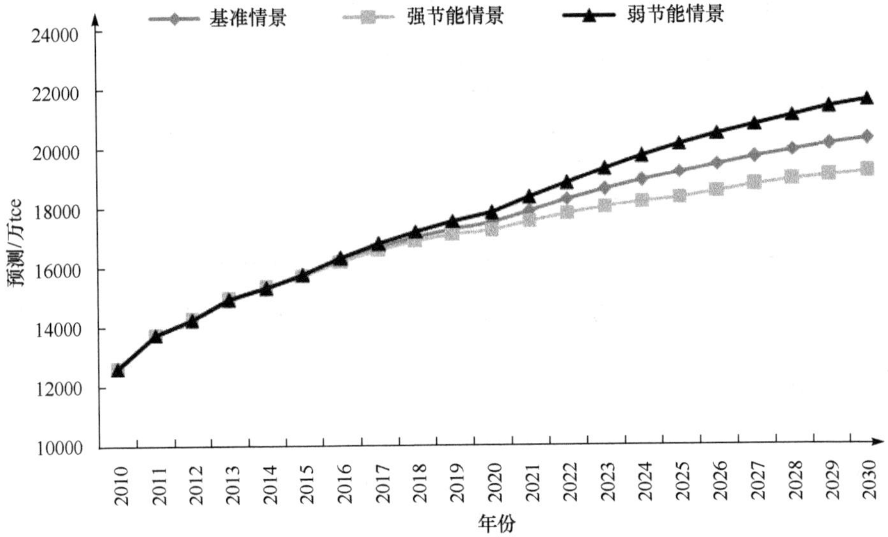

图 2.16　不同节能情景下湖南省一次能源需求总量预测

随着酒湖特高压直流输电线路的建成投运，湖南省省内一次能源需求也将受其影响，结合省内电力供需情况，在 2020 年酒湖特高压送电 200 亿 kW·h 的情景下，湖南省一次能源需求总量“十三五”期间年均增速 2.6%，在 2020 年酒湖特高压送电 400 亿 kW·h 的情景下，湖南省一次能源需求总量“十三五”期间年均增速

1.9%,2020～2030 年,上述两种情景与基准情景即酒湖特高压送电 300 亿 kW·h 水平下的能源需求增长率差异较小。根据对酒湖特高压送电水平的不同计划设置的情景,对应的能源需求预测结果如表 2.10 和图 2.17 所示。

表 2.10　酒湖特高压输送不同电量情景对应能源需求总量预测结果(单位:万 tce)

指标	2010 年	2013 年	2014 年	2020 年预测值	2030 年预测值
基准情景	14852.2	14918.5	15316.8	17500	20300
酒湖特高压送电 400 亿 kW·h(2020 年)	14852.2	14918.5	15316.8	17122	19875
酒湖特高压送电 200 亿 kW·h(2020 年)	14852.2	14918.5	15316.8	17816	20664

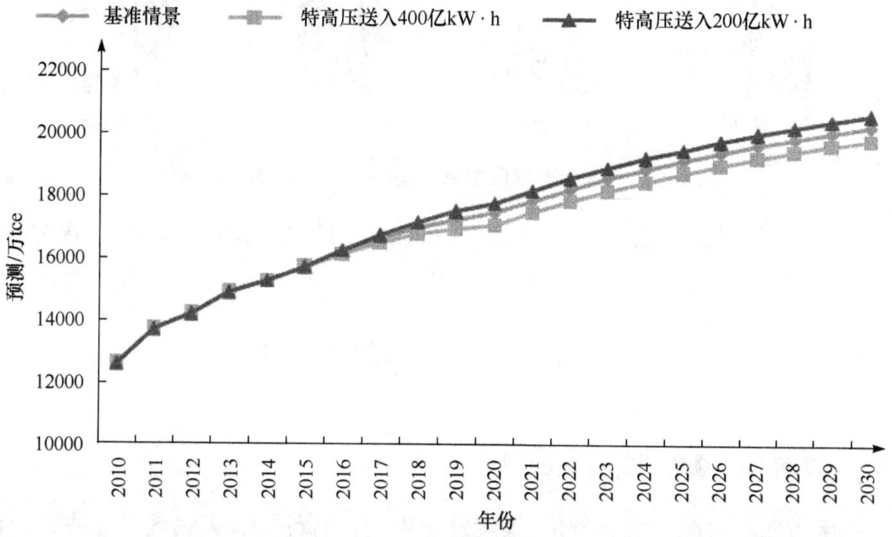

图 2.17　特高压不同送电水平情景下湖南省一次能源需求总量预测结果

2. 能源需求结构预测

从图 2.18 可以看出,在基准情景下,湖南省一次能源需求结构将有显著改善:2020 年原煤占比将降至 48.0%;天然气占比上升至 5.4%;原油占比上升至 18.3%;水电及其他能源占比上升至 28.4%。2030 年,湖南省一次能源需求结构将进一步改善:煤炭占比将继续降至 40.0%,天然气占比上升至 9.5%,原油占比继续上升至 21.3%,水电及其他能源占比进一步扩大至 29.3%。

在强节能情景下,湖南省一次能源需求结构比基准情景改善更为显著:2020 年煤炭占比降至 45.9%,天然气占比扩大至 6.9%,原油占比 18.7%,水电及其他能源占比 28.4%。在弱节能情景下,湖南省一次能源需求结构则不如基准情景改

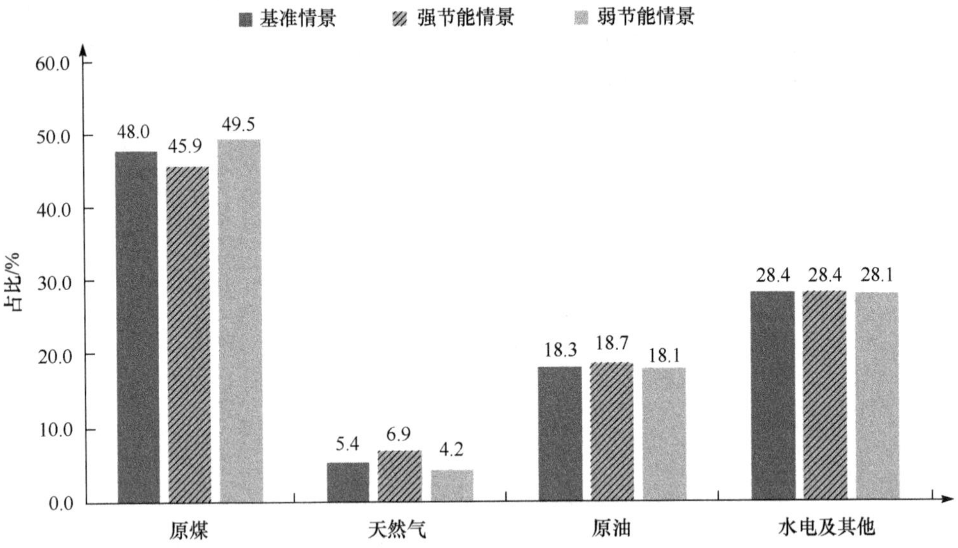

图 2.18　不同节能幅度情景 2020 年能源需求结构预测

善明显:2020 年煤炭占比 49.5%,天然气占比 4.2%,原油占比 18.1%,水电及其他占比 28.1%。

2.4　湖南省能源供需平衡

2.4.1　湖南省能源资源的开发利用

湖南省属一次能源匮乏省份,煤炭资源少,石油资源无,天然气资源缺乏,但水力资源较丰富,页岩气等新兴能源储量较多。目前所有原油和天然气都需进口或从省外调入。

1. 煤炭资源储量、开发及供应能力

资源储藏方面,湖南省含煤总面积约 5 万平方公里,煤炭资源居全国 18 位,在全国范围内储量相对偏少,但在江南诸省相对较丰富。全省累计查明煤炭资源储量 4025764 千吨,其中消耗 1067721 千吨,占累计查明总量的 26.5%。2015 年底,全省保有煤炭资源储量 32.8 亿吨,矿井已利用约 13.0 亿吨,尚未利用 19.8 亿吨,全省煤炭人均可采储量仅为全国平均水平的 28.8%,人均保有量不足全国平均水平的 1/6。娄底、郴州、衡阳、邵阳、株洲和怀化为煤炭主要分布区,除岳阳,其他 13 个市州均有探明储量,其中大中型矿区主要分布于娄底、郴州、衡阳、邵阳、株洲和长沙,小型矿区在各市州均有分布,但资源区域分布与消费区域分布之间存在矛盾，可采储量与煤炭储量的比例低于全国平均水平，资源保障程度偏低，有效供给能力不足。全省煤炭查明资源在各行政区的分布情况如表 2.11 所示。

表 2.11　湖南省煤炭查明资源在各行政区分布

指标	保有储量/矿石千吨	保有基础储量/矿石千吨	保有资源储量/矿石千吨	累计查明资源储量/矿石千吨	累计查明资源量所占比例/%
长沙	19076	17337	79164	153238	3.81
株洲	52480	61995	160888	234571	5.83
湘潭	21212	11065	100507	131107	3.26
衡阳	107590	120697	415170	587493	14.59
邵阳	31611	36876	284102	379271	9.42
常德	6911	8555	31962	72684	1.81
张家界	6031	7233	18747	33013	0.82
益阳	5704	5910	23795	34757	0.86
郴州	157427	181193	671627	923892	22.95
永州	6350	4489	21521	39221	0.97
怀化	25302	20505	102288	140699	3.49
娄底	218114	258207	1024566	1261197	31.33
湘西自治州	3208	5371	23705	34621	0.86
合计	661016	739433	2958042	4025764	100.00

资源开采方面，湖南省存在一些突出的问题。一是可采资源不足，产业集中度低，未利用资源普遍埋藏深、分布散，难以适应煤炭产业政策的集约开采和规模开采。二是资源开发强度过大，湖南产煤量仅占全国的 3%左右，但采储比却为 1∶70左右，与全国平均采储比 1∶777 相比，高出 10 余倍。三是目前的采掘机械化装备难以适应湖南省煤层赋存条件，装备水平不高、机械化程度低、安全隐患多、生产成本高。四是资源综合开发利用水平低，煤矿瓦斯利用率较低，湖南省煤炭清洁利用主要为洗选加工，入洗率低，配煤站少，与国家要求的 2017 年原煤入洗率达到 70%以上、2020 年达到 80%的要求相差较大。五是湖南省煤炭经过多年规模开采，形成了大量采煤沉陷区，小煤矿关闭退出后，治理主体缺位，矿区生态环境恢复治理任务艰巨。

生产供应方面，2005 年全省一次能源生产总量为 5758.6 万 tce，其中原煤

4848.7 万 tce,占比 84.2%;2010 年全省一次能源生产总量为 8005.9 万 tce,其中原煤 5836.3 万 tce,占比 72.9%;2015 年全省一次能源生产总量为 4938.4 万 tce,其中原煤 3002.5 万 tce,占比 60.8%。历史各年全省一次能源生产总量和原煤生产情况如表 2.12 所示。

表 2.12　湖南省历史各年一次能源生产总量及结构

指标	一次能源生产总量/万 tce	原煤占比/%	原油占比/%	天然气占比/%	水电、核电、风电等占比/%
2005 年	5758.6	84.2	0	0	15.8
2006 年	5879.3	82.4	0	0	17.6
2007 年	6180.4	82.7	0	0	17.3
2008 年	5594.9	77.0	0	0	23.0
2009 年	6351.1	76.1	0	0	23.9
2010 年	8005.9	72.9	0	0	27.1
2011 年	8973.9	80.8	0	0	19.2
2012 年	10017.6	79.7	0	0	20.3
2013 年	7587.5	79.1	0	0	20.9
2014 年	6348.8	72.7	0	0	27.3
2015 年	4938.4	60.8	0	0	39.2
2016 年					

自给能力方面,湖南省是煤炭消费大省,煤炭自给能力不足,长期需要从外省调运,2012 年湖南省煤炭自给率较高,自产煤炭达到 8823 万吨,占全省原煤总消费量的九成左右,"十二五"中后期随着去产能力度的加大,累计退出煤炭产能约 5000 万吨,至 2015 年,湖南煤炭产量约 3650 万吨,仅为峰值时的四成左右,而当年煤炭消耗量为 11142 万吨,自给率降至大约 30%,未来还将保持下降的趋势。这由两方面原因决定。

一是湖南省地质复杂,煤层变化大、开采条件差、矿点多、规模小,绝大多数煤矿属于井工矿,自然条件影响了资源的充分开发。

二是政策方面主动降低了本地煤炭行业的落后产能。2016 年,国务院发布了《国务院关于煤炭行业化解过剩产能实现脱困发展的意见》(国发〔2016〕7 号),省政府发布了《湖南省煤炭行业化解过剩产能实现脱困发展的实施方案》(湘政办〔2016〕28 号),在全省范围内关闭了 315 处小煤矿。2016 年,湖南省全年累计关闭 318 处煤矿,退出煤炭产能 2073 万吨。2016 年 11 月发布的《湖南省"十三五"煤炭工业规划》明确指出,从 2016 年起,三年内原则上停止新建煤矿项目,停止新增产能的技术改造和产能核增项目,在建煤矿项目按一定比例与淘汰落后产能和化解过剩产能挂钩，重点对具有发展潜力的煤矿实施机械化改造和提质达标。“十三五”期间全省煤矿矿井数量将控制在 200 处左右，煤炭产量稳定在 2500 万吨，化解落后产能 1500 万吨，2020 年规划煤炭产量 2500 万吨，2025 年、2030 年分别为 3000 万吨和 2000 万吨。

未来湖南省煤炭自给能力将主要依靠在娄底、郴州、衡阳、株洲建设的煤炭生产基地，在岳阳、株洲、常德建设的煤炭储配基地，以及在娄底、郴州、衡阳、株洲建设的煤炭洗选基地，服务全省各地区用煤需求。

2. 油气资源储量、开发及供应能力

湖南省省内无石油探明储量，石油资源均需从省外调入，且湖南地处中部，与我国主要石油产区距离较远，造成省内缺油且受外部市场供需关系影响大的特点。

目前成品油资源供应主要由中石化、中石油及社会经营单位供应，其中中石化占资源投放量的 73%；中石油占资源投放量的 20%；社会单位占资源投放量的 7%。中石化资源主要由长岭石化和巴陵石化供应，部分资源由周边省份炼厂供应，供应总量稳步增长。中石油资源主要由东北、西北资源和外采资源构成，供应量逐年提高。社会资源主要来自陕西延安、山东、河南等地炼及潜江地炼。

近年来，湖南省天然气消费量稳步上升，然而目前省内除了发现有页岩气，尚未发现可供开采的天然气，天然气全部消费量仍需从外地调入。在天然气供应能力方面，湖南省加快实施“气化湖南”工程，进行能源通道的完善和建设，另外还会加大对煤层气的利用。

3. 水力资源储量、开发及供应能力

资源储藏方面，湖南属大陆型亚热带季风湿润气候，雨量丰沛、河网密布、地势不平、河流落差较大，水力资源比较丰富，全省水能蕴藏量为 1532.45 万 kW，占全国水能蕴藏量的 2.3%，主要分布在湘南、湘西，如怀化市、湘西自治州、郴州市、永州市、邵阳市等地。

资源开发方面，全省现有水电开发利用量已经超过经济可开发量的 95%，继续开发的潜力不大。

生产供应方面，近十多年来，全省水电装机容量逐年攀升，2006 年全省水电装机总量为 845.70 万 kW，在全省电力总装机容量中占比为 45.93%；2010 年为 1359.41 万 kW，占比 49.16%；2015 年为 1669.05 万 kW，占比 42.10%；至 2016 年底，全省水电装机总量达到 1687.98 万 kW，在全省电力总装机容量中占比为 40.23%。装机容量增加的同时，水电发电量也呈增加趋势，2006 年全省水电发电总量为 244.52 亿 kW · h 左右，占全省总发电量的 36.57%；2010 年为 374.83 亿 kW · h，占比 38.15%；2015 年为 568.71 亿 kW · h，占比 45.36%；至 2016 年，全省水电发电总量为603.31亿kW·h,同比增长45.58%。历史各年全省水电装机总量和水电发电量情况如表2.13所示。

表2.13 湖南省历史各年水电装机总量和水电发电量情况

指标	电力总装机容量/万kW	水电装机容量/万kW	水电装机占比/%	总发电量/万kW·h	水电发电量/万kW·h	水电发电占比/%
2006年	1841.15	845.70	45.93	668.67	244.52	36.57
2007年	2076.30	933.36	44.95	744.48	289.35	38.87
2008年	2423.04	1131.71	46.71	758.51	317.98	41.92
2009年	2585.52	1212.09	46.88	849.76	331.69	39.03
2010年	2765.53	1359.41	49.16	982.50	374.83	38.15
2011年	3095.55	1405.98	45.42	1103.42	307.52	27.87
2012年	3278.50	1439.53	43.91	1134.99	447.94	39.47
2013年	3390.53	1509.62	44.52	1223.79	446.07	36.45
2014年	3602.70	1621.29	45.00	1225.75	515.59	42.06
2015年	3964.10	1669.05	42.10	1253.71	568.71	45.36
2016年	4196.02	1687.98	40.23	1323.75	603.31	45.58

湖南水电总装机容量在全国居第五位,但总体实力不强,尤其是目前4800多座中小水电站,总装机接近700万kW,数量居全国第三,这些小水电分布散、规模小、效益较差。而且由于降水量年内、年际分配不均匀,水力发电能力不稳定,而且年度内降水具有明显的季节性,径流量与降水量主要集中在每年的4~7月,这4个月的径流量一般占年径流量的50%~70%,而其他8个月份则属枯水季节,水资源相对不足,水能出力受限。

"十三五"期间,湖南省将推进水电提质扩能,重点对现有大型水电站进行扩机提质,适度规划布局抽水蓄能调峰电站。建成五强溪水电站扩机工程,推进凤滩、柘溪水电站增容改造。到2020年,全省水电(不含抽水蓄能)装机容量达到1767万kW。

4. 太阳能储量、开发及供应能力

(1) 储量及分布

根据《湖南省"十三五"太阳能发展规划》数据,湖南省年日照时数为1300~1800h,省内绝大部分地区属于太阳能资源丰富区,是同纬度中太阳能比较充分的省份,但从全国范围来看属于太阳能资源比较一般的区域,居全国中下水平。

湖南省年太阳总辐射在 3384.7～4372.0MJ/m²，以湘东北洞庭湖区年总辐射较多，湘西山区较少，全省太阳能资源具体分布情况如表 2.14 所示。

表 2.14　湖南省太阳能资源分布情况

序号	辐射强度/(MJ/m²)	分布地区
1	>4000	包括安乡、岳阳、华容、澧县、临湘、汨罗、湘阴、沅江等县市在内的洞庭湖地区，以及汝城等地
2	<3600	包括保靖、龙山、桑植、永顺、花垣等县市在内的湘西北地区
3	3600～4000	省内其他大部分地区

(2) 湖南省光伏电源典型出力特性

国内部分建成的光伏电站及省内在建光伏电站的数据显示，在典型晴天的天气下，光伏电站的出力曲线类似于正弦半波，若无云层突然遮挡，出力曲线较为平滑。

目前，湖南省已投运的光伏电站类型多为多晶硅太阳能光伏组件，根据多晶硅太阳能出力典型日特性曲线，光伏电站仅在正午前后几小时内有较大出力，晚间基本没有出力。此外，光伏电站发电负荷特性还受到天气影响，光照条件不好时光伏组件的出力不稳定。湖南某农光互补分布式多晶硅光伏电站(40MWp)典型日出力特性曲线如图 2.19 所示。

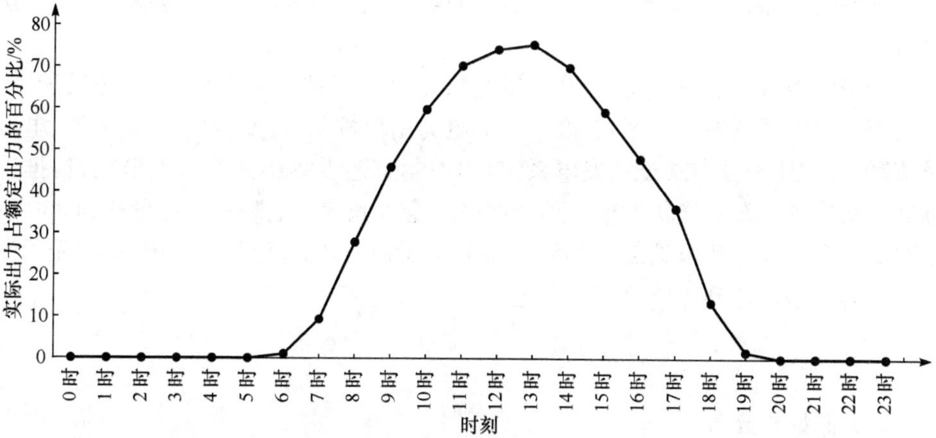

注：2017年6月17日国网湖南电力调度自动化采集数据。

图 2.19　湖南省某农光互补分布式光伏电站(40MWp)典型日出力特性曲线

(3)开发及供应能力

开发供应方面，2014 年以前，湖南省太阳能光伏发电基本处于空白状态，其后迅速发展，截至 2015 年底，全省光伏发电项目已投产 48 个，并网发电装机容量为

38.34 万 kW，占全省电源总装机容量的比重约不足 1%，资源利用率偏低，发电量也很少。建设形式以分布式光伏发电为主，另有少量地面光伏电站项目在建或开展前期工作。

全省至今已建成的光伏发电项目主要为“金太阳工程”及“光电建筑一体化”项目，依靠中央财政给予初始投资补助建设，投资主体以民营企业为主。项目开发单位包括国家电力投资集团公司、中国兴业太阳能技术控股有限公司、株洲南车时代电气股份有限公司、特变电工股份有限公司、中国电子科技集团公司第四十八研究所、保利协鑫能源控股有限公司、中科恒源科技股份有限公司、中利腾晖光伏科技有限公司等国有和民营企业。

尽管湖南省太阳能利用领域快速发展，但还存在一些问题。一是太阳能资源条件总体不优，虽然属于同纬度地区中太阳能资源比较充分的省份，但平均年总辐射量、光伏发电利用小时数远低于资源富集省份，资源条件制约了太阳能利用项目的大规模发展。二是太阳能利用整体水平偏低，发展不平衡，光热利用主要集中在户用热水器上，且以低层建筑为主，光电利用规模仍然不大。三是项目经济性一般，虽然光伏组件的成本大幅下降，但与常规发电方式相比，光伏发电项目单位成本较高、占地面积大、投资回收期较长，企业的投资积极性不强，短期内仍需要政府资金补贴才具备商业经济性。四是地面光伏电站用地稀缺，湖南省绝大多数土地性质为农、林用地或地处国家级自然保护区和国家湿地公园范围内，根据《基本农田保护条例》等国家政策要求及考虑租赁的经济性因素等，很多土地不宜建设光伏项目。

未来湖南省将加快开发太阳能，以光伏发电应用推广为主导，重点开发湘中、湘南等光照资源条件好的区域，鼓励各类电力用户按照“自发自用、余量上网、电网调节”的方式建设分布式光伏发电系统，因地制宜建设集中式光伏发电项目，推进标准厂房屋顶分布式光伏发电。到 2020 年，全省光伏发电装机总容量达到 300 万 kW，其中分布式光伏电站装机容量达到 150 万 kW 以上。到 2030 年，全省光伏发电装机容量争取达到 400 万 kW 以上。

5. 风能储量、开发及供应能力

(1) 储量及分布

湖南省山区风能资源丰富，可开发风能资源量约 1600 万 kW，大部分地区风能资源等级为 1 级，洞庭湖区和湘江河谷地带可达到 2 级，湘南和湘西山区为 2～4 级。

全省 70m 高度可装机的区域主要集中在湘西南、湘东和湘南，其中以湘南最多，特别是郴州市和永州市。全省 70m 高度风功率密度：$\geqslant 200W/m^2$ 的技术开发面积为 $725km^2$，技术开发量为 233 万 kW；$\geqslant 250W/m^2$ 的技术开发面积为

455km²，技术开发量为 140 万 kW；≥300W/m² 的技术开发面积为 331km²，技术开发量为 113 万 kW；≥400W/m² 的技术开发面积为 78km²，技术开发量为 24 万 kW。

(2) 湖南风电运行特性

目前，湖南省风电装机增长迅速，为掌握全省风电运行特性，下面以 2016 年内正常方式运行、全年装机容量无变动的 10 座风电场为样本(样本总装机容量 66.26 万 kW，占全省 2016 年风电总装机容量的 30.6%)，分析湖南省风电运行特性。

从月出力来看，湖南省春季至夏初(3～7 月)和秋季至冬初(10～12 月)风电出力较大，1 月、2 月和 8 月、9 月风电出力较小，而湖南省用电负荷的冬夏两个高峰往往出现在 1 月、2 月和 7 月末～8 月初。2016 年月平均出力率情况如图 2.20 所示。

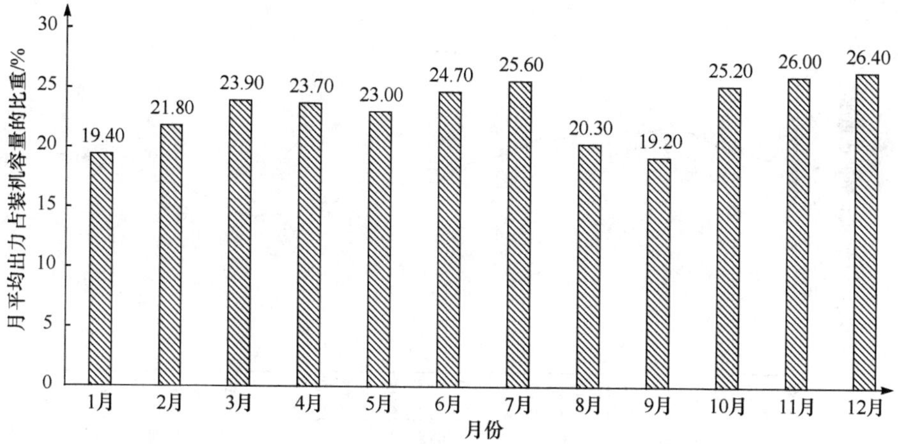

图 2.20　湖南省 2016 年风电月平均出力率情况

从日出力来看，湖南省风电场白天(8～18 时)出力较小，晚间(18 时～次日 8 时)出力较大。2016 年每个月的日平均出力率曲线如图 2.21 所示。

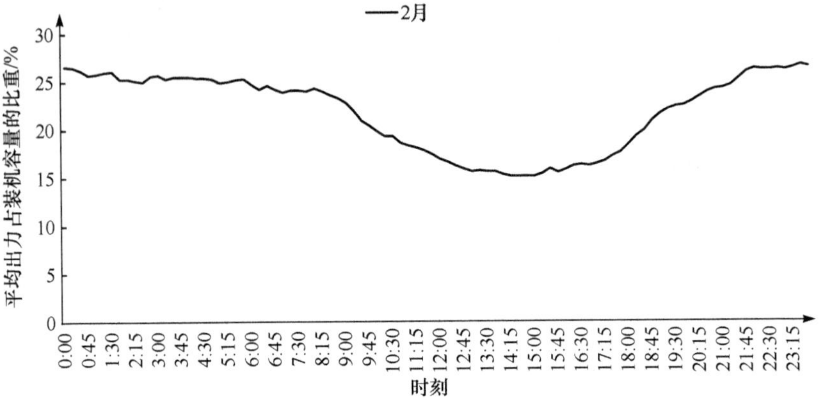
—2月
平均出力占装机容量的比重/%
时刻

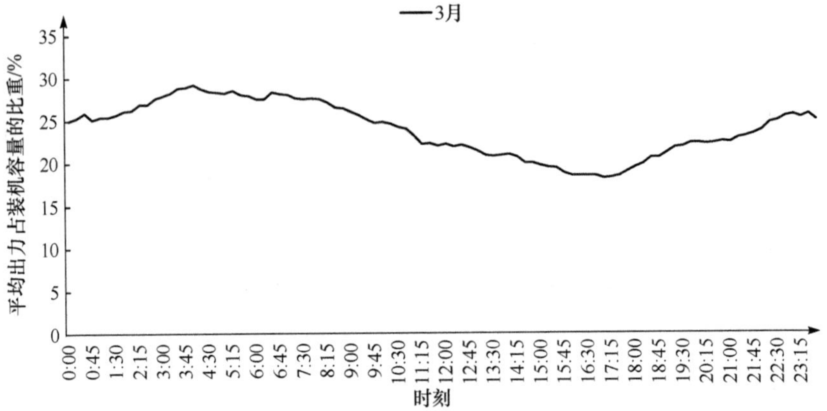
—3月
平均出力占装机容量的比重/%
时刻

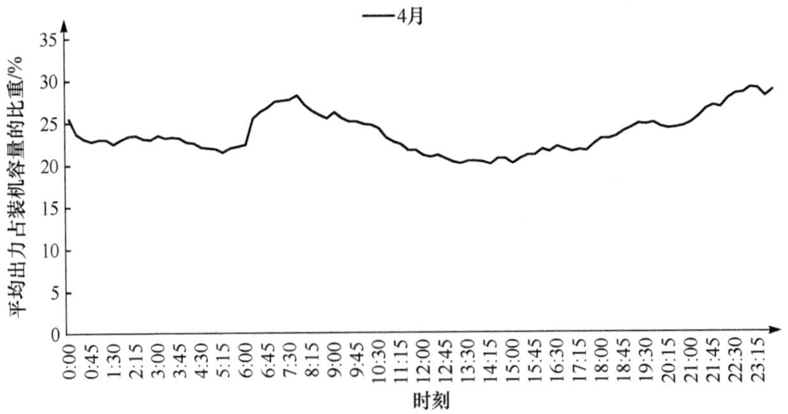
—4月
平均出力占装机容量的比重/%
时刻

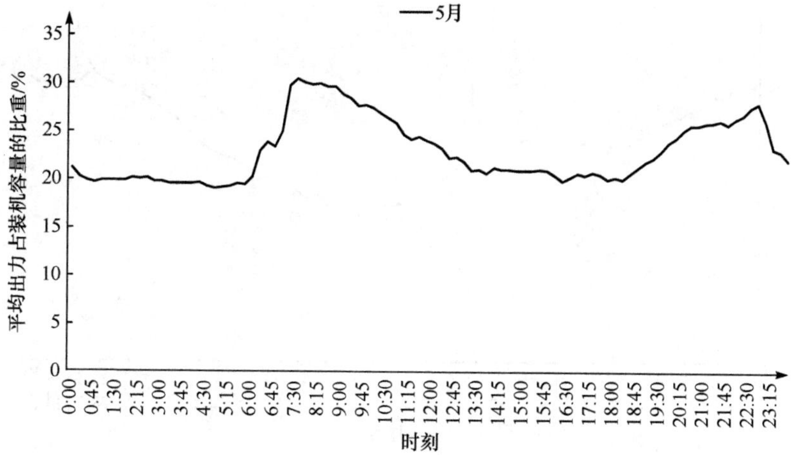
—5月
平均出力占装机容量的比重/%
35
30
25
20
15
10
5
0
0:00
0:45
1:30
2:15
3:00
3:45
4:30
5:15
6:00
6:45
7:30
8:15
9:00
9:45
10:30
11:15
12:00
12:45
13:30
14:15
15:00
15:45
16:30
17:15
18:00
18:45
19:30
20:15
21:00
21:45
22:30
23:15
时刻

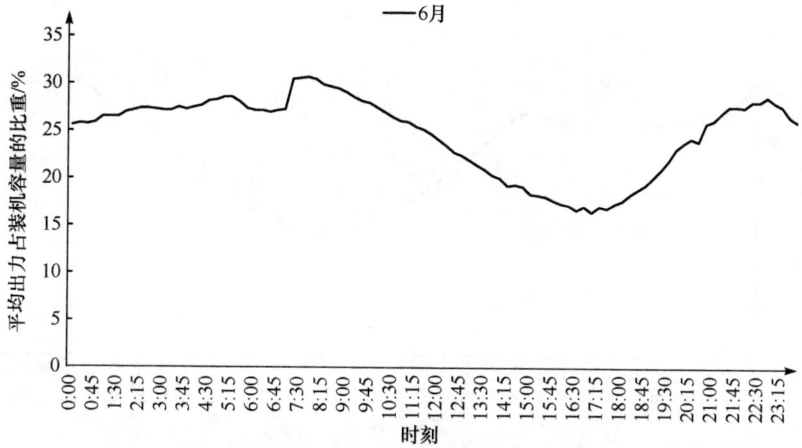
—6月
平均出力占装机容量的比重/%
35
30
25
20
15
10
5
0
0:00
0:45
1:30
2:15
3:00
3:45
4:30
5:15
6:00
6:45
7:30
8:15
9:00
9:45
10:30
11:15
12:00
12:45
13:30
14:15
15:00
15:45
16:30
17:15
18:00
18:45
19:30
20:15
21:00
21:45
22:30
23:15
时刻

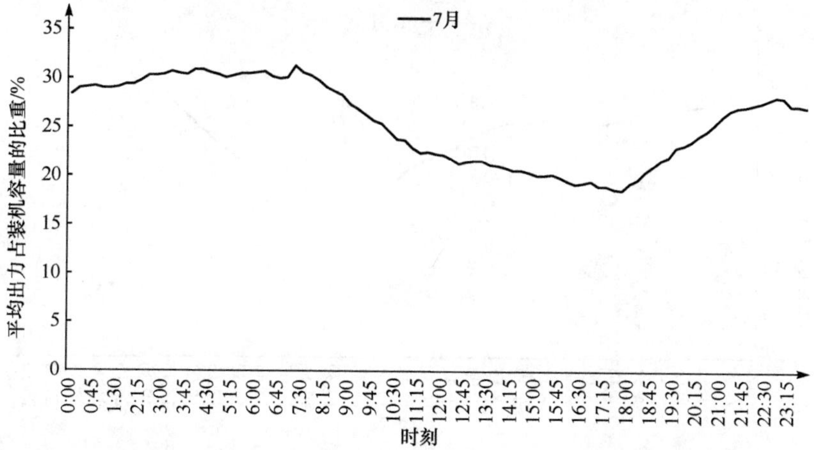
—7月
平均出力占装机容量的比重/%
35
30
25
20
15
10
5
0
0:00
0:45
1:30
2:15
3:00
3:45
4:30
5:15
6:00
6:45
7:30
8:15
9:00
9:45
10:30
11:15
12:00
12:45
13:30
14:15
15:00
15:45
16:30
17:15
18:00
18:45
19:30
20:15
21:00
21:45
22:30
23:15
时刻

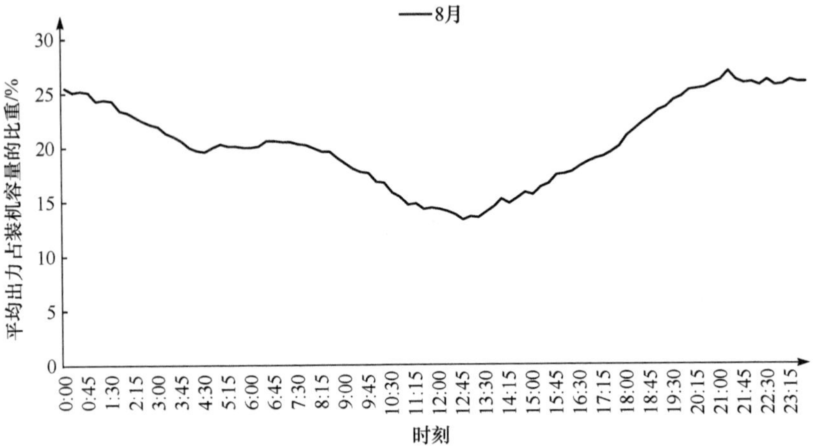
—8月
平均出力占装机容量的比重/%
30
25
20
15
10
5
0
0:00
0:45
1:30
2:15
3:00
3:45
4:30
5:15
6:00
6:45
7:30
8:15
9:00
9:45
10:30
11:15
12:00
12:45
13:30
14:15
15:00
15:45
16:30
17:15
18:00
18:45
19:30
20:15
21:00
21:45
22:30
23:15
时刻

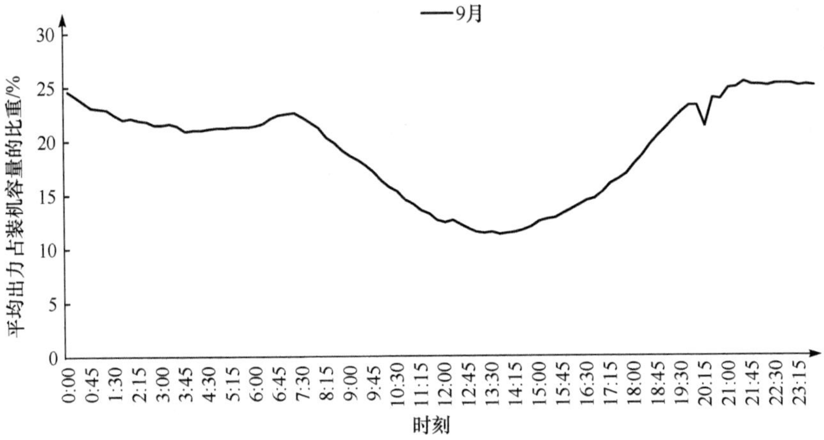
—9月
平均出力占装机容量的比重/%
30
25
20
15
10
5
0
0:00
0:45
1:30
2:15
3:00
3:45
4:30
5:15
6:00
6:45
7:30
8:15
9:00
9:45
10:30
11:15
12:00
12:45
13:30
14:15
15:00
15:45
16:30
17:15
18:00
18:45
19:30
20:15
21:00
21:45
22:30
23:15
时刻

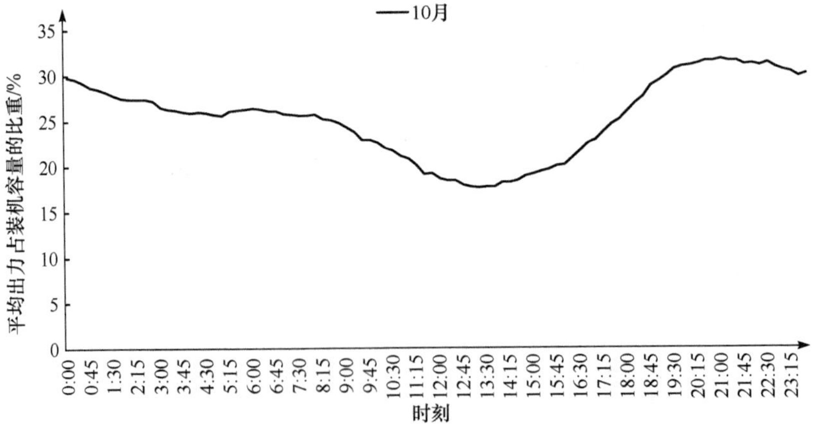
—10月
平均出力占装机容量的比重/%
35
30
25
20
15
10
5
0
0:00
0:45
1:30
2:15
3:00
3:45
4:30
5:15
6:00
6:45
7:30
8:15
9:00
9:45
10:30
11:15
12:00
12:45
13:30
14:15
15:00
15:45
16:30
17:15
18:00
18:45
19:30
20:15
21:00
21:45
22:30
23:15
时刻

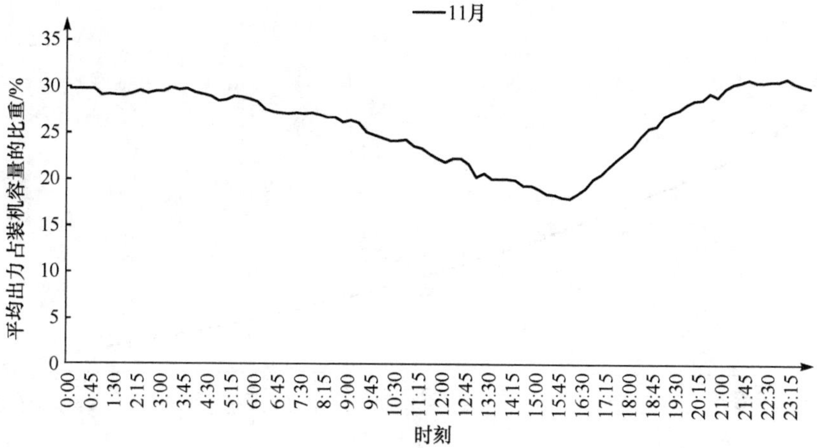

图 2.21　湖南省 2016 年每个月的风电日平均出力率曲线

从月度特性来看，风电对湖南省夏冬两季用电负荷高峰时期的电力供需矛盾的改善作用不大，从日特性来说，有一些调峰的作用。

风电出力概率分布方面，从样本年持续出力率曲线(图 2.22)可以看出，出力率大于 72%、70%、68%、65%、60%、50%的小时数分别为 3h、13h、38h、85h、196h、779h。

湖南省风电样本在全年绝大部分(90%)时间出力率小于 48.8%，在全年大部分(66.7%)时间出力率小于 29.9%。风电出力概率分布情况如图 2.23 所示。

(3) 开发及供应能力

近年来，湖南省风电电源发展迅速，“十一五”期间湖南省风能资源利用基本处于空白，2011 年全省风电总装机容量仅为 8.60 万 kW，年发电量 0.44 亿 kW · h，折合标准煤 1.57 万 tce；“十二五”末期湖南电网风电装机容量为 151.41 万 kW，

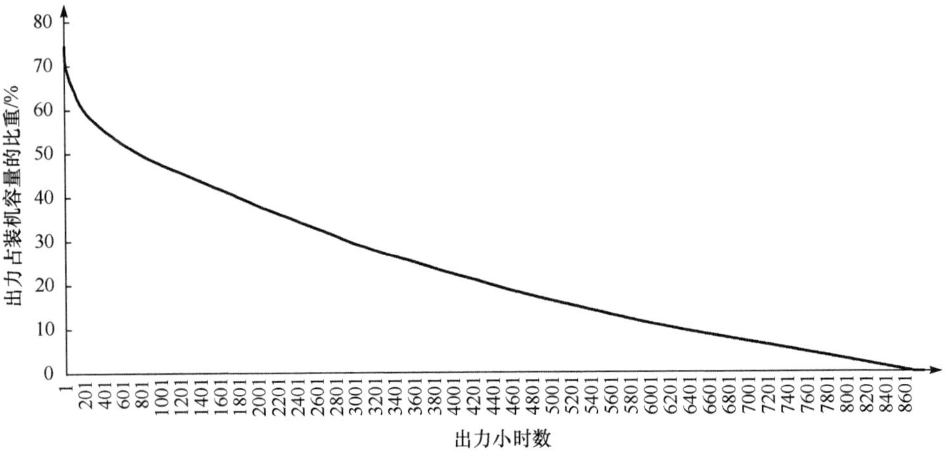

图 2.22　湖南省 2016 年风电场样本年持续出力率曲线

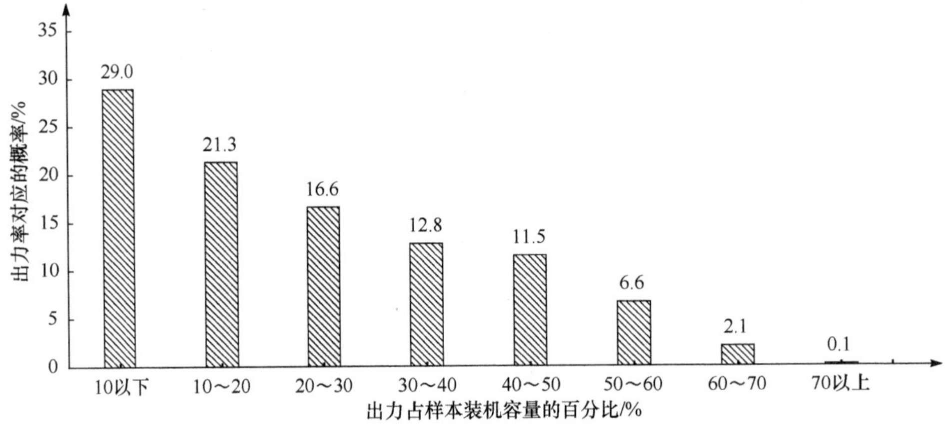

图 2.23　湖南省 2016 年风电样本出力概率分布图

年发电量 22.28 亿 kW·h,折合 79.54 万 tce;至 2016 年末,湖南电网风电装机容量达到了 216.69 万 kW,同比增长 43.1%,占湖南电网电力装机总容量的 5.2%,风电年发电量达到了 39.32 亿 kW·h,同比增长 76.5%,占全省年发电总量的 3.0%,折合 140.37 万 tce。近期全省风力电源装机情况如图 2.24 所示。

"十三五"期间,湖南省将重点加强湘南、湘西南等资源富集区风能开发,推进湘东及洞庭湖地区风电建设,加快发展分散式风电,优先加快贫困地区风电开发,预计"十三五"期间将新增风电装机 400 万 kW,至 2020 年将达到 600 万 kW。

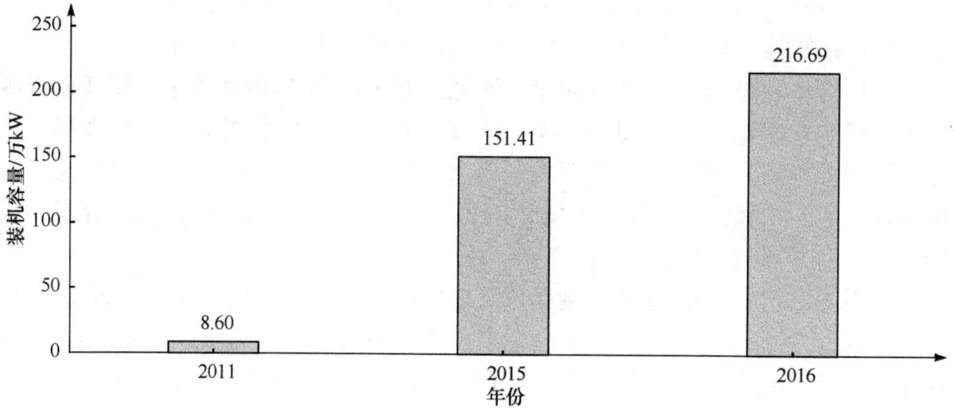

图 2.24　湖南省近期风力电源装机情况

6. 生物质能开发利用

“十二五”期间，湖南省生物质能开发利用已有了一定的基础，截至 2015 年末，全省生物质发电装机规模为 35.0 万 kW，年发电量 14.0 亿 kW · h。至 2016 年末，全省生物质发电装机规模增至 40.2 万 kW，同比增长 14.9%，年发电量达到 19.7 亿 kW · h，同比增长 40.7%。

“十三五”期间，湖南省将有序发展生物质发电，加快推进燃煤与农林废弃残余物耦合发电，推进生物质气化和沼气集中供气，加快长沙市、衡阳市、益阳市等垃圾焚烧项目建设。到 2020 年，生物质发电装机规模将达到 80 万 kW，生物质供气利用达到 12 亿立方米每年。

7. 页岩气储量及开发利用

国家发展改革委等四部委 2016 年发布的《页岩气发展规划(2016—2020 年)》将湖南保靖区块列为全国 7 个页岩气重点潜力研究区块之一，排序第四。依据目前的调查结论，湖南省页岩气具备良好的开发利用前景，据中石油有关专家估算，页岩气远景资源量达 9.2 万亿立方米，约占全国的 7%，位居全国第六。

根据《湖南省“十三五”能源发展规划》，“十三五”期间，要加强页岩气资源调查评价，开展勘查开发关键技术攻关，积极推进勘查示范工程建设。到 2017 年，基本摸清湖南省页岩气资源家底和开发利用前景，优选出 9 个有利目标区和 9～16 个勘查靶区，力争“十三五”末实现页岩气商业化开采。

8. 煤层气开发利用

“十二五”以来，湖南省已经有了较好的煤层气开采基础，共有瓦斯发电站 17

座,总装机容量 1.7 万 kW,其中新增瓦斯发电站 8 座,新增装机容量 0.65 万 kW,五年煤矿瓦斯抽采总量 77093 万立方米,利用总量为 8388 万立方米。

根据初步勘探,全省瓦斯资源量 874 亿立方米,其中涟邵和郴耒煤田瓦斯资源量 732 亿立方米,占总资源量的 84%。“十三五”期间全省将规划瓦斯详细勘探重点矿区 9 个,规划建设地面瓦斯开发利用示范区 3～4 个,2020 年全省煤矿瓦斯年抽采量达到 1.09 亿立方米,其中煤矿井下瓦斯抽采量 0.98 亿立方米,废弃煤矿瓦斯抽采量 0.11 亿立方米。

在煤气层利用方面,全省规划新建瓦斯发电站 20 座,其中煤矿瓦斯发电站 11 座,废弃煤矿瓦斯发电站 9 座。新增瓦斯发电装机容量 3.4 万 kW。到 2020 年累计建设瓦斯发电站 36 座,装机容量 5 万 kW,利用煤矿瓦斯 0.56 亿立方米。

9. 核能开发利用

结合国务院有关内陆核电建设的决定,“十三五”期间不考虑湖南省核电投产,“十四五”及以后考虑桃花江等核电投产可能性。

2.4.2 湖南省能源供需平衡分析

1. 能源供需平衡

湖南省人口众多,资源相对不足,能源供需矛盾向来突出。“十二五”期间,省内能源资源开发和省外输入力度加大,提升了能源供应保障能力,能源由供应紧张转向总体宽松平衡。

供应侧,“十二五”末省外调入能力约 8000 万吨,全省煤炭调入量 7542 吨,其中铁路调入量 4642 万吨,水路调入量 2500 万吨,公路调入约 400 万吨,铁路调入基本依靠焦柳、京广铁路,西煤入湘较少,铁路运能相对饱和;湖南电网发电量 1254 亿 kW·h、省外购电 145 亿 kW·h;天然气管道供应能力从 19 亿立方米提高到 49 亿立方米,成品油管道输送能力达到 1230 万吨。到 2020 年,预测铁路调入量 8470 万吨,北煤入湘调入能力 7470 万吨(其中蒙华铁路 2770 万吨,焦柳铁路 2700 万吨,京广铁路 2000 万吨),西煤入湘 1000 万吨;水路调入能力 2500 万吨,其中海进江 2000 万吨,进口煤 500 万吨;公路调入能力 300 万吨。2020 年全省总调入能力可达 11270 万吨,2025 年和 2030 年均为 13000 万吨。

消费侧,2015 年全省煤炭消费量 11142 万吨,其中火电用煤 2920 万吨;全社会用电量 1448 亿 kW·h,“十二五”年均增长 4.3%;成品油消费量 918 万吨,年均增长 4.8%;天然气消费量 26 亿立方米,年均增长 16.0%,气化人口增加 500 万人,随着“气化湖南工程”的深化实施,未来天然气消费量将大幅增加。

根据湖南省能源发展“十三五”规划目标,湖南省一次能源对外依存度将逐步增大，2020 年湖南省需调入一次能源量为 1.46 亿 tce，一次能源对依存度将达到 77.7%，湖南省能源安全保障将越来越受到区外能源调入量及调入能力的制约。全省能源供需平衡表如表 2.15 所示。

表 2.15　湖南省能源供需平衡表

年份		2010 年	2015 年	2020 年
一次能源生产/亿 tce		0.80	0.49	0.42
一次能源消费		1.49	1.55	1.88
一次能源缺额/亿 tce		−0.69	−1.06	−1.46
一次能源对外依存度/%		46.3	68.4	77.7
煤炭	产量/亿吨	0.79	0.37	0.25
	消费量/亿吨	1.13	1.11	1.35
	供需差/亿吨	−0.34	−0.74	−1.10
	对外依存度/%	30.1	67.7	81.5
石油	产量/万吨	0.00	0.00	0.00
	消费量/万吨	1145.84	1734.45	0.20
	供需差/万吨	−1145.84	−1734.45	−0.20
	对外依存度/%	100.0	100.0	100.0
天然气	产量/亿 m^3	0.00	0.00	0.00
	消费量/亿 m^3	11.25	26.50	85.00
	供需差/亿 m^3	−11.25	−26.50	−85.00
	对外依存度/%	100.0	100.0	100.0

2. 能源调运通道及运输能力

(1) 能源运输通道现状

湖南省“十二五”期间初步形成以铁路为主、水路为辅、公路为补充的化石能源运输格局，湖南省位于煤炭、石油和天然气输送末端。其中，煤炭运输通道主要是铁路焦柳线和京广线，水路长江航道到岳阳港；原油输送通道主要是靠仪长原油管道；天然气没有国家级干线，仅有潜江-湘潭、樟树-湘潭两条国家干线联络线。

湖南电网一方面经葛换-岗市、孱陵-复兴双回等 500kV 联络线与华中湖北电网联系，联络线长期超过 200 万 kW 运行，2016 年最大交换潮流 270.6 万 kW；另一方面，湖南电网通过新增的酒泉-湘潭±800kV 高压直流输电线路与西北电网建立了联系。目前，全省电网已覆盖主要负荷中心和电源基地，形成了西电东送、北电南送的供电格局。

湖南省与湖北、江西、广东等周边省份相比，能源通道条件差、输送不畅问题较突出，京广、焦柳铁路运能基本饱和，长江城陵矶水运码头吞吐能力不足，天然气干线建设滞后，省内煤炭经贸物流发展滞后，大多由煤企或用户承担，仅少数企业经营量达 40～50 万吨/年，大部分为 2～4 万吨/年，部分企业为季节性经营，经营量不足 1 万吨/年。

(2) 未来湖南省能源调运布局

煤炭方面，“十二五”期间衡茶吉、怀邵衡、黔张常等铁路陆续开工，洛湛铁路娄邵段和石长铁路实施扩能改造。“十三五”期间，湖南省将加快拓宽煤运通道，建设蒙华煤运通道，建设安张衡铁路，建设岳阳、娄底、郴州、衡阳、株洲、常德等地建设煤炭储配基地。到“十三五”末期，最终实现煤灰物流运输能力 11270 万吨，形成流通规模 8600 万吨的煤炭储配网络体系。

到“十三五”末期全省煤炭铁路调入量将达到 8470 万吨，北煤入湘调入能力 7470 万吨(其中蒙华铁路 2770 万吨，焦柳铁路 2700 万吨，京广铁路 2000 万吨)，西煤入湘 1000 万吨；水路调入能力 2500 万吨，其中海进江 2000 万吨，进口煤 500 万吨；公路调入能力 300 万吨。2020 年全省煤炭总调入能力可达到 11270 万吨，能够基本保障煤炭运输需要。全省煤炭运力平衡表如表 2.16 所示。

表 2.16 湖南省煤炭运力平衡分析表(单位：万吨)

年份	2015	2020	2025	2030
全省煤炭需求量	11142	13700	13650	13520
省内煤炭供应量	3650	2500	3000	2000
煤炭净调入量	7492	11200	10650	11520
煤炭实际调入量	7542	11250	10700	11570
煤炭调入能力	7542	11270	13000	13000
1. 北煤入湘铁路	4342	7470	9300	9300
其中：蒙华铁路	—	2770	3600	3600
焦柳铁路(洛湛)	4342	2700	2700	2700
京广铁路		2000	2000	2000
安张衡铁路	—	—	1000	1000
2. 西煤入湘铁路	300	1000	1000	1000
其中：湘黔铁路	300	1000	1000	1000
3. 水路	2500	2500	2500	2500
4. 公路	400	300	200	200
调出量	50	50	50	50
运力平衡	—	+20	+2300	+1430

油气方面，“十三五”期间湖南省将建成中石化新疆煤制气外输管道潜江-韶关

段，建设中石油西三线中段项目，建设湖北石首-华容、重庆酉阳-保靖、贵州铜仁-凤凰天然气管道，启动中石化仪征至长岭原油输送管道九江-长岭段复线前期工作。“气化湖南”工程将建设省内天然气支干线 3400 公里及配套设施，建设一批天然气分布式能源项目和天然气调峰电站、LNG 接收设施等。

电网方面，2017 年酒泉-湘潭±800kV 特高压直流输电工程已建成投运，湖南省将继续拓展外电入湘通道建设。“十三五”期间还将建设 1000kV 蒙西～长沙特高压交流输变电工程，并深入开展其他特高压入湘工程可行性论证。为加强湖南电网与华中电网的联络，配套建设 7 回 500kV 线路除外电入湘通道。湖南省还将加强省内骨干输电网建设，完善 500kV 主网架，建成 3 条南北向、4 条东西向 500kV 输电通道。到 2020 年，实现大部分市(州)至少拥有 2 座 500kV 变电站，各县市至少拥有一座 220kV 变电站。根据国网特高压电网发展规划，至 2020 年湖南电网接受外区电力规模如表 2.17 所示。

表 2.17　湖南电网“十三五”末期接受外区电力规模(单位：万 kW)

指标	2020 年	
	夏大	冬大
1. 交流	176	276
其中：500kV 交流(三峡)	176	176
特高压交流	0	100
2. 特高压直流	1100	950
其中：酒泉-湘潭	800	800
雅中直流(分电)	300	150
3. 合计	1276	1226

2.5　湖南省能源发展展望

2.5.1　湖南省能源发展思路及目标

根据《中华人民共和国国民经济和社会发展第十三个五年规划纲要》，国家发改委、能源局编制并于 2016 年 12 月公开发布《能源发展“十三五”规划》，提出要坚持推进供给侧结构性改革，提高能源发展质量和效益，优化能源系统，补齐资源环境约束、质量效益不高、基础设施薄弱、关键技术缺乏等短板，培育能源领域新技术新产业新业态新模式，提升能源普遍服务水平，全面推进能源革命，努力构建清洁低碳、安全高效的现代能源体系，为全面建成小康社会提供坚实的能源保障。

针对湖南省的实际情况，湖南省发改委、能源局制定了《湖南省“十三五”能源发展规划》,提出要坚持“节能优先、绿色低碳、立足国内、创新驱动”的发展战略,按照湖南省委、省政府确定的“基本稳定水电、适度发展火电、加快气化湖南、积极发展新能源”的基本思路,推进能源改革创新,提高能源关键技术研发和重点装备生产能力,实施供给侧结构性改革,有序淘汰煤炭落后产能,积极开发风电、光伏、生物质、地热能等新能源,加快煤炭、煤电清洁化利用,推进天然气高效利用和油品质量升级,有序推进油气替代煤炭、非化石能源替代化石能源的双重更替,加强能源输送通道建设,拓展能源供应渠道,逐步打破行业垄断,放开竞争性业务,深化电力、油气等重点领域和能源价格改革,推进绿色能源示范县、城乡配电网升级改造、气化湖南等工作,培育能源生产和消费新模式新业态,构建现代能源体系,保障能源供应,优化能源结构,促进节能环保、实现民生普惠。

全省“十三五”期间能源发展的主要目标是:至 2020 年,全省能源消费总量控制在 1.88 亿吨标准煤,煤炭消费 1.35 亿吨,石油消费 1970 万吨,天然气消费 85 亿立方米。全社会用电量达到 1980 亿 kW·h。一次能源生产总量约 4200 万吨标煤,能源对外依存度为 77.7%,煤炭产能控制在 2500 万吨左右,煤炭自给率 18.5%。全省电力总装机(含在建)达到 5087 万 kW,其中火电(煤电、气电、余热余压等)2455 万 kW、水电 1887 万 kW(含抽水蓄能)、新能源(风电、光伏、生物质等)发电装机 745 万 kW。

煤炭、石油、天然气和非化石占一次能源消费的比重分别达到 54.0%、14.9%、6.0%和 16.0%,其中煤炭消费下降 5.9 个百分点,天然气和非化石能源分别上升 3.7 和 3.5 个百分点。电煤占煤炭消费的比重约 36.9%;新能源发电装机占比约 14.8%,提高 8.8 个百分点。供电煤耗 310 克标准煤/(kW·h),基本达到全国平均水平。大气污染物排放量进一步得到控制,燃煤电厂污染物排放显著降低,力争实现超低排放(即在基准含氧量 6%条件下,烟尘、二氧化硫、氮氧化物排放浓度分别不高于每立方米 10 毫克、35 毫克和 50 毫克),基本达到全国平均水平。城镇地区供电能力及供电安全水平显著提升,农网改造覆盖面达到 100%,城乡居民人均生活用电量接近全国平均水平;管道天然气县市覆盖率达到 75%以上,用户达 1600 万人。

2.5.2 湖南省能源发展主要任务

针对国家能源发展目标,《国家能源“十三五”发展规划》指出“十三五”期间能源发展的七大任务,即高效智能,着力优化能源系统;节约低碳,推动能源消费革命;多元发展,推动能源供给革命;创新驱动,推动能源技术革命;公平效能,推动能源体制革命;互利共赢,加强能源国际合作;惠民利民,实现能源共享发展。

为了有效落实国家能源发展任务,实现湖南省能源发展目标,湖南省将完成以下具体的发展任务。

1. 能源系统运行方面

优化能源开发布局，推进能源供给侧改革，实施能源发展补短板行动计划，构建智慧能源系统，全面提高能源运行效率和经济效益。

2. 能源生产、输送和消费方面

合理布局省内煤炭生产，积极拓宽外输通道，加快健全储配体系，保障煤炭稳定供应，加强煤炭产业优化布局和结构调整，提高煤炭清洁化利用水平。

合理布局省内电源，加强电力通道建设，重点推进500kV主网架，加快城乡配电网建设改造，构建覆盖全省、网架坚强、安全可靠、智能互联的现代配电网。

全面实施"气化湖南"工程，加快推进管网建设，拓宽气源通道；加大页岩气勘探开发力度，力争实现商业化开采；优化天然气利用结构，提高天然气综合利用水平；强化油气管道保护，保障油气安全保供。

深度挖潜优质水电资源，重点推进风电开发，积极发展太阳能，有序发展生物质能、地热能等新能源，进一步提高非化石能源比重，加快推进能源低碳发展、清洁转型。到2020年，实现新能源装机745万kW。

3. 能源科技装备方面

以风力发电、光伏制造和智能输配电装备为主攻方向，同步推进核电、新能源汽车、中小型水力发电、高端煤机、燃料检测分析装备等板块发展，通过"应用推广一批、示范试验一批、集中攻关一批"，推动湖南省能源科技装备取得跨越式突破。

4. 能源体制改革方面

坚持远近结合、标本兼治、统筹兼顾、突出重点，坚持市场化改革方向，推进能源领域重大改革，加快构建现代能源市场体系，着力化解重点领域和关键环节的突出矛盾，争取尽快取得突破。

2.5.3 湖南省能源发展形势

社会经济发展进入新常态，能源发展表现出新的特点，也面临着转型提质的新要求，能源供需形势总体宽松，但局部性和结构性矛盾依然突出，湖南省保障能源供应、加快节能转型发展的任务仍十分艰巨，能源发展既面临严峻挑战，也面临难得的机遇。

1. 湖南省能源发展的突出特点

(1) 经济新常态引导能源需求变化

新常态下区域经济发展主要特征之一是经济增长率的换挡和经济发展方式的

转变,由高速增长转向中高速增长,由规模速度型粗放增长转向质量效率型集约增长。随着经济发展步入新常态,能源需求增长也将步入新常态。

从经济增速换挡来看,观察历史期能源消费总量与 GDP 增长趋势,两者增速走势较为匹配。总体来说,当 GDP 增长加速,能源消费量增长就会加速;GDP 增长减缓,能源消费量增长也会减缓,并且当 GDP 增长率处于下行阶段,能源消费量增速下降幅度通常更为显著。

图 2.25 描绘了 1980～2015 年这三十多年间每五年湖南省能源消费总量年均增速与 GDP 年均增速的对比情况。

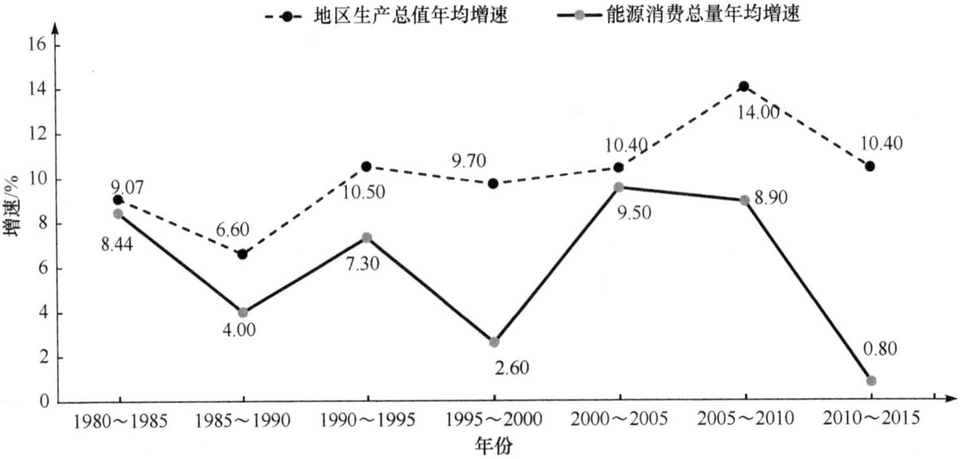

图 2.25 湖南省 1980～2015 年 GDP 增速和能源消费增速对比情况

在经济新常态背景下,随着经济由高速增长转向中高速增长,能源消费总量增长速度也趋于减缓。

从产业结构深化调整来看,第三产业占比增速与能源消费总量增速的变化总体呈现此消彼长的趋势,如图 2.26 所示。总体上,除个别年份,当第三产业占比上升时,能源消费总量增速下降,反之能源消费总量增速上升。

新常态背景下,未来第三产业占比将进一步扩大,能源消费总量增速趋减。此外,新常态引领的结构深化调整不仅仅在于三次产业之间,还在于更为深入的行业调整。例如,工业内部高耗能行业发展逐步受限,而高新技术、高附加值行业发展将面临新的机遇。行业发展对能源资源依赖程度的不同直接导致行业结构变化对全社会能源需求的显著影响。经济结构的深化调整、经济增长方式的转变将深入影响全社会能源需求总量的增长和能源消费方式的改变。总体而言,新常态经济发展形势将引导新常态能源需求增长趋势。

(2) 节能减排政策对能源需求产生影响

我国是全球能源最主要的消费国家之一,也是最大的煤炭消费国。2006 年,

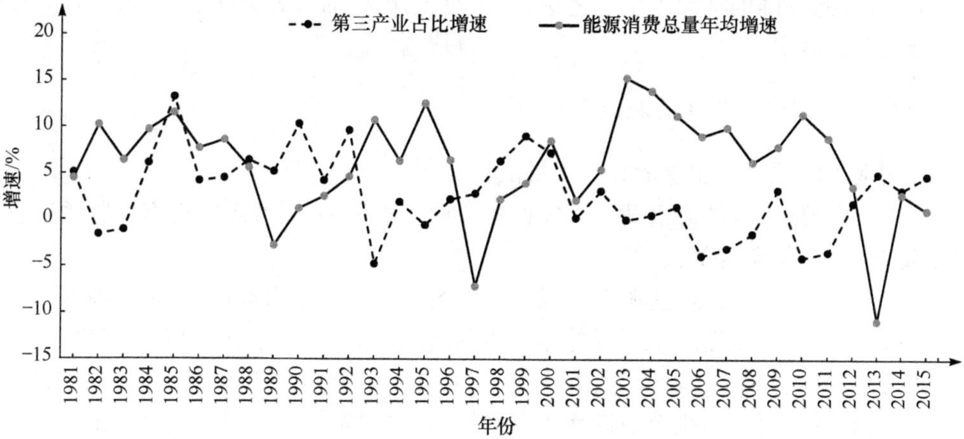

图 2.26　湖南省 1981～2015 年第三产业占比增速和能源消费增速对比情况

我国开始超越美国成为世界第一大碳排放国。2012 年,我国温室气体排放总量已居世界首位,达到 92.1 亿吨,占全球排放总量的 26.7%,在国际社会上我国面临更加沉重的减排压力。

基于国内经济结构调整与转变经济增长方式的信心,我国在《国家应对气候变化规划(2014—2020 年)》、2014 年《中美气候变化联合声明》等文件中对排放做了目标限定,我国承诺 2030 年二氧化碳排放达到峰值,并将努力早日达峰。

2014 年 6 月 7 日,国务院办公厅印发《能源发展战略行动计划(2014—2020 年)》,提出坚持"节约、清洁、安全"的战略方针,加快构建清洁、高效、安全、可持续的现代能源体系。重点实施节能优先、立足国内、绿色低碳、创新驱动四大战略,到 2020 年,基本形成统一开放竞争有序的现代能源市场体系。

2016 年,全国各部门、省级行政区响应节能减排要求与号召,陆续出台更为具体并具针对性的节能减排政策性文件。

国务院印发《国务院办公厅关于促进建材工业稳增长调结构增效益的指导意见》,推进建材行业过剩产能的淘汰,建材工业产品升级、产业转型。

国家发改委与环保部于 2016 年 7 月 1 日联合发布实施《清洁生产审核办法》。工信部开展国家重大工业节能专项监察,严格督促淘汰落后设备,并于 6 月 30 日施行《工业节能管理办法》,强调用能权交易制度、明确节能管理手段、建立健全节能监察体系、突出企业主体地位、重点抓用能大户。

各省也全面推出节能减排相应政策性文件,其中湖南省经信委发布《湖南省经济和信息化委员会关于组织实施 2016 年全省电机能效提升工程的通知》,将节能减排作为经济社会发展的一项重要任务,着力推行能源节约与环境改善。

可以预见,未来各行业发展将面临愈加严格的能耗与环境约束,除了能耗显著的工业，节能减排也将深入交通运输、建筑业、居民生活等方方面面，深入影响全社会能源消费需求。

2. 湖南省能源发展的挑战和机遇

湖南省能源发展主要面临以下挑战。

一是资源匮乏，能源消费水平偏低。今后一段时期，资源短缺仍将是制约我省能源发展和结构调整的关键因素。

二是能源通道不畅，能源安全保供压力大。如果蒙华煤运通道、中石油西气东输三线中段、中石化新疆煤制气外输管道湖南段不能在“十三五”如期建成投产，将严重影响省内管网建设和火电、天然气项目进度；外电入湘有利于优化能源结构、降低湖南省能源价格，也会对湖南省电网结构、电源规划与布局及电力系统安全经济运行等带来重大影响。

三是能源结构不优，能源清洁发展任重道远。我国碳排放总量在2030年左右将达到峰值，国家将严格控制能源、煤炭消费总量和消费强度，今后一段时期，油气替代煤炭、非化石能源替代化石能源的双重更替将是大势所趋。

四是能源价格高企，能源发展需转变方式。湖南省电煤价格、火电脱硫标杆电价分别位列全国第一、第二，电价高企直接增加工商企业和居民生活成本，削弱了湖南省综合竞争力。必须发展能源转化效率高、成本低的分布式能源，利用新技术、新业态、新模式，满足市场对优质优价能源的需求。

湖南能源发展也面临难得的历史机遇。

一是能源革命加快推进。国家提出推进能源消费革命、供给革命、技术革命、体制革命，全方位加强国际合作的“四个革命、一个合作”的能源发展总体要求，明确“节约、清洁、安全”的方针和“节能优先、立足国内、绿色低碳、创新驱动”的能源发展战略。当前能源技术革命正在蓬勃兴起，能源体制改革纵深推进，能源供给侧结构性改革持续深化，湖南省转变能源发展方式，推动能源发展绿色、低碳转型面临难得的历史机遇和良好的政策环境。

二是国内能源供需相对宽松，主要能源产品价格普遍下跌。湖南省能源对外依存度高，必须抢抓国内外能源供应相对宽松、能源价格普遍较低的契机，加快引入区外优质低价能源，降低能源成本。

三是省内能源需求仍将增长。随着经济发展方式转变，全国重点产业布局正在发生显著变化，中部地区凭借土地、人力等成本优势，加速承接沿海地区产业转移。湖南省重点承接的新型建材、轻工等产业来势看好，装备制造、新能源等战略性新兴产业优势明显，有色金属、汽车薄板、精细化工等特色产业基础牢固，现代服务业发展迅猛，将成为湖南省能源消费的主体。随着城乡配电网改造建设力度加大，城乡居民用电需求潜能进一步释放，未来能源需求仍将进一步增长。

四是新兴能源快速发展。湖南资源禀赋和能源生产结构决定了在未来一段时间内，以煤炭为主的化石能源仍将是湖南省的主体能源，但在大气污染防治和减排承诺的双重约束下，发展清洁低碳能源成为能源结构调整的主攻方向。新兴清洁能源的快速发展，将为湖南省能源发展转型提供坚实的基础。

五是技术创新步伐加快。科技创新是能源变革的巨大推动力。《湖南省贯彻〈中国制造 2025〉建设制造强省五年行动计划(2016—2020)》制定了湖南省太阳能光伏产业、纯电动乘用车产业、锂电池材料产业等三大制造业重点领域产业链技术创新路线图，为湖南省能源生产与消费技术的发展进步增添动力。特高压交直流输电技术的飞速发展，为湖南省继续引入省外清洁能源奠定了坚实的基础。化石能源新技术的突破同样蕴藏着新的产业机遇，特别是非常规油气、煤电新技术研发应用，仍具有巨大的市场空间和实际应用价值，以页岩气为代表的非常规油气能源的利用技术将逐步成熟。煤炭加工转换和利用的清洁化、高效化程度进一步提高，有利于湖南省加快推进能源清洁、高效、多元、低碳发展。

2.5.4　湖南省能源发展前景

1. 湖南省能源发展总体展望

当前湖南正处于决胜全面建成小康社会的关键时期，"一带一部"、长江经济带、长江中游城市群、洞庭湖生态经济区、长株潭城市群两型社会试验区、湘南承接产业转移国家示范区、武陵山片区区域发展与扶贫攻坚规划等国家战略平台纷纷落地，全省综合实力大幅提升、战略支撑更加坚实，经济社会发展处于新的历史起点之上。

从经济发展态势看，湖南社会经济将保持中高速增长，工业结构持续优化，战略性新兴产业、高技术产业快速增长，服务业持续向好，新业态、新模式不断涌现，对经济增长的贡献率持续提高。总体来看，湖南省经济长期向好的基本面没有变，战略和政策叠加效应更加突出，交通区位、市场规模、人力资源等综合竞争优势更加彰显，支撑经济稳定增长的基础条件更加坚实。随着经济社会快速发展和增长动力逐步转换，在国家进一步加强能源领域基础建设投资的带动下，湖南补强能源发展短板，实现能源绿色低碳转型空间广阔。

从能源供需态势看，随着供给侧结构性改革和大气污染防治的持续推进，湖南省高耗能行业的产能规模和能源消费强度都将呈下降态势，全省经济结构、能源消费结构逐步转变。总体来说，湖南省能源需求总量将保持低速增长，化石能源消费比重将逐步下降，新兴能源消费比重将逐步上升，一次能源对外依存度将逐步上升，外部能源调入通道建设基本满足需求，供需总体保持平衡。

从能源投资态势看，煤炭、火电受行业整体供过于求和国家去产能、严控新增产能“三个一批”等政策影响,投资将有所下滑;随着“气化湖南”工程深入推进,天然气管道及配套设施的投资将迎来增长;水电受经济可开发资源限制,投资也将保持低位;全省新能源行业投资在总体上仍将保持增长,但随着国家下调上网电价、收紧光伏发展规模指标,投资增长也存在一定的不确定因素;电网投资在国家加大投资力度,以及新一轮农网改造升级工程带动下,将保持增长的态势。

2. 湖南省能源行业发展展望

煤炭行业,需求方面,一是全省能源消费总量增速逐步放缓,二是湖南省积极推进油气替代煤炭、非化石能源替代化石能源的双重更替,推进能源清洁、低碳、节约、高效发展。“气化湖南”工程、电能替代和气代煤的深化实施,使得煤炭市场需求难以出现大幅增长。供应方面,全省煤矿矿井数量将受到严格控制,煤炭产能将大幅缩减,从 2016 年起,三年内原则上停止新建煤矿项目,停止新增产能的技术改造和产能核增项目,在建煤矿项目按一定比例与淘汰落后产能和化解过剩产能挂钩,重点对具有发展潜力的煤矿实施机械化改造和提质达标。煤炭消费对外依存度将明显加大。

石油行业,湖南省将积极推进石油管道建设,如中石油西三线中段、中石油兰郑长、中石化岳阳至株洲、湘潭至娄底至郴州成品油管道,随着全省汽车保有量的快速增长和石油替代煤炭的实施,湖南石油行业消费量将保持稳步增长的态势。

天然气行业,湖南省将积极推进天然气管道建设,如重庆酉阳-湖南龙山、湖北石首-湖南华容等天然气管道,新疆煤制气管道湖南段。省级支干线优先建设与国家干线和省内已建支干线相连的管道,同步建设沿线支干线、支线,重点建设湘西自治州、张家界市、怀化市、郴州市、永州市天然气支干线管道。城镇管网依托国家和省天然气管道,建设中心城市、县城和小城镇燃气基础设施和配套设施,到 2018 年年底,全省中心城市和 70%的县市实现管道气化,气化人口约 1400 万人,城镇居民气化率超过 40%,到 2020 年构建安全可靠、布局合理、全面覆盖的天然气管网。

电力行业,消费方面提高电煤在煤炭消费中的占比和电能在终端能源消费中的占比,成为湖南省能源转型、低碳绿色发展的重要途径和社会共识。新一轮农网改造升级、电能替代也有利于进一步释放电力需求。近几年全省电力用户新增报装容量明显大于减容和销户容量,预计未来这一趋势仍将保持,全省电力消费总体上仍将保持增长的态势。供应方面,当前全省发电设备利用小时数,尤其是火电平均利用小时数处在历史较低水平,电力供应能力充足。总体来说,湖南省未来几年电力供需形势较为宽松。

新兴能源行业,未来国家将大力推进分布式光伏发电、领跑者计划和光伏伏贫工程,光伏行业仍将持续快速发展。风力发电随着低风速发电技术取得突破,技术可开发区域明显扩大，国家风电发展重心转向中东部低风速地区，湖南省迎来风电快速发展的机遇，作为风资源优势并不突出的省份，2016 年全省新增风电装机规模占到了全国的 1/10。总体来看，未来湖南省新能源装机、发电量仍将保持快速增长。另外，随着国家进一步下调新能源上网标杆电价，新能源企业将面临竞争加剧、利润下滑的不利局面，合理投资、提质增效将是企业未来发展的主题。新能源行业发展将逐步由规模扩张向规模、质量、效益并重转变。

3. 湖南省能源技术装备发展展望

《2017 中国战略性新兴产业发展报告》指出，今后 5～10 年将是能源发展和推动能源革命的关键时期，能源新技术的研发与产业化进程将不断加快，许多前沿技术正孕育突破。绿色、清洁、低碳、高效将成为煤炭清洁高效转化和利用产业的发展方向，非常规油气技术有望取得重大突破，智能电网产业发展将处于关键技术突破阶段，可再生能源产业将持续处于快速上升期，新一轮能源变革蓄势待发。

湖南省重大能源装备自主创新能力有了较强的基础，目前拥有国家级工程(技术)研究中心、重点(工程)实验室、企业技术研发中心、检测检验中心 10 个，省部级重点实验室和工程研究中心 24 个。风电叶片制造、光伏装备制造、兆瓦级直驱永磁发电装备制造、核工程及铀矿开采等技术，以及特高压电抗器、变压器、开关设备、智能电表终端等产品均居国内领先水平。湘电风能有限公司、特变电工衡阳变压器有限公司、中国电子科技集团第四十八研究所、湖南共创光伏科技有限公司等一批骨干企业快速成长，将带动省内能源装备产业的聚集发展。

湖南的风电技术研发也不断取得突破。据报道，中车株洲电力机车研究所把轨道交通方面积累的成熟研发经验移植到风电机组产品中，在高海拔和低风速市场拥有较强的竞争优势；湘电风能有限公司拥有国家风力发电研发(实验)中心等国家级研发平台；三一重能有限公司提出低风速大叶片智能控制解决方案；株洲时代新材料科技股份有限公司在叶片设计、成型工艺、工艺装备，以及材料技术研发等方面具备较强的技术优势；中国电建集团中南勘测设计研究院有限公司、湖南省电力设计院在南方陆上超低速山地风电项目规划设计、总承包及建设运营等方面建树颇多；中南大学、湖南大学先后承担一批风电产学研项目，且一批具有自主知识产权的技术已运用于风电设备。低风速技术的进步又带动风电可开发量的上升，湖南风电可开发量跃升至 2000 万 kW 以上，这意味着有超过八成的风电资源还有待开发，新技术将在很大程度上化解湖南省风力资源优势不突出的矛盾。

湖南省“十三五”期间将以风力发电、光伏制造和智能输配电装备为主攻方向，同步推进核电、新能源汽车、中小型水力发电、高端煤机、燃料检测分析装备等板块发展，做大做强优势产业和龙头企业，推动形成能源产业集聚区，瞄准“中国制造2025”重大战略需求和“互联网＋智慧能源”的产业发展趋势，创建国家级能源科技创新平台、国家级研究中心、重点实验室、研发中心,从而加快能源科技创新。

4. 湖南省能源体制改革展望

《中国能源发展报告 2016》指出,供给侧结构性改革的含义是指以提高社会生产力水平为根本目的,以体制机制改革和全面创新为主要手段,通过矫正供需结构错配和要素配置扭曲,提高全要素生产率,改善供给结构适应性和灵活性,使供需实现更高水平的平衡。

能源领域供给侧结构性改革从属于国家能源革命战略。从全球来看,能源革命是全世界的大趋势。中国也将深入推进能源革命作为长期发展战略,特别是把维护能源安全放在重中之重的位置。能源领域供给侧结构性改革应配合和顺应能源革命的需要,贯彻落实习近平总书记"能源四革命一合作"指示,在加快推进能源革命中确保能源安全。

能源领域供给侧结构性改革是国家整体供给侧改革的重要组成部分,未来湖南省能源供给侧结构性改革将继续深化,必将继续对能源行业生产利用各环节带来深远影响。

(1) 油气体制改革展望

未来湖南省将逐步放开天然气气源和销售价格,推动油气管道网运分开,促进油气管网设施公平开放,完善管输价格和成本监审。

湖南省还将推进"气化湖南"工程投资体制改革,探索在天然气管网项目建设中引进政府和社会资本合作(PPP)的投资模式,引导民营和混合所有制企业参与项目投资建设。鼓励国有油气企业工程技术、工程建设和装备制造等业务进行专业化重组,作为独立的市场主体参与市场竞争。

(2) 能源价格改革展望

未来湖南省将继续推进能源价格市场化改革,实行竞价上网、竞价投入、招标定价等市场形成价格模式,理顺发、供、需三方利益关系。

对高耗能产业和过剩产业继续实行差别能源价格,探索实施电力、天然气峰谷分时价格、季节价格等灵活价格机制,通过价格机制引导企业削峰填谷,促进企业降低用能成本。

(3) 电力体制改革展望

2017 年,国家要求全面推进输配电价改革,湖南省作为国家第二批输配电价改革试点省份,已经完成输配电定价成本监审,为实施输配电价改革奠定了基础。

增量配电业务放开方面,2016 年 12 月国家发改委、能源局确定了首批 105 个增量配电业务改革试点项目,湖南省有 4 个项目纳入试点,分别是资兴市东江湖大数据产业园、衡阳白沙洲工业园、益阳高新技术产业开发区、湘潭经开区。纳入试点的 4 个园区,其电网企业存量配电资产外的新增配电业务,可通过市场化方式公开、公平、公正优选供电主体。湖南省已成立 53 家以社会资本为主体的售电公司，正积极参与增量配电业务改革。

电力用户直接交易方面，按照改革部署，国网湖南省电力公司组建了相对独立运作的湖南电力交易中心有限公司，目前参与直接交易的电力用户从最初的 8 家扩大到 82 家，范围扩大至 35kV 及以上的战略新兴产业企业。2016 年，通过交易平台组织直接交易，达成交易电量 50.29 亿 kW · h，减少用户购电成本 1.01 亿元。未来改革将继续推动大用户直接交易，有利于降低用户购电成本，推动全社会电力需求的增长。

总体来说，未来电力体制改革将进一步提速，进入全面深化实施的新阶段。湖南省未来将按照“管住中间、放开两头”的体制架构，向社会资本放开配售电业务，放开输配以外的竞争性环节电价，放开公益性和调节性以外的发用电计划，培育市场主体，引入市场竞争，逐步形成竞争充分、开放有序的市场体系，实现电力安全高效运行和可靠供应。

第3章　湖南省电力需求分析

3.1　湖南省电力系统现状

湖南省处于华中电网南部，是华中电力系统的重要组成部分，主要通过葛换-岗市、孱陵-复兴双回等三回500kV联络线与华中湖北电网联系。2017年，酒泉-湘潭±800kV特高压直流工程投运，湖南电网与西北电网实现联网。

湖南电网按地理位置和电网结构可划分为湘东（长沙、株洲、湘潭）、湘南（衡阳、郴州、永州）、湘北（岳阳）、湘西北（常德、益阳、张家界）、湘中（娄底、邵阳）、湘西（怀化、湘西自治州）共6个区域、14个供电区。其中，湘西北、湘西为主要的两大电源送端，湘东、湘南为两大主要的负荷中心受端。

湖南电网以火力发电和水力发电为主，风力发电和太阳能发电为辅。截至2016年底，湖南省电源装机容量4121.0万kW，其中火电2321.8万kW、水电（含抽水蓄能）1553.0万kW、风电216.7万kW、光伏发电29.5万kW，分别占56.3%、37.7%、5.3%、0.7%。2016年，全省电源发电量1333.6亿kW·h，其中火电732.2亿kW·h、水电560.4亿kW·h、风电39.3亿kW·h、光伏发电1.7亿kW·h，分别占54.9%、42.0%、3.0%、0.1%。

2016年，湖南省全社会用电量1495.6亿kW·h，全口径最大负荷2826.0万kW，分别同比增长3.3%、2.0%。湖南电网净吸收省外电量162.0亿kW·h。

至2016年底，湖南省拥有110kV及以上公用变电站835座，总容量46001万kV·A，线路长度38026.1km。

3.2　湖南省电力需求发展回顾

3.2.1　湖南省总体电力消费情况

1. 全社会用电量

“十二五”期间，湖南省内化工、黑色金属、有色金属等高耗能行业去产能力度较大，受此影响，全省用电量增速逐渐放缓。2015年，在国家调结构、稳增长措施的逐步实施下，湖南省全社会用电量1447.6亿kW·h，增长1.2%，增速同比上升0.7个百分点。2016年，随着供给侧改革力度加大，以及夏季持续高温、电力生产消耗量增加及闰年因素等影响，湖南省全社会用电量 1495.7 亿 kW · h，增长 3.3%，增速同比上升 2.1 个百分点。2005～2016 年湖南省全社会用电量变化情况如图 3.1 所示。

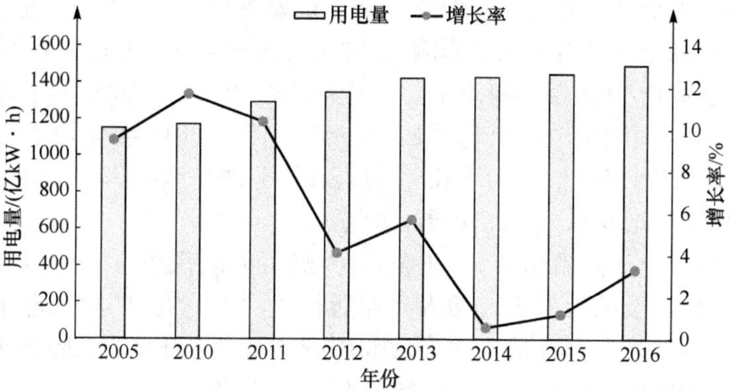

图 3.1 2005～2016 年湖南省全社会用电量情况

2. 分产业用电量

分产业来看，2016 年全省第一产业用电量 18.16 亿 kW · h，同比增长 6.36%，占全社会用电量比重为 1.21%，较上一年降低 0.3 个百分点。

第二产业用电量 847.73 亿 kW · h，同比下降 4.38%，占全社会用电量比重为 56.68%，较上一年降低 7.20 个百分点。其中，工业用电量 824.91 亿 kW · h，同比下降 4.85%。化工、非金属、黑色、有色四大高耗能行业合计用电量 351.20 亿 kW · h，同比下降 11.92%，占全社会用电量比重 23.48%，较上年降低 4.06 个百分点，占工业总电量的 42.57%。

第三产业用电量 242.59 亿 kW · h，同比增长 12.6%，占全社会用电量比重为 16.22%，较上年提高 2.52 个百分点。

城乡居民生活用电量 387.18 亿 kW · h，同比增长 17.84%，占全社会用电量比重为 25.89%，较上一年提高 4.98 个百分点。2016 年湖南省各行业用电量增长情况如表 3.1 所示。

表 3.1 2016 年湖南省各行业用电量增长情况

指标	电量/(亿 kW · h)	占比/%	增加电量/(亿 kW · h)	同比增长/%
全社会用电	1495.66	100.00	48.03	3.32
第一产业	18.16	1.21	1.09	6.36
第二产业	847.73	56.68	−38.82	−4.38
第三产业	242.59	16.22	27.14	12.60
居民生活	387.18	25.89	58.62	17.84

3. 重点行业用电量

“十一五”期间，湖南省工业发展速度较快，用电量年均增长率达到11.0%，对全省经济社会发展和用电量稳定增长起到了重要支撑作用。“十二五”以来，随着国家宏观调控和全球经济波动的影响，全省第二产业用电量增速大幅下降，工业用电量年均增长率由“十一五”期间的11.0%下降至2010～2016年的1.8%。其中，重工业“十一五”期间用电量年均增长12.0%，2010～2016年年均增长1.1%；轻工业“十一五”期间用电量年均增长4.3%，2010～2016年年均增长6.7%。近年来，轻工业用电量增速总体上高于重工业增速。

化学原料及化学制品制造业、非金属矿物制品业、黑色金属冶炼及压延加工业、有色金属冶炼及压延加工业四大高耗能行业，“十一五”期间用电量年均增长14.0%，2010～2016年均下降2.3%。其中，化学原料及化学制品制造业“十一五”期间用电量年均增长4.5%，2010～2016年年均下降4.9%；非金属矿物制品业，“十一五”期间用电量年均增长14.3%，2010～2016年年均增长8.8%；黑色金属冶炼及压延加工业，“十一五”期间用电量年均增长18.3%，2010～2016年年均下降5.1%；有色金属冶炼及压延加工业，“十一五”期间用电量年均增长17.3%，2010～2016年年均下降7.4%。湖南省重点行业用电增速情况如表3.2所示。

表3.2 2010～2016年湖南省重点行业用电增速情况(单位：%)

<table>
<tr><th colspan="2">指标</th><th>2010年</th><th>2011年</th><th>2012年</th><th>2013年</th><th>2014年</th><th>2015年</th><th>2016年</th><th>“十一五”期间</th><th>2010～2016年</th></tr>
<tr><td colspan="2">工业总用电量</td><td>20.8</td><td>9.6</td><td>−0.3</td><td>7.4</td><td>2.9</td><td>−3.2</td><td>−4.9</td><td>11.0</td><td>1.8</td></tr>
<tr><td colspan="2">其中：重工业</td><td>19.3</td><td>8.7</td><td>−1.5</td><td>6.8</td><td>2.2</td><td>−4.0</td><td>−4.6</td><td>12.0</td><td>1.1</td></tr>
<tr><td colspan="2">轻工业</td><td>34.2</td><td>17.1</td><td>9.0</td><td>12.0</td><td>8.1</td><td>2.0</td><td>−6.1</td><td>4.3</td><td>6.7</td></tr>
<tr><td rowspan="4">四大高耗能行业</td><td>化学原料及化学制品制造业</td><td>5.3</td><td>1.9</td><td>3.5</td><td>8.5</td><td>−5.6</td><td>−12.1</td><td>−22.2</td><td>4.5</td><td>−4.9</td></tr>
<tr><td>非金属矿物制品业</td><td>21.2</td><td>10.9</td><td>10.5</td><td>15.3</td><td>17.9</td><td>−1.6</td><td>1.2</td><td>14.3</td><td>8.8</td></tr>
<tr><td>黑色金属冶炼及压延业</td><td>12.0</td><td>7.4</td><td>−14.1</td><td>−6.9</td><td>−6.2</td><td>−10.2</td><td>1.3</td><td>18.3</td><td>−5.1</td></tr>
<tr><td>有色金属冶炼及压延业</td><td>43.9</td><td>0.1</td><td>−0.2</td><td>4.5</td><td>−3.3</td><td>−1.3</td><td>−36.9</td><td>17.3</td><td>−7.4</td></tr>
</table>

4. 人均用电量

“十二五”以来，湖南省人均用电量取得了一定幅度增长，由2010年的

1784kW·h提高到2016年的2192kW·h,年均增长率3.5%。2016年湖南省与全国及部分省份人均用电量对比如表3.3所示。

表3.3 2016年全国及部分省份人均用电指标对比(单位:kW·h)

地区	人均用电量	地区	人均用电量
全国	4281	山西	4882
湖南	2192	河南	3136
江苏	6825	安徽	2897
山东	5420	湖北	2996
浙江	6928	江西	2575

注:人均用电量按常住人口计算。

从与其他省份对比来看,湖南省人均用电量整体水平仍较低,2016年仅达到全国平均水平的51.2%,在中部六省中排名最末位。世界部分发达国家及中国、湖南省人均用电量情况如表3.4所示。

表3.4 世界部分发达国家及中国、湖南省人均用电量对比(单位:kW·h)

地区	澳大利亚	加拿大	美国	英国	德国	法国	日本	韩国	中国	湖南省
1990	11691	5327	6646	6000	16159	8443	6673	2369	549	346
1995	12814	5523	6330	6640	16501	8957	7589	4316	832	535
2000	13656	6115	6637	7257	17031	9994	7973	5907	1067	631
2005	12884	5693	6781	7494	15467	11038	7833	8980	2729	1069
2010	13268	5742	7108	7894	15449	10790	8110	9510	3129	1784
2011	13227	5517	7082	7317	16408	10514	7847	10162	3483	1961
2012									3662	2028
2013	13793	5827	7320	7952	17124	10771	8209	10792	3911	2127
2014									4038	2124
2015									4037	2134
2016									4281	2192

人均用电量反映社会整体用电水平,人均生活用电量则反映地区的居民生活用电水平。2010年,湖南省城乡居民生活用电量人均310.8kW·h,至2016年提高到人均567.6kW·h,达到全国平均水平的97.4%,年均增长率12.8%,高于全国平均增速(10.8%)。"十二五"以来全国及湖南人均居民生活用电量情况如表3.5所示。可以看出,2010年湖南省人均生活用电量仅为全国水平的80%左右,

2016年已接近全国平均水平,湖南人民生活的电气化水平得到较大程度的提高。

表3.5 全国及湖南省人均生活用电量情况

年份	全国/(kW·h)	湖南省/(kW·h)	湖南占全国百分比/%
2005	217.0	175.3	80.8
2010	382.0	310.8	81.4
2011	419.0	348.1	83.1
2012	459.3	391.8	85.3
2013	499.2	420.5	84.2
2014	506.5	444.0	87.7
2015	529.3	484.4	91.5
2016	582.5	567.6	97.4

5. 度电产值

2016年,湖南省度电产值19.0元/(kW·h),其中第一产业158.4元/(kW·h),第二产业15.9元/(kW·h),第三产业49.8元/(kW·h),各产业度电产值均高于全国平均水平。

从度电产值看,工业的度电产值远低于第一产业和第三产业。虽然"十一五"以来湖南工业的度电产值逐渐稳步提升,但2016年工业度电产值仍只有第一产业的8.4%、第三产业的26.7%(表3.6)。由于调整了用电统计口径,2014~2016年湖南省第一产业度电产值偏高。

表3.6 2005~2016年湖南分产业度电产值(单位:元/(kW·h))

年份	2005	2010	2011	2012	2013	2014	2015	2016
全社会	12.4	13.7	14.0	15.0	15.6	17.0	18.2	19.0
一产用电	34.2	24.2	24.7	23.6	32.3	123.7	163.0	158.4
二产用电	7.1	9.8	10.4	11.8	12.1	12.9	14.3	15.9
其中:工业用电	6.1	8.5	9.2	10.4	10.8	11.5	12.7	13.3
三产用电	51.5	53.0	50.5	51.1	50.4	50.1	50.8	49.8

注:GDP采用2010年可比价计算。

6. 用电负荷

2005年以来,湖南省全口径负荷增长呈现先快后慢的特点,2005年最大用电负荷1260万kW,2010年为2100万kW,年均增长10.8%;2016年最大负荷2860万kW,2010~2016年年均增长5.3%。受高耗能工业用电下滑的影响,2010年以来，湖南省用电负荷增速逐步下降，2014年出现负增长，2016年同比增长3.2%。2005～2016年湖南省用电负荷需求变化情况如图3.2所示。

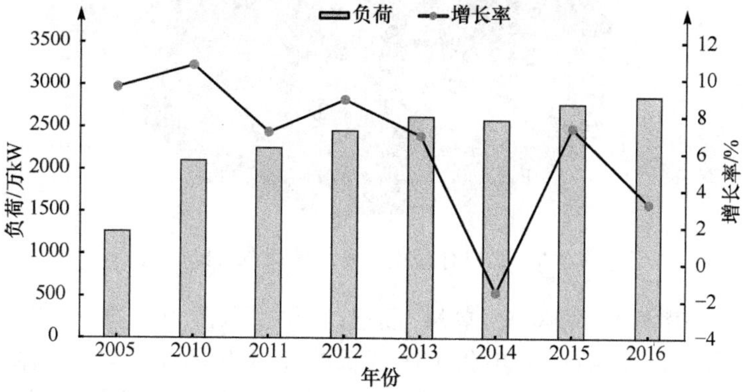

图3.2 2005～2016年湖南省用电负荷情况

3.2.2 湖南省分地区电力消费情况

1. 分市县域电力消费情况

分市县域来看，受湖南省新型城镇化进程加快影响，全省市域用电增长总体高于县域用电增长。2010年，湖南省市域用电量占全社会用电比重为36.7%，2016年这一占比提高至40.4%。2016年，全省市域用电量604亿kW·h，同比增长2.0%，县域用电量891亿kW·h，同比增长4.1%。

2. 分供电区域电力消费情况

分区域来看，“十二五”以来全省各区域电力增长总体较均衡，湘东、湘北区域用电量占比略有上升，分别由2010年的30.6%和7.6%提高到2016年的33.8%和8.9%，其他区域用电量占比有不同程度的小幅下降。2016年，湘东全社会用电量为499.04亿kW·h，同比增长10.8%，湘南为322.03亿kW·h，同比增长0.8%，湘北为131.38亿kW·h，同比增长7.4%，湘西北为186.33亿kW·h，同比下降9.4%，湘中为201.74亿kW·h，同比增长3.2%，湘西为137.49亿kW·h，同比下降2.8%，湘东、湘北地区增长较快。各区域占全社会用电量比重如图3.3所示。

分供电区来看，“十二五”以来，长沙市用电量占全省比重大幅增加，由2010年的14.0%提高到2016年的19.3%，其他各市州供电区用电占比变化幅度较小。2016年，全社会用电量增长率在10%以上的共有两个供电区，其中长沙15.6%、张家界14.3%；增长率在5%以上的有株洲、衡阳、岳阳、益阳4个供电区；湘潭、娄

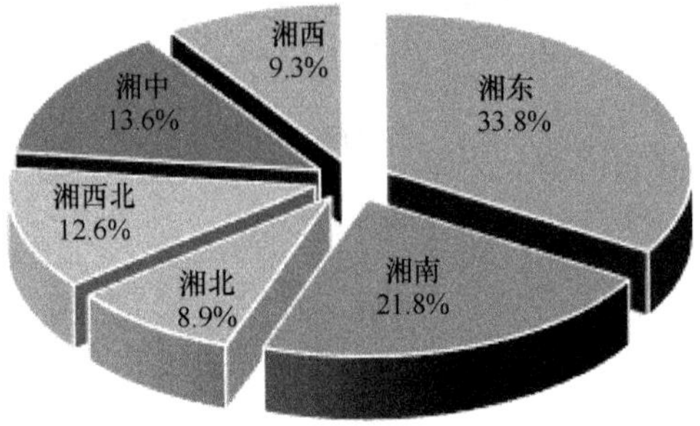

图 3.3　2016 年湖南省各区域用电占比情况

底、湘西自治州增速较低;郴州、永州、常德、怀化供电区为负增长。2016 年,全社会用电量高于 100 亿 kW·h 的供电区有长沙(284.9 亿 kW·h)、衡阳(134.1 亿 kW·h)、岳阳(131.4 亿 kW·h)、娄底(124.3 亿 kW·h)、株洲(110.7 亿 kW·h)、郴州(109.4 亿 kW·h)、湘潭(103.5 亿 kW·h),共占当年全省全社会用电量的 67.5%。各供电区全社会用电量情况如图 3.4 所示。

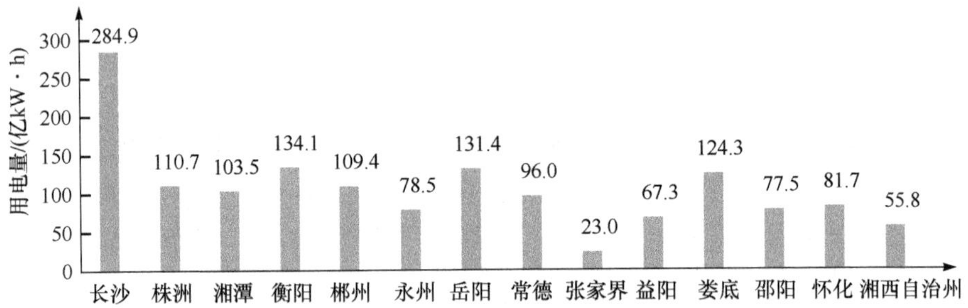

图 3.4　2016 年湖南省各供电区全社会用电量

3.3　湖南省负荷特性分析

1. 年负荷曲线

2010 年,湖南省电网统调最大负荷 1716 万 kW,2016 年已达到 2392 万 kW,年均增长率 5.7%。从年负荷曲线来看,湖南省年负荷曲线呈"W"形,全年明显存在夏季和冬季两个高峰负荷,夏季高峰负荷出现在 7 月份或者 8 月份,冬季高峰负荷出现在 1 月份或者 12 月份。2013 年和 2016 年,湖南省最大负荷出现在夏季的 8 月,而 2014 年和 2015 年受凉夏影响,全年最大负荷出现在冬季的 12 月和 2 月。2010～2016 年湖南省年负荷曲线如图 3.5 所示。

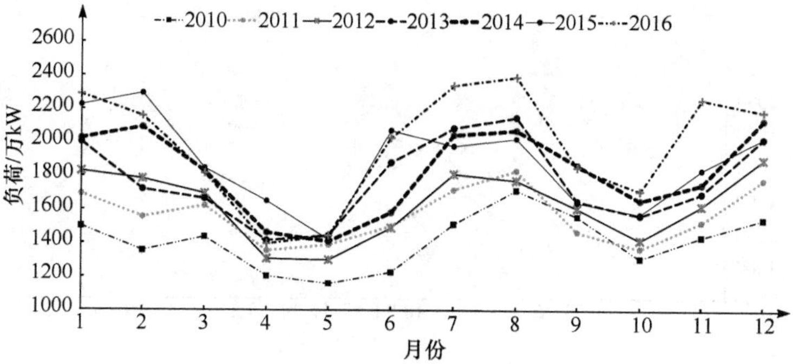

图 3.5 2010～2016 年湖南省年负荷曲线

2. 典型日负荷曲线

(1) 夏季典型日负荷曲线

湖南夏季典型日负荷曲线呈现"双高峰"特征，午高峰出现在中午 11 时左右，晚高峰出现在晚上 20 时左右，午高峰与晚高峰负荷峰值差别不大。日负荷率保持在 0.85～0.90。全天负荷低谷一般出现在 4～5 时，日最小负荷率基本保持在 0.60～0.70。2010～2016 年夏季典型日负荷曲线如图 3.6 所示。

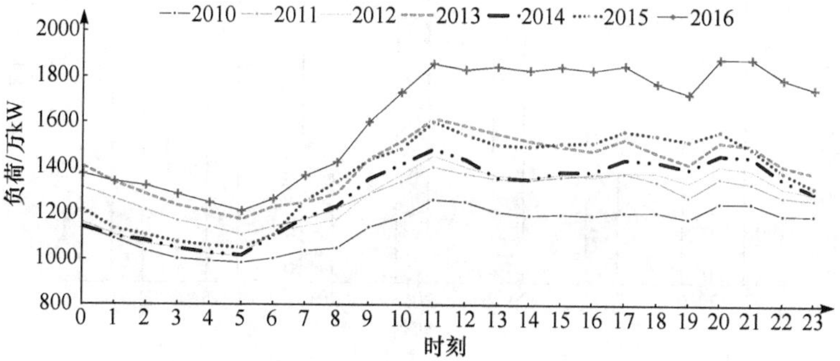

图 3.6 湖南省夏季典型日负荷曲线

(2) 冬季典型日负荷曲线

湖南冬季典型日负荷曲线也呈现"双高峰"特征，午高峰出现在中午 11 时左右，晚高峰出现在傍晚 18～19 时左右，晚高峰较午高峰峰值高约 5%～6%。日负荷率保持在 0.75～0.80。全天负荷低谷一般出现在 4～5 时，日最小负荷率基本保持在 0.50～0.60。2010～2016 年冬季典型日负荷曲线如图 3.7 所示。

(3) 峰谷差及峰谷差率

2010～2016 年，湖南电网最大峰谷差由 620 万 kW 增长至 1264 万 kW，年均增长率 12.6%。总体来看，湖南电网的年最大峰谷差为逐年递增趋势。2010 年湖

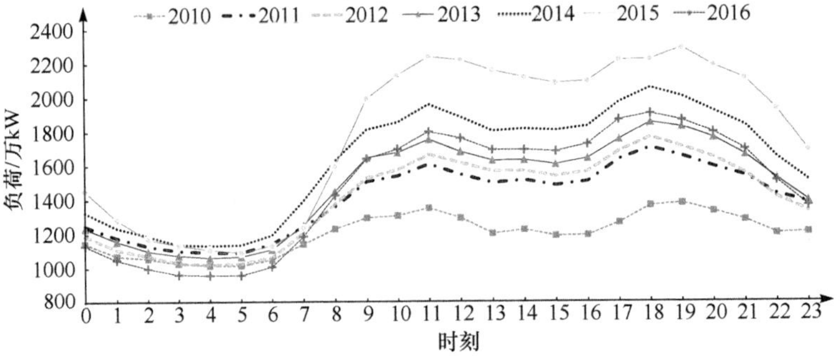

图 3.7 湖南省冬季典型日负荷曲线

南电网最大峰谷差率 48.8%，2016 年最大峰谷差率 57.2%。2010～2016 年湖南省年最大峰谷差及年最大峰谷差率如图 3.8 所示。“十二五”以来，湖南省高耗能工业负荷比重逐步减小，最大峰谷差率有所增长，2012 年以后逐渐稳定，目前维持在 57.0%左右。

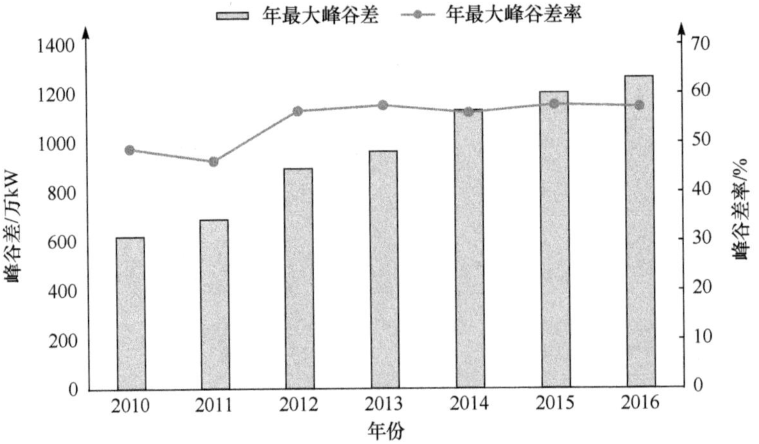

图 3.8 2010～2016 年湖南省年最大峰谷差及年最大峰谷差率

3.4 2018 年湖南省电力需求预测

3.4.1 2018 年湖南省电量预测

本书主要使用经济-电力传导法对四大高耗能行业、工业，以及三次产业用电量进行预测，使用 ARIMA 法对居民生活用电量进行预测。考虑到全省第一业产用电量历史统计口径近期已发生变化，因此不再单独预测。全社会用电量则通过以上预测值累加后，与扣除第一产业用电量的历史数据进行回归分析预测。

经济-电力传导法主要基于湖南省经济发展现状，以不同经济部门为切入点，将投资作为经济驱动的核心，引入合理的能够揭示各部门电力需求波动传导效应的变量，构建经济-电力传导模型，进而把握全社会电力需求变化规律，提高电量预测的精准度。从经济发展现状来看，湖南省经济发展水平仍然由以下两个方面决定，一是资源(投资)流入的总量，二是资源的“转化率”，即区域经济发展的多种影响因素，如投资形成的新增就业岗位、生产增加值、家庭收入等。

针对第二产业用电量进行预测时，主要分析和选取与湖南省各大高耗能行业用电量密切相关的外部经济变量，建立经济指标和电力指标预测模型，然后设定有效的经济变量并预测用电量结果。黑色金属冶炼及压延加工业方面，主要使用房地产开发投资、钢铁产量作为解释变量；非金属矿物制品业方面，主要使用房地产开发投资和水泥产量作为解释变量；有色金属冶炼及压延加工业，使用全国有色金属固定资产投资、电解铝产量和其他九种有色金属产品产量作为解释变量；化学原料及化学制品业方面，使用全国有色金属固定资产投资和烧碱产量作为解释变量。由于四大高耗能行业用电量在工业用电量中的比重达到40%，可以根据以上模型进一步预测湖南省工业用电量及第二产业用电量。基于高耗能行业的工业和第二产业用电量预测结构模型如图3.9所示。

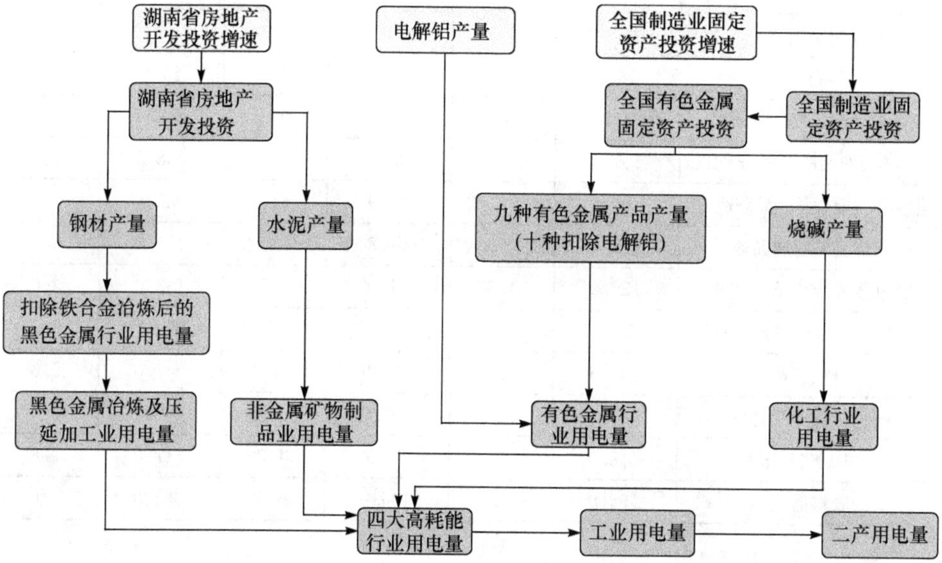

图3.9 基于高耗能行业的工业和第二产业用电量预测框架图

根据以上分析计算，预测2018年湖南省化学原料及化学制品制造业用电量53亿kW·h，同比下降1.0%；非金属矿物制品业用电量121亿kW·h，同比增长2.0%；黑色金属冶炼及压延加工业用电量为133亿kW·h，同比增长3.0%；有色金属冶炼及压延加工业用电量 61 亿 kW·h,同比增长 2.0%。全省工业用电量 894 亿 kW·h,同比增长 2.4%;第二产业用电量 873 亿 kW·h,同比增长 3.0%。

针对第三产业进行预测时,主要选取与生产用电关联密切的三产经济指标作为解释变量,即第三产业增加值。模型的输入变量为三产增加值,输出变量为预测的第三产业用电量。根据分析计算,预测 2018 年全省第三产业用电量 287 亿 kW·h,同比增长 9.0%。

针对居民生活用电量进行预测时,分为城镇居民用电与农村居民用电两类,使用经济-电力传导法对城镇居民用电其进行预测,其中城镇居民可支配收入作为解释变量;使用 ARIMA 模型对农村居民用电其进行预测。根据分析计算,预测得出 2018 年城镇居民生活用电量 217 亿 kW·h,同比增长 7.8%,农村居民生活用电量 233 亿 kW·h,同比增长 9.0%。

根据以上预测结果,进行回归分析后计算得出 2018 年湖南省全社会用电量情况为 1650 亿 kW·h,同比增长 5.1%,具体如表 3.7 所示。

表 3.7 2018 年湖南省用电量预测

指标	2016 年		2017 年 1～6 月		2018 年	
	实际用电量/(亿 kW·h)	增长率/%	实际用电量/(亿 kW·h)	增长率/%	预测用电量/(亿 kW·h)	增长率/%
全社会合计	1495.7	3.3	724.3	3.7	1650.0	5.1
第一产业	18.2	6.4	7.9	7.1	20.0	5.0
第二产业	847.7	−4.4	390.3	0.8	893.0	2.3
其中:四大高耗能行业	351.1	−11.9	167.1	1.4	368.0	1.9
化学原料及化学制品制造业	55.9	−22.2	25.9	−8.7	53.0	−1.0
非金属矿物制品业	115.5	1.2	51.8	0.4	121.0	2.0
黑色金属冶炼及压延业	120.6	1.3	61.3	8.5	133.0	3.0
有色金属冶炼及压延业	59.1	−36.9	28.1	−0.6	61.0	2.0
第三产业	242.6	12.6	123.9	10.2	287.0	9.0
城乡居民生活合计	387.2	17.8	202.2	5.5	450.0	8.4
其中:城镇居民	188.2	18.8	95.3	4.2	217.0	7.8
农村居民	199.0	17.0	106.9	6.6	233.0	9.0

3.4.2 2018 年湖南省负荷预测

1. 最大负荷

使用最大负荷利用小时数法和增长率法进行预测。2005 年以来,湖南省最大负荷利用小时数情况如图 3.10 所示。

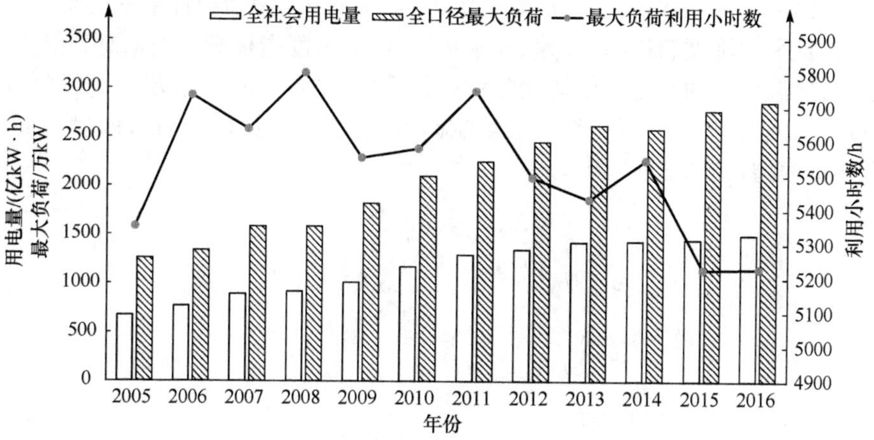

图 3.10　2005 年以来湖南省最大负荷利用小时数情况

从上图来看,2005 年后湖南省高能耗行业发展迅猛,促进了工业用电量的迅速增长,因此 2005～2008 年全社会最大负荷利用小时数呈波动上升趋势。2009 年后,随着金融危机全球宏观经济增速放缓的影响,全省用电结构不断优化,居民、三产用电比重不断提高,全省最大负荷利用小时数呈下降趋势,到 2016 年全省调度最大负荷利用小时数降至 5229h。

随着全省产业结构的调整,以及 2017 年工业电量复苏的影响,预计 2018 年湖南省调度最大负荷利用小时数与 2017 年基本持平,在 5220h 左右。结合 2018 年全社会用电量预测结果,推算出 2018 年全口径最大负荷预测值约 3310 万 kW,同比增长 5.0%。

从 2017 年上半年最大负荷走势情况及经济发展、气温变化情况来看,预计 2018 年负荷基本延续 2017 年增长趋势。采用增长率法,参考 2010～2017 年 149 万 kW/年的平均增量,综合考虑 2018 年负荷增量约为 150 万 kW,2018 年全口径负荷将达到 3300 万 kW,同比增长 4.8%。

综合分析,预测 2018 年湖南省全口径最大负荷为 3305 万 kW,同比增长 4.9%。

2. 取暖和降温负荷

取暖负荷主要是指冬季空调、电暖炉等负荷。当气温在 15℃以上时,取暖负荷增加不明显;当气温降至 15℃以下时,取暖负荷开始增加,且随着气温的降低逐步增加;当气温在 10℃以下时,取暖负荷大幅增加。降温负荷主要是指夏季空调、风扇负荷。当气温在 30℃以下时,降温负荷增加不明显;当气温升高至 30℃以上时,降温负荷开始增加,且随着气温的升高逐步增加;当气温在 35℃以上时,降温负荷大幅增加,且通常情况下湿度越大,降温负荷也越大。

决定取暖负荷和降温负荷水平的因素通常包含两大类，一类是非气象因素，即GDP、居民可支配收入等；另一类是气象因素，即日最高气温、日平均气温、高温持续时间、日平均湿度、日平均风速、降水量、人体舒适度指标等。根据对湖南电网历史取暖、降温负荷的测定，在非气象因素中，居民收入影响因素较大；在气象因素中，日平均气温、高(低)温持续天数影响因素较大。针对以上因素，构建经济气象综合指标模型，如图 3.11 所示。

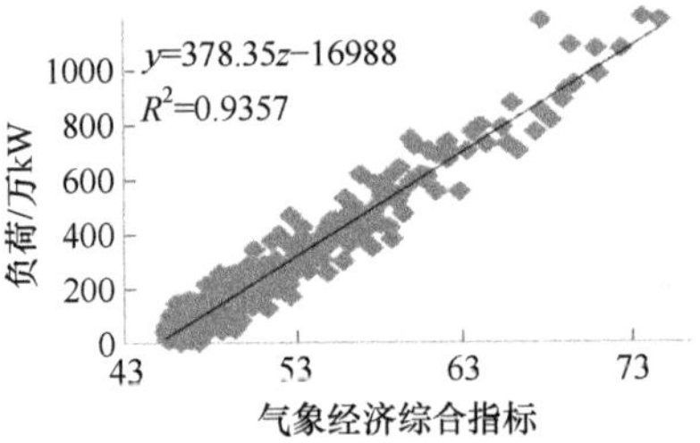

(a) 夏季

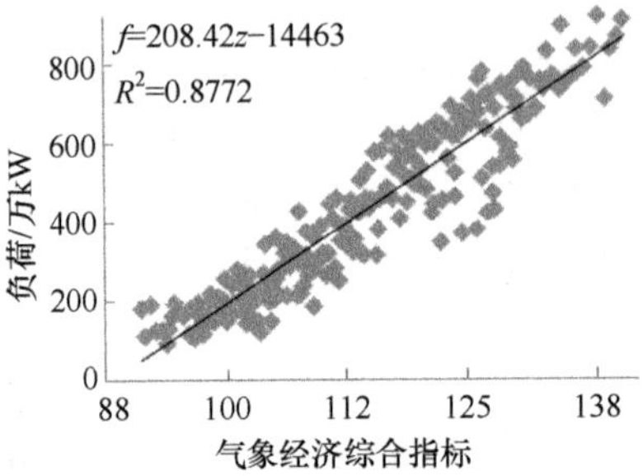

(b) 冬季

图 3.11　湖南省取暖和降温负荷描述模型

在图 3.11 中，综合积累气温采用一段时间内的平均日气温加权计算得出，且夏、冬季节采用各自的加权参数和计算方式进行。从拟合情况来看，经济气象综合指标模型对空调负荷的模拟效果较好。根据湖南省 2018 年经济社会发展情况和夏、冬季节气温预测，推算出 2018 年全省冬季取暖负荷约 880.0 万 kW，同比增长 2.1%；夏季降温负荷约 1207.0 万 kW，同比增长 2.9%。

3.5　2020 年湖南省电力需求分析和预测

3.5.1　2020 年湖南省电力需求分析

1. 经济发展展望

“十三五”时期是新常态下我国经济实现成功转型、全面建成小康社会的决胜阶段,也是湖南省经济发展的重要战略机遇期。全省经济社会发展既面临艰巨任务,又有许多有利条件。必须准确把握经济发展的阶段性特征,着力在优化结构、增强动力、化解矛盾、补齐短板上取得突破,以开拓发展新境界。

(1) 加快建设制造强省

未来五年,将通过实施建设制造强省五年行动计划,推动制造业生产方式向柔性、智能、精细转变,重点发展先进轨道交通装备、工程机械、新材料、新一代信息技术产业、航空航天装备、新能源汽车、电力装备、生物医药及高性能医疗器械、节能环保、高档数控机床和机器人、高技术船舶、农业机械等产业。到 2020 年,12 个重点产业主营业务收入年均增长达到 12%左右,带动支撑全省工业经济平稳健康发展;制造业质量竞争力指数达 85,增加值率高于全国平均水平,全员劳动生产率增速达 8%;形成 20 个标志性产业集群、20 个标志性产业基地、50 家标志性领军企业、50 个具有较强国内外影响力的标志性品牌产品,培育 1000 家省级专精特新示范企业。

(2) 加快推进现代服务业

未来五年,将推动生产性服务业向专业化和价值链高端延伸,推动生活性服务业向精细和高品质转变,推动制造业由生产型向生产服务型转变。着力发展电子信息、商务咨询、节能服务等产业关联度大、带动作用强的生产性服务业;推动金融保险、研发设计、知识产权、检验检测等高技术服务业发展;重点推动和支持教育、健康、养老、休闲、娱乐等与民生密切相关的服务业发展。

(3) 打造创新驱动模式

创新是实现湖南省经济新旧动能转换的核心因素。"十三五"时期,将重点推动集成创新和引进消化吸收再创新。推进长株潭国家自主创新示范区建设,建设中部区域创新中心。到 2020 年,示范区高新技术产业增加值占地区生产总值比重达到 40%,培育形成 10 个千亿级创新型产业集群。加速培育一批创新型领军企业,支持科技型中小企业健康发展。到 2020 年,规模以上企业普遍建立技术创新机构,公共科技创新平台开放共享度达到 90%。推动政府科技管理职能从研发管理向创新服务转变,完善政府科技决策咨询制度,集中支持事关发展全局的基础研究和关键共性技术研究,着力优化创新环境。到 2020 年,人才总量达到 770 万以上。

(4) 推进区域协调发展

"十三五"时期,将通过对接"一带一路"倡议、中部崛起和长江经济带建设等国家区域发展战略,加快建设"一核三极四带多点",形成核心引领、板块联动、极带互动、多点支撑的全省区域平衡发展新格局。依托长株潭两型试验区、国家自主创新示范区和湘江新区等国家级平台,加快推进长株潭城市群一体化,建设全国先进制造业中心和现代服务业区域中心,打造长江中游城市群核心引领区。依托城陵矶港和洞庭湖生态经济区,建设长江中游区域性航运物流中心,打造岳阳新增长极;

依托以衡阳、郴州、永州为主体的湘南承接产业转移示范区,全面对接珠三角开放发展,打造郴州新增长极;依托区域性交通枢纽和生态优势,打造辐射大西南、对接成渝城市群的怀化新增长极。以京广沿线重要城市为节点,建设京广高铁经济带;以岳阳、常德、益阳为主体,交通、水利等重大基础设施互联互通为载体,建设环洞庭湖经济带;以娄底、邵阳为重要支点,湘中经济走廊为腹地,建设沪昆高铁经济带;以打造张家界国际旅游目的地为重点,建设张吉怀精品生态文化旅游经济带。

总体来说,未来五年,湖南省经济发展将逐步向消费主导性、服务业主导型结构转变。这必然带来传统产业的转型升级和新技术、新产业、新业态、新模式的加快发展。

2. 重点行业发展

2016 年,湖南省高耗能行业整体仍存在产能过剩,部分企业处于停产、减产、开工率不足的局面,而高耗能行业投资增速也逐年减缓,缺少新的增长点拉动。面对国内外市场需求不旺、产业结构有待优化、市场竞争能力不强等一系列难题,高耗能行业下行压力较大,市场需求难以出现大幅度增长。

(1) 黑色金属行业

随着我国经济发展进入新常态,钢铁行业发展环境发生了深刻变化。2015 年,我国钢铁消费与产量双双进入峰值弧顶区并呈下降态势,钢铁主业从微利经营进入整体亏损,行业发展进入"严冬"期。2016 年 2 月初,国务院发布了国家层面《国务院关于化解钢铁行业化解过剩产能实现脱困发展的意见》。文件明确提出,全国要在未来 5 年内化解过剩钢铁产能 1～1.5 亿吨。如果按照 2014 年粗钢产能 11.3 亿吨计算,化解 1.5 亿吨,则比例大约为 13.3%。

2016 年 6 月,湖南省政府发布了《湖南省钢铁行业化解过剩产能实现脱困发展的实施方案》,文件要求 2016～2020 年湖南省压减炼钢产能 50 万吨。2016 年,随着华菱钢铁股份有限公司下属子公司中冶京诚(湘潭)重工设备有限公司的 50 万吨年产能,及株洲刚刚被列入淘汰落后产能的 85 万吨年产能的关停,2016～2020 年全省钢铁去产能任务已经完成。2016 年,湖南省钢铁去产能的这两个项目之前已经退出了市场,因此去除的产能绝大部分都不是正在供应社会的有效产能。

湖南省作为钢材净流入省份,原本钢材产量就无法自足,在能够去除的有效产能少之又少的情况下,湖南省钢铁行业并没有因落后的产能被去除,而发生实质性的改变,社会也没因此产生不稳定因素。因此,2016 年湖南省钢铁行业在去除落后产能后,未来全省钢铁市场并没有发生重大改变。

从产品需求来看,在 2017 年湖南省投资暨重点建设工作会上,湖南省公布 2017 年首批 230 个重点建设项目名单,总投资 29187.8 亿元,年度计划投资 4868.8 亿元。未来湖南省计划续建长沙地铁 3 号线、4 号线,以及 5 号线一期工程,加快建设长株潭城际铁路西延线、石长线间联络线、怀邵衡铁路、黔张常铁路、渝怀铁路梅江至怀化段复线、张吉怀铁路、蒙华铁路湖南段等项目。随着全省高铁、地铁的续建，以及普通铁路的电气化改造项目的实施，全省的钢材需求量将保持增长态势。

综上所述，湖南省黑色金属行业用电在经历了5年的持续下跌后基本见底，考虑到目前湖南省尚未明确去产能的具体措施，且湖南现有钢铁企业多数符合国家标准，未来钢铁市场行情的好转，以及钢铁需求量的增加，预计"十三五"期间湖南省黑色金属行业电量将处于较慢增长。

(2) 有色金属行业

2016年9月，湖南省政府发布《湖南省有色金属产业"十三五"发展规划》，提出"十三五"期间将以高质量、高性能、高附加值的铜铝钛产品为重点，大力发展精深加工，逐步向新能源汽车、机械装备、轨道交通、航空航天、船舶和海洋工程等高端制造业延伸。推进常德高端工业铝材深加工、株冶转移转型、五矿水口山金铜、株硬精密工具、新型铅酸电池储能电站、稀土精深加工、锑精深加工、航天航空材料研发等50个重大项目。到2020年，全省有色金属主营业务收入达到1万亿元。规划的宏伟目标将对未来湖南省有色金属行业用电需求增长提供政策支持。

从产品需求来看，2017年以来铅、锌等主要有色金属产品价格普遍上涨，导致全省有色金属行业产品产量有所提高。2017年第一季度全省十种有色金属产品产量同比增长4.5%。在创元铝业有限公司停产影响因素消失、有色金属市场价格上涨，以及水口山金铜项目、晟通科技集团有限公司等新的增长点的助力下，预计"十三五"全省有色金属行业电量将保持一定的增长态势。

(3) 化工行业

当前化工行业面临的主要问题为结构性过剩。湖南省去产能化虽取得了一定成效，但氯碱、化肥、轮胎、基础化学原料制造等行业产能过剩问题依然十分严重。由于市场供需失衡，一些大宗化工产品价格长期低迷，价格一跌再跌。行业要素成本上升。

湖南省2013年正式实施"湘江保护与治理"重点工程的"第一个三年计划"，重点对株洲清水塘、衡阳水口山、湘潭竹埠港、郴州三十六湾、娄底锡矿山五大区域整治，淘汰了湘江干流的有色、冶金、化工等能耗高、污染重、安全隐患多的落后产能。

以清水塘老工业区搬迁为例，2016年株洲市政府启动清水塘老工业搬迁实质工程，目前清水塘片区现存的企业主要有5家中央省属企业、13家中小冶炼企业和22家化工企业等。据悉，株洲市政府将对中央省属企业由市区两级组建专门工作组，开展关停和搬迁专项工作。35家中小冶炼化工及2家水泥厂由石峰区负责，年底完成土地收储协议签订，最迟2018年完成搬迁。在此基础上，力争再促使21家危化品仓储贸易企业关停搬迁。搬迁之前，这些企业年用电量约20亿kW·h，受到大量化工企业搬迁关停影响，预计近3年株洲市化工行业用电量将会持续下滑。清水塘准备关停搬迁的企业信息如表3.8和表3.9所示。

表 3.8 清水塘准备关停搬迁的 5 家中央省属企业

序号	企业名称	进度要求
1	株洲冶炼集团股份有限公司	抓紧完善实施转移转型方案,确保年内岳阳临湘新址项目开工,2016 年全面启动原址改造升级及关联企业搬迁转型重组,2018 年基本完成集团绿色转型
2	中盐湖南株洲化工集团有限公司	启动破产清算程序,2016 年全面完成职工安置、资产处置,南洲新区新型建材项目开工建设,复合肥项目完成选址并开工,2017 年原址交地
3	柳化桂成(中成)化工有限公司	抓紧做好企业搬迁转型项目立项各项工作,2016 年启动新项目建设,2017 年开始拆除原址生产线并交地
4	湖南昊华化工有限责任公司	启动改制,加快选址,2016 年启动新项目建设,2017 年原生产线开始关停拆除并交地
5	湖南海利株洲精细化工有限公司	2016 年完成选址并启动新项目建设,2017 年原生产线开始拆除并交地

表 3.9 清水塘准备关停搬迁的 37 家企业

序号	包干企业名单	序号	包干企业名单
1	株洲市鸿旭实业有限公司	20	株洲市四方园选矿药剂厂
2	株洲市晟宇工贸有限公司	21	株洲宏基锌业有限公司
3	株洲市精炼化工有限公司	22	株洲福尔程化工有限公司
4	株洲市荷花石灰水泥厂	23	湖南京西祥隆化工有限公司
5	湖南中盐红四方肥业有限公司	24	株洲麒麟科技有限公司
6	湖南隆科肥业有限公司	25	株洲江海环保实业有限公司
7	株洲市益铭漂白粉制造有限公司	26	株洲邦化化工有限公司
8	株洲华安钢铁有限公司	27	株洲市津源环保燃料厂
9	湖南株洲钢铁有限公司	28	株洲市清水冶化有限责任公司
10	株洲市神农农资有限责任公司	29	株洲市鑫达冶化有限责任公司
11	株洲湘成化工贸易有限公司	30	株洲英东实业有限公司
12	株洲市银珠工贸有限公司	31	株洲石英化玻有限公司
13	株洲鑫正有色金属有限公司	32	株洲市融合实业有限公司
14	株洲诚丰硬质合金实业有限责任公司	33	株洲旺达特种铸造有限公司
15	株洲市康力冶炼厂	34	株洲市清水水泥厂
16	株洲金源化工有限公司	35	株洲金程实业有限公司
17	株洲众鸿化工有限公司	36	株洲盈德气体有限公司
18	株洲凯达特种复合材料铸业有限公司	37	株洲金马设备制造有限责任公司
19	株洲市品和锌材料有限公司		

根据湖南省发改委《湖南省推进供给侧结构性改革促进产业转型升级规划(2016—2020年)》,石化产业到2020年,主营业务收入达到4000亿元,规模石化企业单位工业增加值能耗在2015年的基础上下降18%。发展重点包括依托长岭炼化、巴陵石化等龙头企业,加快推进1500万吨炼化一体化和100万吨芳烃项目、350万吨化工型炼油改扩建项目建设,在推进油品升级的同时,积极发展芳烃、聚丙烯等新产品。加快发展高端涂料、汽车轮胎等精细化工,改造提升聚乙烯、烧碱等基础盐化工,调整优化尿素为主导的煤化工。加快调整优化石化产业空间布局,推进长株潭老工业区化工企业向化工专业园区搬迁转移,促进大湘西地区特色精细化工产业发展,着力打造以石油化工为特色的岳阳绿色化工产业园、以盐化工为特色的衡阳松木经开区、以氟化学为特色的郴州氟化工产业园等化工产业集聚区,努力形成一批创新引领、特色鲜明、技术先进、绿色发展的石化化工产业集群。

湖南省政府在2016年启动"第二个三年计划",未来三年将全面深化工业企业污染整治,依法关停取缔各类不符合国家产业政策和装备水平低、环保设施差的严重污染企业,基本完成产业园区外重化企业搬迁入园。随着湘江治理和保护工程的推进,预计相关的造纸、化工、冶金等污染企业将搬迁或关停,全省化工行业用电量近几年将会延续下滑趋势。

(4) 建材产业

建材工业承担着为国民经济建设、人居条件改善提供建筑及工业材料的重任,自身也处在结构调整、转型升级的关键时期。"十三五"期间,靠投资拉动的建材增长将更加有限,资源能源环境约束将持续强化,倒逼行业加快转变发展方式。面对产能严重过剩、煤价运价齐涨而行业赢利水平下降,以及节能减排和环境负荷加大等严峻形势,湖南省以贯彻落实《国务院办公厅关于促进建材工业稳增长调结构增效益的指导意见》(国办发〔2016〕34号)和工业和信息化部、环境保护部《关于进一步做好水泥错峰生产的通知》精神为契机,湖南省经济和信息化委员会、环境保护厅联合下发《关于在全省水泥行业推行错峰生产的通知》,以化解水泥产能严重过剩矛盾,合理缩短水泥窑运转时间,有效压减过剩熟料产能,减少水泥熟料生产与社会能耗高峰期污染物排放叠加。通过水泥错峰生产与行业自律,企业之间由市场白热化的竞争关系,转化为理性竞争,可以有效地化解以往水泥市场恶性无序竞争矛盾,对湖南省未来水泥行业的发展起到积极的作用。

从市场行情来看,水泥行业错峰生产已经将水泥市场无序竞争的乱象予以遏制,使水泥价格围绕价值理性回归到合理水平。2017年以来,湖南省水泥价格同比上涨20%左右,水泥价格正处于企稳回升的轨道上,有利于降低水泥行业库存压力和提高其生产积极性,对企业利润产生积极的影响。预计水泥市场价格总体仍将呈现稳中有升的态势,行业效益有望继续好转。

随着水泥行业推行错峰生产政策的继续实施，水泥等建材产品市场价格回暖，再加上地铁、高铁、高速公路等多项基础设施的建设，湖南省建材行业产品将有充足的市场需求，预计“十三五”期间全省建材行业电量整体保持稳定增长。

3. 能源结构变化

“十二五”以来，湖南省能源由供应紧张转向总体宽松平衡，通过淘汰落后产能和发展清洁能源，全省天然气、非化石能源等清洁能源占一次能源比重不断提高，能源结构调整取得了一系列初步成果。尽管如此，目前湖南省仍面临着一次能源匮乏、水电经济可开发量已超过95%、煤矿产能大幅减少、新能源资源不优且开发成本偏高、核电短期难以形成大规模装机、页岩气大规模商业化和绿色环保开采条件尚不成熟等问题。鉴于此，“十三五”期间，全省能源结构还有待进一步调整优化，以满足绿色、低碳的经济社会发展需要。

(1) 大力发展非化石能源

重点发展风电、太阳能等可再生能源，稳妥推进核电工作进程，推广屋顶太阳能及分布式光伏发电，加强生物质、沼气等农村新能源和新型节煤省柴炉灶的推广应用。推动城市垃圾焚烧发电项目，推广地(水、空气)源热泵项目。《湖南省“十三五”能源发展规划》指出，到2020年，全省新能源装机规模达到745万kW，占总装机比重约14.8%，其中光伏发电装机总容量达200万kW，风能“十三五”新增装机300万kW，生物质发电装机规模力争达到80万kW；非化石及其他能源占能源消费总量比重升至16%。

(2) 科学有序开发化石能源

加强煤炭资源的保护、勘探与合理开发，落实煤炭去产能政策，推进煤炭清洁高效利用，加大煤层气和煤矸石综合利用力度。勘探开发湘西北和湘中页岩气资源。适度发展火电，鼓励发展清洁高效、大容量燃煤机组，继续支持关停小火电机组。全面实施“气化湖南”工程，推进天然气使用和管网建设。《湖南省“十三五”能源发展规划》指出，到2020年，全省煤炭产能2500万吨左右，煤炭自给率18.5%；省内煤电装机容量达到2335万kW，供电煤耗310克标准煤/(kW·h)，基本达到全国平均水平；新建瓦斯发电站20座，新增装机容量3.3万kW；全省基本实现天然气“全覆盖，县县用”，天然气消费量达到85亿立方米；大力发展天然气分布式能源项目和调峰电站，装机总容量力争达到120万kW。

经过“十三五”能源结构优化，湖南省2020年煤炭、石油、天然气和非化石占一次能源消费的比重分别调整为54.0%、14.9%、6.0%和16.0%。与2015年相比，煤炭消费下降5.9个百分点，天然气和非化石能源分别上升3.7和3.5个百分点。电煤占煤炭消费的比重约36.9%；新能源发电装机占比约14.8%，提高8.8个百分点。

3.5.2 2020年湖南省电力需求预测

1. 先进地区发展对比分析

从各发展阶段GDP增长速度、人均GDP水平的历史发展情况来看,发达国家在20世纪初基本已进入人均GDP从2000美元到10000美元的重工业化快速发展阶段。20世纪50～80年代,主要发达国家人均GDP达到10000美元,完成了重工业化进程,度过了快速发展时期。目前大多数发达国家处于后工业化时代,经济低速平稳增长,其经济社会发展特征主要表现在产业结构以现代服务业为主导、以科技为驱动,产业布局高度细分、可再生能源使用率大幅提升等。

根据国际货币基金组织公布的数据,2016年中国人均GDP为8133美元,相当于20世纪70年代的美国和日本。美国、日本的重工业化阶段分别经历了近30年和20年左右。目前中国城市化进程正在加快,但发展进程又与发达国家的发展历史不同。1978～1990年,中国工业占GDP比重从44%下降至37%,随后逐渐增加至2006年的42%,此后又逐渐降低,至2015年的34%左右。由于中国经济发展速度较快,因此缩短了从以重工业化为主到以现代服务业为主的发展时间,目前工业发展和现代服务业发展均保持较稳定的增长,且第三产业增速快于第二产业。

从世界范围来看,主要发达国家人均年用电量均高于5000kW·h,美国、加拿大、澳大利亚、韩国均已超过10000kW·h。与发达国家相比,我国2016年人均年用电量约4281kW·h,处于韩国1994年的水平。从国内外经济发展阶段看,人均年用电量超过2000kW·h后,基本进入工业较快发展时期,电力需求保持快速增长;人均年用电量达到5000kW·h左右时,电力消费增速会出现回落并趋于平缓。主要发达国家人均年用电量从2000kW·h到5000kW·h所需时间大致在10～18年,年均增速在6%～10%。达到2000～5000kW·h阶段时间越晚,增长速度越快,持续时间越短。

从国内范围看,山东、浙江、江苏等省份在人均GDP达到1.5万元时,人均年用电量水平在2000kW·h左右,此后全社会用电量以较快速度增长,达到15%以上,GDP年均增速达到12%以上。湖南省2012年人均用电量突破2000kW·h,至2016年,人均年用电量仅2192kW·h,属中部六省中最低,而2016年全省人均GDP已达到4.59万元(2016年当年价),属中部六省第2位,仅次于湖北省(5.49万元)。由此看来,湖南省单位GDP能耗较低,其电力消费发展轨迹与发达省份和地区的历史增长情况有相同之处,但也具有自己的发展特点,用电需求增长将与未来全省的经济政策、产业调整、能源结构变化密切相关。“十三五”期间,湖南省将大力发展新型制造业和现代服务业,并加大科技创新投入力度,经济社会发展的主要特征仍表现为重工业化阶段,兼具部分发达国家的后工业化时期特征。受国际和国内经济发展政策、环境政策等因素影响，湖南省目前仍面临传统产业转型升级的阵痛期，预计全省电力需求增长将低于重工业化的高速增长期，经历一段较长时间的稳定增长区间，此后再进入后工业化的低速稳定增长时期。

2. 近期(2020 年)电力需求预测

当前中国经济社会发展已进入新常态，“十一五”以来，湖南省经济发展态势与全国基本一致，且由于起步晚，发展水平偏低，经济增长速度高于全国平均水平。经过长期发展，湖南省物质技术基础日益雄厚，基础设施建设、科教水平及产业核心竞争力水平不断提升，目前已经具备了较好的发展基础条件。随着国家“一带一路”倡议和长江经济带建设的红利政策的推行，湖南省具有的区位优势逐步凸显，将为全省经济发展提供强劲动力。从政府规划来看，要实现全省 2020 年全面建成小康社会，湖南省经济增速仍需继续保持高于全国平均水平的较高增长。面对新形势，湖南省明确了将大力推进工业化与信息化融合，全面推进中高端产业和先进制造业发展，提高科技创新能力和积极发展现代服务业的战略布局。根据湖南省 GDP 增速与全国的对比分析，预计未来湖南省 GDP 增速将小幅放缓，但仍较全国增速高 2 个百分点左右。

从 1990～2016 年长期的时间段来看，湖南省电力消费弹性系数为 0.65。2010～2016 年，湖南省高耗能行业去产能力度较大，导致电力消费和经济增长出现较大差异，弹性系数下降至 0.40。随着经济发展进入新常态，产业结构的调整完善，预计至 2020 年，电力消费弹性系数将有所回升，趋向 0.55～0.60。

1990～2016 年湖南省全社会用电量平均增长率为 7.9%，2010～2016 年平均增长率为 4.2%。通过对湖南省全社会用电量进行回归法、单耗法和大用户法综合进行分析，同时考虑全省经济增速与电力消费增长之间的关系，预计 2016～2020 年，湖南省全社会用电量年均增长率在 3.14%左右，最大负荷年均增长 3.91%左右；2020 年全省社会用电量达到 1800 亿 kW·h，最大负荷达到 3600 万 kW，如表 3.10 所示。

表 3.10　湖南省近期电力需求预测

指标	2010 年	2015 年	2016 年	2020 年预测值	2016～2020 年年均增长率预测值/%	“十三五”年均增长率预测值/%	10 年增长率预测值/%
全社会用电量/(亿 kW·h)	1171.9	1447.6	1495.7	1800.0	3.14	4.45	4.39
最大负荷/万 kW	2100	2770	2860	3600	3.91	5.38	5.54

3. 远期电力需求研判

根据湖南省经济社会现状及“四化两型”建设情况，预计未来中长期湖南省电力需求有如下特点。

① 以商业服务业、高铁等为代表的现代服务业用电快速增长。随着中国经济增长步入新常态,扩大内需、刺激消费是稳定经济发展的重要手段,也是经济社会发展的必行之路。发达国家已在完成重工业化进程后提前进入现代服务业占主导的发展阶段,而我国尚未步入发达国家行列,现代服务业发展仍具有广阔的发展前景。预计未来一段时期内,全省商业、高端服务业报装容量将持续增加,大量商业综合体将不断投产;"十三五"~"十四五",湖南省将有多条高铁相继投产,带来较多的铁路用电及其附属服务产业用电消费。综上,预计2020~2030年全省第三产业用电仍将保持较快增长,用电增速在6%~7%。

② 新型制造业和信息技术服务业发展势头良好。受《中国制造2025》国家重大战略出台的利好因素影响,湖南省内轨道交通装备、新材料、新能源、智能机器人等制造业将充分享受政策红利,在"十三五"、"十四五"期间处于黄金发展期。2025年后的较长一段时期内,湖南省仍将大力发展新型制造业和高新技术行业,并以此完成经济社会发展的重工业化时期。

③ 居民生活用电将持续增长。"十二五"期间,居民生活用电平均增长10%。按照城镇化率和居民收入水平增长情况,考虑未来居民生活电气化水平的不断提高,预计居民生活用电将在未来十五年内保持年均6%以上的增速。

④ 电能替代政策将促进全省电力需求快速增长。为积极践行国家"十三五"规划绿色发展理念,湖南省将在工业、建筑业、交通、农业等领域通过以电代煤、以电代油、以电代气等方式,大力推行电能替代政策,"十三五"期间湖南省电能替代电量总目标为207亿kW·h。未来电能替代的发展速度将随着装备技术、储能技术的更新迭代而加快。

综上所述,"十三五"~"十五五",随着全省经济的逐步走稳、产业结构调整的逐步到位、城镇化战略、"一带一路"倡议、电能替代战略的实施将对全省电力需求产生一定利好,但同时应客观认识到,湖南省仍具有较多传统高耗能行业面临节能环保、工业商品价格波动和去产能等因素影响,预计中远期全省电力需求将保持中低速发展趋势。

根据以上分析,结合湖南省电力需求现状及历史用电发展情况,采用回归分析法、产值单耗法、弹性系数法、经济传导法等进行电力电量需求预测,并考虑权重进行综合计算,预测得出全省2025年、2030年全社会用电量和最大负荷的预测结果,如表3.11所示。

表3.11 湖南省远期电力需求预测

指标	2020年	2025年	2030年	"十四五"年均增长率/%	"十五五"年均增长率/%
全社会用电量/(亿kW·h)	1800	2180	2600	3.91	3.59
最大负荷/万kW	3600	4400	5300	4.10	3.79

第 4 章 湖南省电源发展情况

4.1 湖南省电源现状

2016 年湖南省发电装机规模稳步增长。截至 2016 年底，湖南省电网发电装机总容量 41960.3MW，比上年净增加 2319.2MW，增长 5.85%。新能源装机增长较快，其中风电发电装机容量 2166.9MW，同比增长 43.11%，光伏发电装机 295.4MW，同比增长 74.38%。2016 年年底全省全口径分类型发电装机容量情况如表 4.1 所示。

表 4.1 2016 年全省全口径分类型发电装机容量情况（单位：MW）

指标	2016 年	2015 年	比上年增长/%
合计	41960.3	39640.9	5.85
水电	16879.8	16690.5	1.13
其中：抽水蓄能	1200.0	1200.0	0.00
火电	22618.2	21266.9	6.35
其中：燃煤	20530.0	19270.9	6.53
燃气	102.9	102.9	0.00
燃油	70.6	70.6	0.00
其他	1914.7	1822.5	5.06
风电	2166.9	1514.1	43.11
光伏发电	295.4	169.4	74.38

电源结构基本稳定，新能源占比扩大。截至 2016 年底，湖南省火电、水电、风电、光伏发电装机容量占全部发电装机容量的比重分别为 53.9%、40.2%、5.2% 和 0.7%，分别比上年提高 0.25、−1.88、1.34 和 0.28 个百分点。2016 年末，全省装机构成如图 4.1 所示。

2016 年湖南省火电机组构成中，600MW 及以上机组占 52.9%，300～600MW 机组占 32.7%，100～300MW 机组占 3.1%，100MW 及以下机组占 11.3%，如图 4.2 所示。水电机组构成中，300MW 及以上机组占 7.1%，200～300MW 机组占 23.1%，100～200MW 机组占 9.6%，50～100MW 机组占 4.8%，50MW 以下机组占 55.4%，如图 4.3 所示。

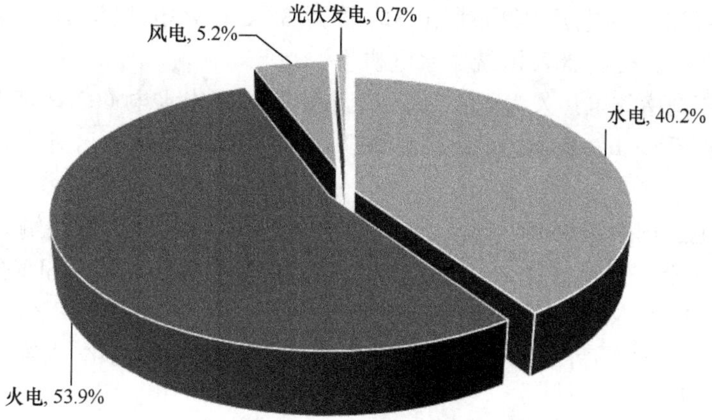

图 4.1　2016 年湖南省装机构成

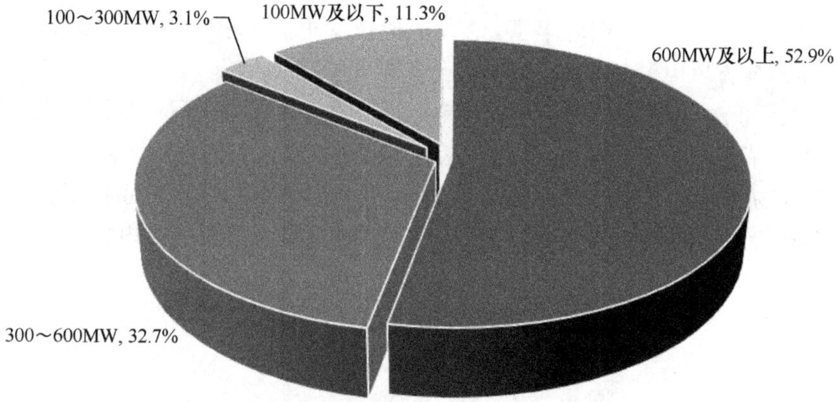

图 4.2　湖南省火电装机构成

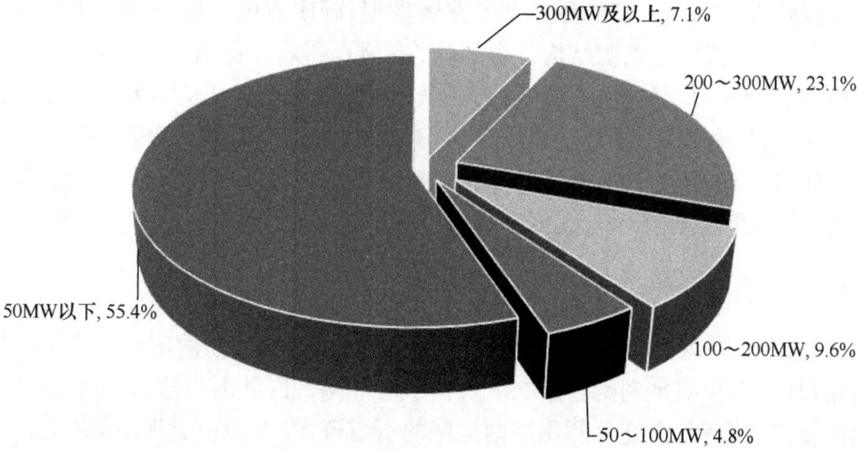

图 4.3　湖南省水电装机构成

2016 年湖南省电厂年均利用小时数为 3252h，火电机组 3113h，水电机组 3593h；统调火电机组 2871h，统调水电机组 3500h。

2016 年湖南省电厂发电量 1323.7 亿 kW·h，其中水电 603.3 亿 kW·h，火电 679.4 亿 kW·h。新能源 60.7 亿 kW·h，湖南电网净吸收区外电量 162.0 亿 kW·h。

① 火电。湖南省煤炭资源匮乏，煤炭消费对外依赖度高，煤炭输入主要通过京广、焦柳两条铁路资源输送。“十二五”以来，全省在湘中、湘北、湘东分别新建了宝庆电厂(2×660MW)、常德电厂(2×660MW)、岳阳电厂三期(2×600MW)、攸县电厂(2×630MW)等一批火电电源项目，电源布局进一步优化，大容量火电机组比例逐年增大。

② 水电。2016 年底全省共有水电装机 15680MW(不含抽蓄)，超过经济可开发量的 95%。

③ 风电。风电资源相对丰富，全省风能技术可开发容量约 22000MW。截至 2016 年底，全省风电装机 2166.9MW，开发难度逐步加大。

④ 太阳能。太阳能资源较差，全省属太阳能资源Ⅳ类地区，仅岳阳、郴州资源相对较好。截至 2016 年底，全省光伏装机 295.4MW，增长速度较快。

⑤ 生物质能。生物质资源较丰富，全省农林生物质资源年可利用量约 6000 万吨，截至 2016 年底，全省生物质装机 402.1MW，但尚未形成供电主力。

4.2 湖南省电源发展规划

4.2.1 湖南省电源发展思路

根据湖南省“十三五”能源和电力发展规划，湖南省电源发展要与电网发展有效衔接，不断调整优化电源结构。合理建设布局，高效环保适度发展煤电，深度挖潜优质水电资源，有序建设调峰电源，安全稳妥推进核电。大力发展可再生能源发电，重点推进风电开发，积极发展太阳能，有序发展生物质、地热等新能源。加强电力通道建设，拓展外电入湘通道建设。保持电力工业健康快速发展，为全面建设小康社会，构筑稳定、经济、清洁、安全的电力供应体系。

1. 合理布局火电

为满足湘东、湘北地区电力需求，顺应蒙华铁路建设，在岳阳规划布局一定规模的路口电厂；为满足湖南省第二大负荷中心湘南地区的电力缺口，加快建设一定规模的支撑性电源；为充分利用湘西地区的石煤资源，布局一定规模的石煤发电综合项目，研究黔东电厂改接贵州的可行性；湘西北地区主要研究解决创元电厂历史遗留问题。重点发展 600MW 以上高效清洁的超临界、超超临界机组，鼓励对现役大中型火电机组实施灵活性改造，提升火电机组的调峰能力。

2. 鼓励发展热电联产

鼓励燃煤火电企业向附近工业园区、重点耗煤企业集中供热，有序推进热电联产项目建设，在以热负荷为主且附近无燃煤火电企业的工业园区规划布局热电联产项目。燃煤热电项目必须采用背压机组并严格实施煤炭等量或减量替代政策；现有工业抽凝热电机组可通过上大压小方式，按照等容量、减煤量替代原则规划改建超临界及以上参数抽凝热电联产机组；新建工业项目禁止配套建设自备燃煤热电联产项目；限制规划建设仅为单一企业服务的自备热电联产项目。

3. 水电

水电开发坚持与移民安置、环境保护、水资源综合利用相协调，避免新的大规模淹没损失、大规模移民，重点对现有大型水电站扩机提质，适度规划布局抽水蓄能调峰电站。主要建设五强溪水电站扩机、涔天河水电站、土谷塘航电枢纽等工程，推进凤滩、柘溪、空洲水电站增容扩机等工程，开工建设平江抽蓄，推进安化抽蓄、汨罗抽蓄和攸县抽蓄前期工作，增强省内电源调峰能力。

4. 气电

主要在管道敷设完善、气源充足、工业发达、经济发展水平较高且冷、热（包括蒸汽和热水）、电力需求较大且集中的长株潭城市群，岳阳、常德、益阳、娄底、衡阳和邵阳等地，结合工业园区、商业集中区，鼓励发展热、电、冷联供。在深入研究论证的基础上，适时启动天然气调峰电站前期工作。

5. 新能源发电

按照“科学规划、有序开发、严格环评、规范管理”的思路，坚持以资源定规划、以规划定项目，有序推进风力资源开发。重点加强湘南、湘西南等资源富集区风能开发，推动湘东及洞庭湖地区风电建设，加快发展分散式风电。

以湘北、湘南等太阳能资源相对丰富地区为重点，大力发展分布式光伏发电，因地制宜建设集中式光伏电站，鼓励推广户用型光伏项目。以贫困山区、贫困县、贫困村和贫困户等为主要对象，利用荒山荒坡、农业大棚或者其他设施建设村级发电系统，积极推进光伏扶贫工程。

充分利用省内丰富的生物质资源，合理布局生物质发电项目，鼓励将生物质发电与供热等相结合，实现生物质梯级利用。提高生物质综合利用效率和垃圾焚烧发电水平，在大中城市和人口大县适当布局垃圾焚烧项目，加快长沙、衡阳、益阳等城市垃圾焚烧项目建设。

6. 核电

积极开展全省铀矿资源调查评价及勘查工作,为湖南省核电发展提供资源保障。坚持安全有序发展核电的原则,深入开展核电研究论证和前期准备工作,做好桃花江、小墨山等核电厂址资源保护工作,同步密切关注国家相关核电政策。

7. 燃煤与生物质耦合发电

结合湖南省现有、在建、规划生物质电厂及农林生物质资源分布情况,有序实施一批燃煤与农林生物质耦合发电技改项目;结合在役、核准在建或待建火电厂分布所在地及城市污泥量,有序实施一批燃煤与污泥耦合发电技改项目。

8. 拓展外电入湘通道建设

推进酒泉-湘潭±800kV 直流特高压输电通道建成投产,加强湖南电网与华中电网的通道建设。配套建设云田-鹤岭双回 500kV 线路剖入湘潭换流站、湘潭换流站-古亭双回、湘潭换流站-船山单回等 7 回 500kV 线路。深入开展其他特高压入湘工程可行性论证。

4.2.2 湖南省“十三五”电源发展规划

2020 年,湖南省电网电源总装机容量可达 5.1 万 MW 左右。考虑风能、生物质、太阳能光伏电源等新能源装机的不断增加,省内将有新能源装机达 9800MW 左右,占电源装机总量的 17.5%,较 2016 年提高约 12 个百分点;考虑永州电厂投产、天然气发电装机增加和耒阳电厂 2 台机组的到期退役,火电机组装机容量将达 2.5 万 MW 左右,占电源装机总量的 47.9%;水电机组装机容量将达 1.8 万 MW 左右,占电源装机总量的 34.6%,主要是省内大型水电站的扩容和小水电的有序开发。2020 年全省电源装机构成如图 4.4 所示。

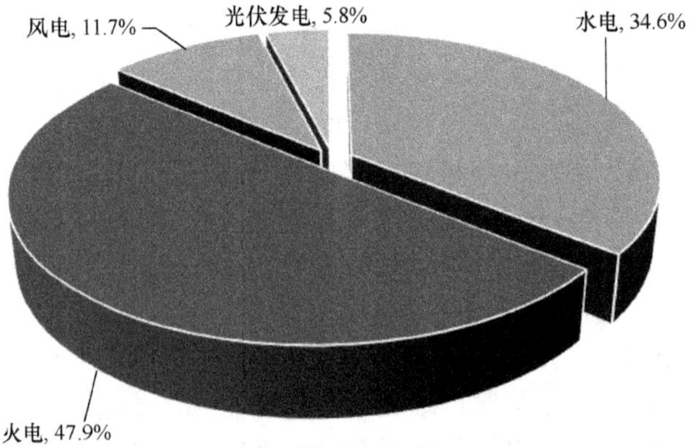

图 4.4　2020 年湖南省电源装机构成

2020 年全省常规火电机组中，大容量机组所占比例有所增加。300MW 及以上机组装机比例提高至 85.5%，较 2016 年提高 1.3 个百分点，多为单机容量 300MW、600MW、1000MW 的大容量高效机组。2020 年湖南省水火电机组容量构成如图 4.5 和图 4.6 所示。

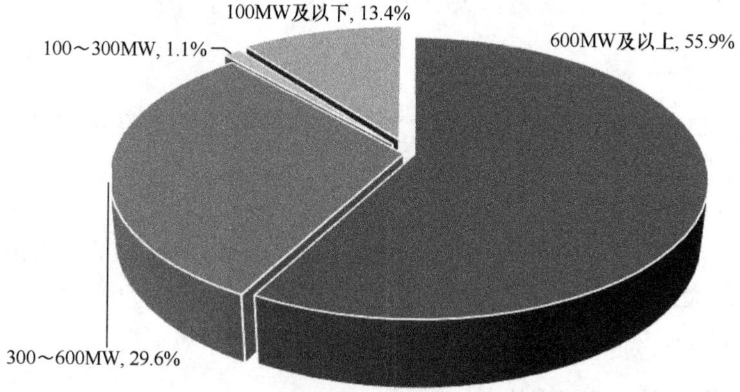

图 4.5　2020 年湖南省常规火电机组容量构成

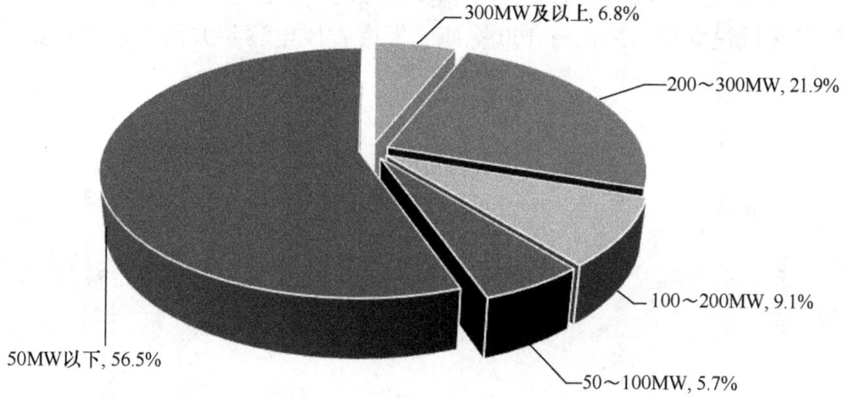

图 4.6　2020 年湖南省水电机组容量构成

4.3　湖南省风电发展规划

4.3.1　湖南省风能资源情况

1. 总体情况

湖南省是一个兼有山地、丘陵和平原多地貌特征的省份，其东、南、西三面山地围绕,中部丘岗起伏,北部平原、湖泊展布,地势西高东低、南高北低,呈朝东北开口的不对称马蹄形盆地状。作为中部内陆省份,湖南省风能资源相对较贫乏,根据湖南省气象局测算,70m 高度风能资源理论储量约为 5.06 亿 kW。风能资源潜在可开发的场址区域主要集中分布在湘南、湘西南、湘东,以及洞庭湖周围。就整体而言,70m 高度全省平均风速南部大于北部,山区大于湖区、河谷。

2. 分布情况

湖南省风速大的区域主要分布在湘南、湘西南山区,如怀化南部、邵阳西部、永州南部、株洲中南部,以及郴州东部等,年平均风速均在 6m/s 以上。洞庭湖区和湘江河谷地带年平均风速大致在 5.0～6.0m/s,风速相对较大。70m 高度全省平均风功率密度空间分布与平均风速空间分布基本一致。湘南、湘西南山区平均风功率密度较大,70m 高度年平均风功率密度一般都在 $300W/m^2$ 以上。洞庭湖区及湘江河谷地带年平均风功率密度大致在 $150\sim250W/m^2$。

4.3.2 湖南省风电发展现状

到 2016 年底,湖南省共有 43 个风电场建成并网,总装机容量 2166.9MW。各规划厂址区域设立测风塔已有 400 多座。湖南省风电逐年并网装机规模如图 4.7 所示。

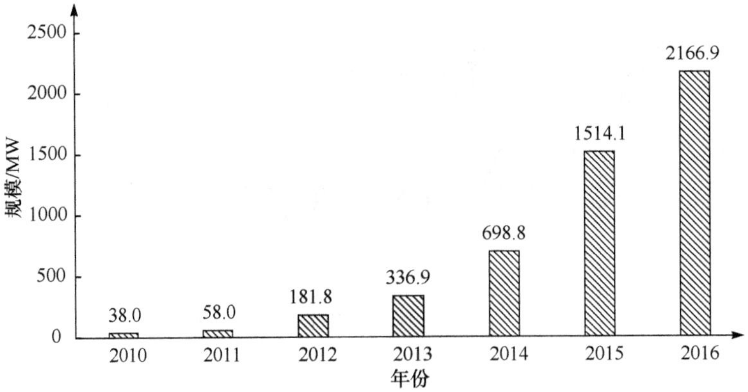

图 4.7 湖南省风电逐年并网装机规模

4.3.3 湖南省风电发展目标

1. 发展思路

风电开发应遵循规划,合理布局,有序发展,并根据风电技术水平和风电资源勘查情况，适时调整。优先建设资源条件较好、前期工作完善的风电场；优先开发贫困县市的风电场；优先开发消纳条件成熟地区的风电场；优先开发对生态环境影响较小的风电场。

目前，省内风能资源较好的区域风电基本均处于开发或前期工作阶段，剩余风电场的风能资源和其他建设条件相对一般。“十三五”期间应加强前期测风工作，尽量采用低风速型风力发电机组，优化建设方案，以保证各风电项目可顺利进行。考虑到“十三五”期间可能出现弃风，风电开发时应依据规划，严格按照年度核准计划进行开发。

2. 发展目标

根据《国家能源局关于可再生能源发展“十三五”规划实施的指导意见》和省内实际情况，湖南省风电规划总容量 21600MW，预计到 2020 年，全省风电发电装机总容量达 6000MW。“十三五”期间风电逐年投产规划情况如图 4.8 所示。

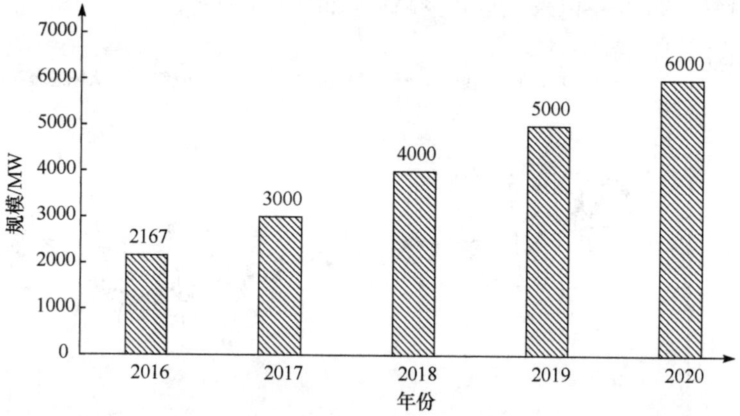

图 4.8　“十三五”期间湖南省规划风电逐年并网装机情况

4.4　湖南省太阳能发展规划

4.4.1　湖南太阳能资源情况

1. 总体水平

气象观测数据表明，湖南省热量较丰富、辐射较强、气温较高，年平均气温在 16～18℃，年日照时数为 1300～1800h。根据历史资料及太阳能辐射观测数据计算，湖南省年太阳能总辐射在 3384.7～4372.0MJ/m^2，依照《太阳能资源评估方法》的标准，湖南省绝大部分地区属于资源丰富区，是同纬度中太阳能比较充分的省份，但从全国范围来看，属于太阳能资源比较一般的区域，居全国中下水平。

2. 空间分布

湖南省太阳能年辐射量最多的地区是湘东北洞庭湖区及汝城等地区，年总辐射量在 4000MJ/m^2 以上，年辐射量较少的地区主要是保靖、龙山等县市所在的湘西北地区，年总辐射量在 3600MJ/m^2 以下，其他大部分地区的年太阳总辐射量在 3600～4000MJ/m^2；4000MJ/m^2 分界线大致位于东经 111°～112°，呈南北走向，将湖南一分为二，东半部多于西半部。

3. 年际变化

历史数据显示，湖南省年均太阳总辐射波动性较大，自 1961 年以来，总体趋于下降。不同年代比较而言，20 世纪 60 年代初～90 年代末呈减少趋势，21 世纪初呈增加的趋势，2010 年以来又呈减少趋势，如图 4.9 所示。

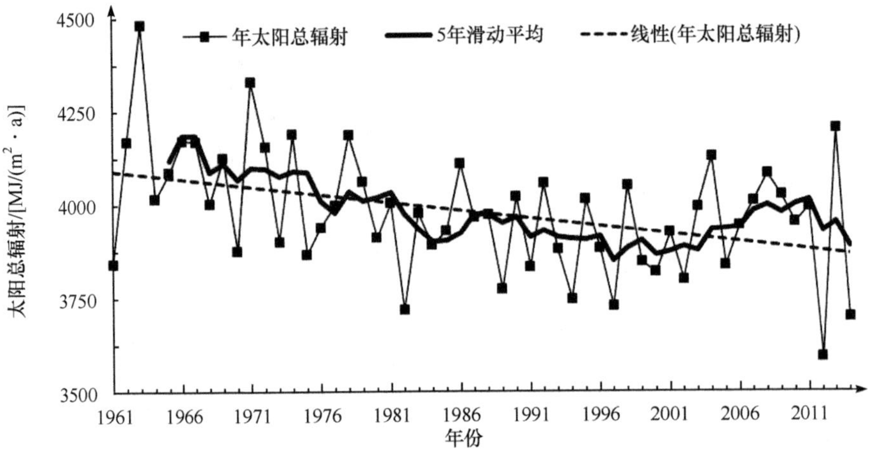

图 4.9　湖南省太阳辐射年总量年际变化趋势

4.4.2　湖南太阳能发电现状

在国家金太阳、光伏建筑一体化等示范工程建设的推动下，湖南省光伏发电发展取得了一定成果。截至 2016 年年底，全省光伏发电项目已投产 48 个，并网发电装机容量为 295.4MW(图 4.10)，占全省电源总装机容量的比重约不足 1%，资源利用率偏低。建设形式以分布式光伏发电为主，另有少量地面光伏电站项目在建或开展前期工作。

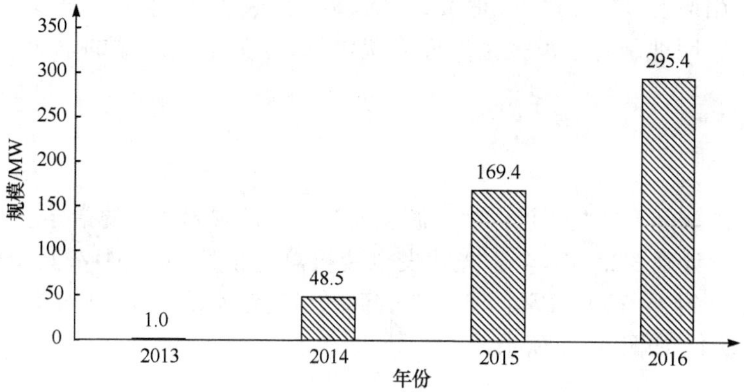

图 4.10　湖南省光伏发电逐年装机规模情况

4.4.3　湖南省光伏发电发展规划

1. 发展思路

“十二五”以来，湖南省太阳能利用领域快速发展，但是从发展实践来看，还存在一些问题，如太阳能利用水平偏低、地面光伏电站建设资源点较稀缺等。因此，为充分开发利用湖南省太阳能资源，需要大力发展分布式光伏发电，同时因地制宜建设集中式光伏电站，坚持开发利用与环境友好相协调。

(1) 重点开发光照资源好的区域

湖南省太阳能资源最丰富的地区是环洞庭湖地区，地势平坦，湖泊众多，农业发达，鼓励建设渔光互补、农光互补光伏发电项目。

湖南省湘中、湘南大部分地区太阳能资源较丰富，工业较发达，电力需求大，负荷增长较快。湘中地区鼓励负荷稳定集中、屋顶资源丰富的各类产业园区建设规模化分布式光伏发电系统；湘南地区鼓励结合农业设施建设分布式光伏，有效利用荒山、荒坡建设集中式光伏地面电站。

(2) 大力发展分布式光伏发电

优先建设 35kV 及以下电压等级接入电网、单个项目容量不超过 2 万 kW 且所发电量主要在并网点变电台区消纳的分布式光伏发电项目。鼓励各类电力用户按照“自发自用、余量上网，电网调节”的方式建设分布式光伏发电系统。在城镇化发展过程中，充分利用太阳能，结合建筑节能加强光伏发电应用，推进光伏建筑一体化建设。

(3) 因地制宜建设集中式光伏发电

根据各地电力市场发展和能源结构调整需求，在落实市场消纳条件的前提下，充分利用废弃矿山、荒山、荒坡、滩涂、湖泊、未利用地等土地(不含基本农田、林地等)，因地制宜建设大型地面光伏电站，作为电网末端的电源支撑，增强供电能力。

2. 发展目标

根据《国家能源局关于可再生能源发展“十三五”规划实施的指导意见》和省内实际情况，预计到2020年，全省光伏发电装机总容量达3000MW，其中分布式光伏电站装机容量1500MW。到2030年，全省光伏发电装机容量争取达到4000MW以上，如图4.11所示。

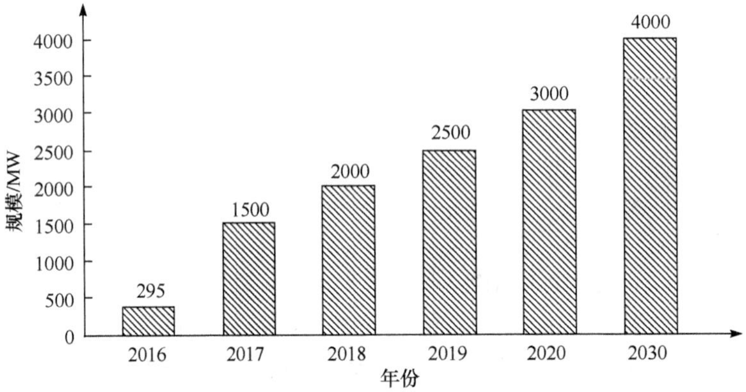

图4.11　湖南省光伏发电装机规模规划

第 5 章　湖南省电力供需形势

5.1　2016 年湖南省电力供需形势回顾

5.1.1　2016 年湖南省电力供应形势回顾

1. 电煤供应

2016 年，湖南电网统调公用燃煤火电厂累计进煤 2094 万吨，累计耗煤 2183 万吨，年底总存煤 305 万吨，比 2015 年同期减少 77 万吨。

2016 年电煤供应形势前松后紧。上半年，虽然全国煤炭供应形势宽松，但火电发电空间不多，电煤入库意愿不强，因此各电厂电煤供应虽然充足，但库存并不高，整体保持平稳。进入迎峰度夏后，库存明显出现下降，同时全国范围内出现电煤供应紧张的局面，湖南省部分电厂电煤库存甚至低于 10 天。至 9 月底，各大电厂电煤库存有所回升，暂时没有出现缺煤停机电厂，但电煤供应仍然偏紧。至 10 月底，电煤库存仍保持低位运行。为保证迎峰度冬的冬季火电用煤，各大火电厂均加大入库力度。到 12 月底，电煤库存 305 万吨，基本满足迎峰度冬的火电用煤需求。

2. 电源建设

2016 年，湖南省全年投运发电装机容量同比增加 231.9 万 kW，其中水电容量 18.9 万 kW，火电容量 135.1 万 kW，风电容量 65.3 万 kW，太阳能发电容量 12.6 万 kW。2016 年，各类电源装机容量增长速度如图 5.1 所示，其中太阳能发电和风电保持高速增长。

至 2016 年底，全省全口径装机容量 4196.0 万 kW，年发电量 1323.7 亿 kW·h，同比增长 5.6%，平均利用小时数 3252h，比上年同期减少 65h。其中，统调装机容量 3402.4 万 kW，年发电量 1003.4 亿 kW·h，同比增长 5.8%，平均利用小时数 3050h，比上年同期减少 81h。全省装机中，水电装机容量 1688.0 万 kW，火电装机容量 2261.8 万 kW，风电装机容量 216.7 万 kW，太阳能发电装机容量 29.5 万 kW。2016 年，湖南省电源装机和发电情况如表 5.1 所示。

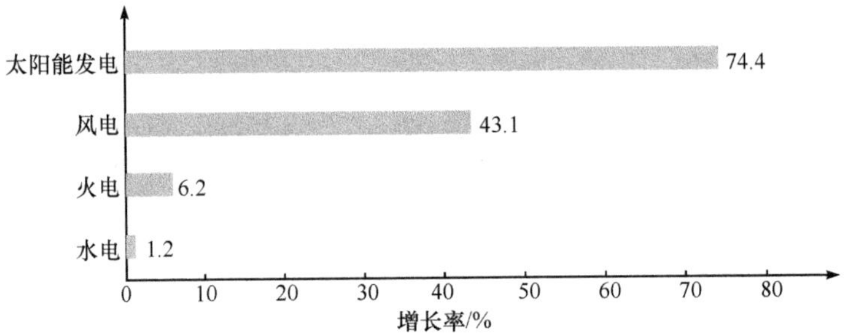

图 5.1 2016 年湖南省各类电源装机容量增长速度

表 5.1 2016 年湖南省装机和发电情况

指标	装机容量/万 kW			发电量/(亿 kW·h)			发电设备平均利用小时数/h		
	2016 年	去年同期	同比增加(+/—)	2016 年	去年同期	同比增长/%	2016 年	去年同期	同比增加(+/—)
1. 全口径	4196.0	3964.1	231.9	1323.7	1253.7	5.6	3252	3317	—65
其中:水电	1688.0	1669.1	18.9	603.3	568.7	6.1	3593	3427	166
火电	2261.8	2126.7	135.1	679.4	661.9	2.6	3113	3308	—195
风电	216.7	151.4	65.3	39.3	22.3	76.2	2124	2114	10
太阳能	29.5	16.9	12.6	1.7	0.8	112.5	711	616	95
2. 调度口径	3402.4	3198.6	203.8	1003.4	948.3	5.8	3050	3131	—81
其中:水电	1154.9	1146.8	8.1	403.1	375.0	7.5	3500	3283	217
火电	2031.0	1900.5	130.5	561.0	551.0	1.8	2871	3093	—222
风电	216.5	151.3	65.2	39.3	22.3	76.2	2125	2117	8

3. 电网建设

2016 年,湖南电网完成投资 175.4 亿元,其中 110kV 及以上电网投资 406.7 亿元。新增 110kV 及以上变电容量 3711 万 kV·A,线路 940.74km,其中 500kV 投产变电容量 300 万 kV·A、线路 14.7km,220kV 投产变电容量 120 万 kV·A、线路 461km,110kV 投产变电容量 3291 万 kV·A、线路 465.04km。

至 2016 年底,湖南电网拥有 110kV 及以上公用变电站 835 座,总容量 46001 万 kV·A,线路长度 38026.1km。其中,500kV 变电站 19 座(含开关站),变电容量 2650 万 kV·A,输电线路长度 4262.3km;220kV 变电站 156 座、主变容量 4095 万 kV·A,输电线路长度 13562.9km。

2016 年湖南电网 500kV 网架结构进一步完善,全省 220kV 电网按湘东、湘南、湘北、湘中、湘西北等区域分片运行。

4. 跨区跨省输电

2016年湖南电网购入电量137.93亿kW·h,同比减少5.34%。其中,三峡93.47亿kW·h,同比增长5.54%,葛洲坝24.58亿kW·h,同比减少1.03%,购特高压等电量19.88亿kW·h,同比减少38.47%。

根据湖南电网供需特点,跨区跨省交易计划或合同以冬夏两季为主。考虑2016年湖南电网用电增速放缓、优先省内水电消纳、省内火电利用小时偏低等因素,丰水期除三峡、葛洲坝按国家计划分电,不购或少购其他省区电量。最大限度地为省内水、火电企业腾出发电空间,促进全省电力企业的协调发展。

从分月情况看,从外省购电集中在湖南电网用电水平较高及水电发电方式较小的月份,即1~3月、7月、8月、11月、12月,丰水期4~6月购外省电量基本为零。

2016年从其他省区购电基本为年度合同。购外省电量年度合同22.13亿kW·h,较上年减少2.71亿kW·h,降幅10.9%。在实际执行中,向重庆转让西北年度合同电量0.870亿kW·h,转让华北特高压年度合同2.508亿kW·h。受让四川富余水电送华北合同电量1.666亿kW·h。2016年,除三峡、葛洲坝,实际从外省购电量中,执行年度合同电量占总外购的91%,短期及实时交易仅占9%。

2016年,售出电量14.16亿kW·h,其中汛期弃水应急交易电量12.38亿kW·h,售出均价0.2312元/(kW·h),与电厂结算均价0.2158元/(kW·h)。其他为临时支援、考核、偏差电量等。

5. 可再生能源消纳

在2016年统调机组中,水电装机容量1041.0万kW,占统调装机容量的31.40%;抽水蓄能机组装机容量120.0万kW,占统调装机容量的3.62%;风力发电装机容量216.9万kW,占统调装机容量的6.54%;无统调光伏。统调水电发电量387.1亿kW·h,同比增长4.97%;统调风电发电量39.3亿kW·h,同比增长76.40%。

2016年,电网峰谷差持续增长,电网调峰困难。电网无其他手段调峰时,被迫采取弃水弃风调峰,全网弃水调峰电量5.96亿kW·h,水电受阻电量约3.31亿kW·h;因调峰原因和通道受阻造成的风电场弃风电量1.29亿kW·h。弃水、弃风主要发生时间在4~7月,主要发生时段在早班0~8时。

5.1.2　2016年湖南省电网大负荷分析

1. 全省总体负荷情况

湖南省2016年统调最大负荷出现在8月25日。最大负荷时刻,全省统调负荷 2392 万 kW,较 2015 年的 2294 万 kW 增长 98 万 kW,同比增长 4.3%。最大负荷日全天负荷率为 86.9%,峰谷差率为 33.4%,日负荷曲线如图 5.2 所示。

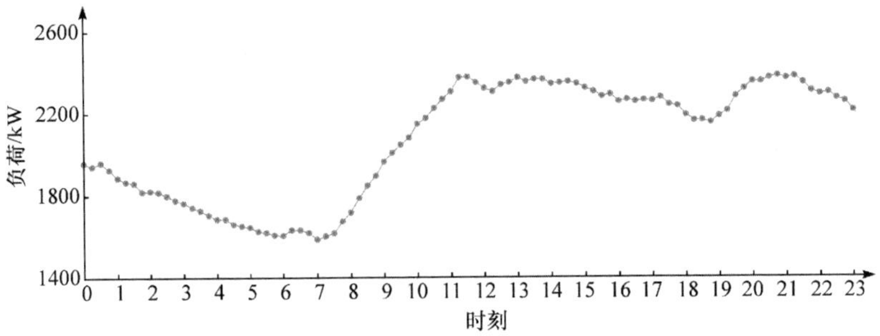

图 5.2　2016 年湖南省统调最大负荷当日曲线

2. 各地区负荷情况

分区域来看,2016 年全省最大负荷时刻,湘东、湘北、湘西北地区负荷分别同比增长 153 万 kW、54 万 kW、37 万 kW,各区域在同时点的负荷占比情况如图 5.3 所示。

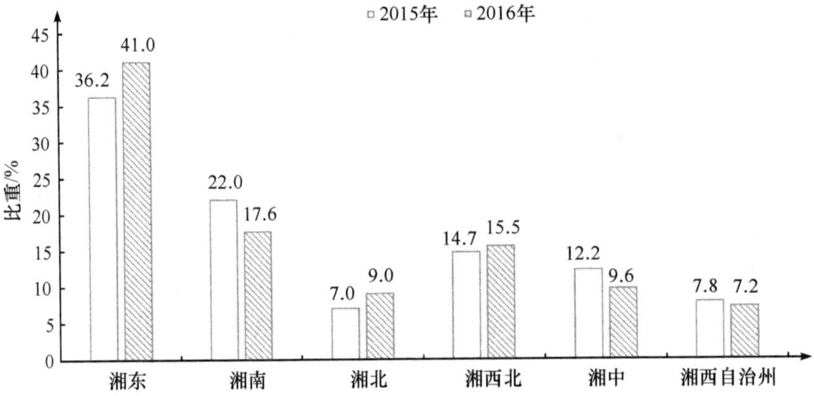

图 5.3　2015 年、2016 年湖南省分地区同时点最大负荷占比情况

分供电区来看,在全省最大负荷时刻,长沙地区用电负荷远高于其他地市,达 600 万 kW 以上,其他地市负荷大多位于 100～200 万 kW,湘西自治州和张家界负荷较低。各供电区同时点最大负荷情况如图 5.4 所示。

3. 机组发电情况

最大负荷时刻,湖南电网统调装机总容量 3309.6 万 kW。全省机组整体出力率 68.3%,全省统调火电出力 1406.9 万 kW,出力率 72.1%;水电出力 830.8 万

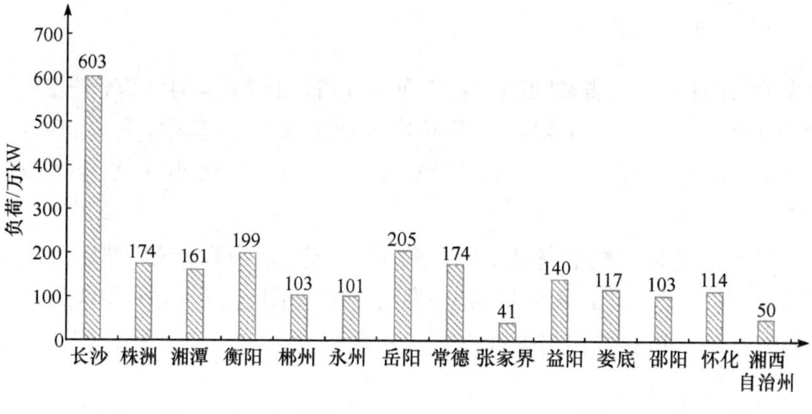

图 5.4　2016 年湖南省各供电区同时点最大负荷

kW，出力率 72.1%；风电出力 23.9 万 kW，出力率 12.5%；由区外送电 146.9 万 kW。

4. 500kV 电网情况

最大负荷时刻，全省 500kV 主变下网负荷 988.5 万 kW，较 2015 年的 992.1 万 kW 减小 3.6 万 kW，500kV 容载比为 2.58。其中负载较重（负载率超过 50%）的有云田、岗市、鼎功 3 座变电站，负载较轻（负载率低于 30%）的有民丰、紫霞、牌楼、苏耽、长阳铺 5 座变电站，如图 5.5 所示。

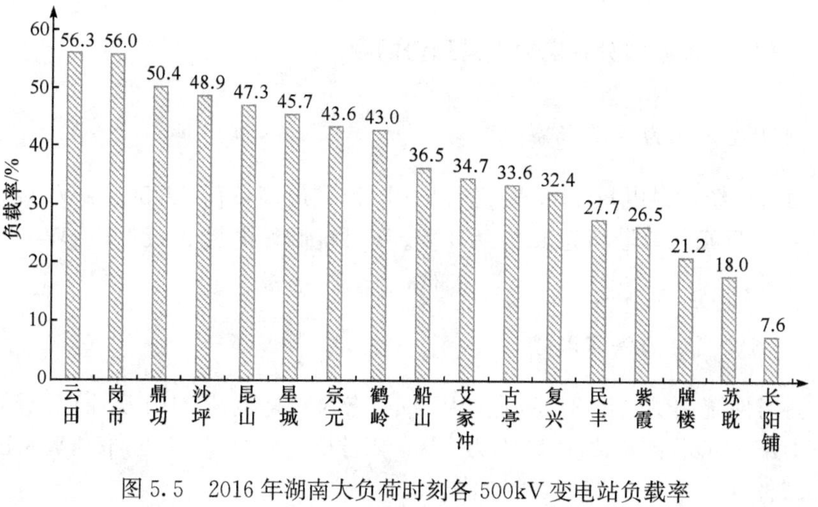

图 5.5　2016 年湖南大负荷时刻各 500kV 变电站负载率

全省 500kV 主要输电断面在最高负荷时段潮流相对不重，线路负载率均在 50%以下，各断面潮流输送能力有较大裕度，总体上能够满足负荷供电需求。

5. 220kV 电网情况

最大负荷时刻，全省 220kV 主变下网负荷 1873.4 万 kW，较 2015 年的 1816.2 万 kW 增加 57.2 万 kW，220kV 容载比为 1.98。其中，重载变电站(负载率大于 80%) 12 座，占比 7.7%，轻载变电站(负载率小于 20%) 23 座，占比 14.7%。

220kV 容载比偏高的有怀化、永州、郴州、娄底、湘西自治州、邵阳、衡阳、张家界，容载比均超过 2.1。220kV 容载比偏低的有岳阳、长沙、益阳，容载比均低于 1.6。各地区 220kV 容载比情况如图 5.6 所示。

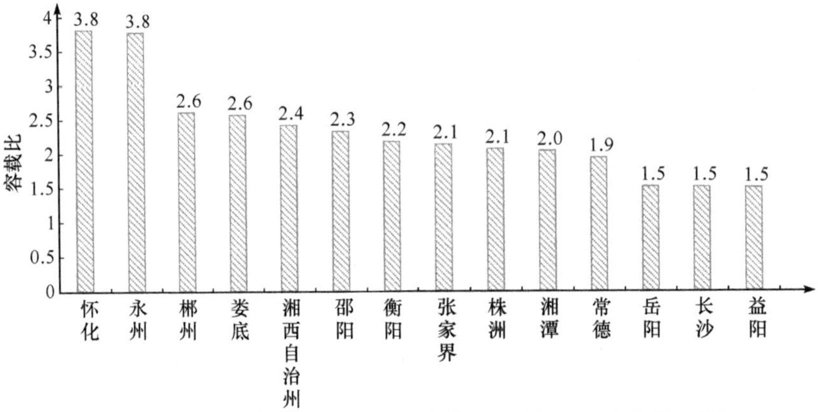

图 5.6　2016 年各供电区 220kV 容载比(8 月 25 日大负荷时刻)

5.1.3　2016 年湖南省分月电力供需形势回顾

1. 1 月全省电力供需形势

1 月省网统调供电量 110.36 亿 kW·h，统调最高负荷 2275 万 kW，最低负荷 902 万 kW，日峰谷差最高为 1264 万 kW。1 月统调发电量 96.82 亿 kW·h，同比下降 3.6%。

2. 2 月全省电力供需形势

2 月省网统调供电量 81.34 亿 kW·h，统调最高负荷 2161 万 kW，最低负荷 639 万 kW，日峰谷差最高为 1142 万 kW。2 月统调发电量 71.53 亿 kW·h，同比下降 5.2%。

3. 3 月全省电力供需形势

3 月省网统调供电量 87.24 亿 kW·h，统调最高负荷 1860 万 kW，最低负荷

874万kW,日峰谷差最高为883万kW。3月统调发电量75.98亿kW·h,同比下降6.5%。

4. 4月全省电力供需形势

4月省网统调供电量68.75亿kW·h,统调最高负荷1444万kW,最低负荷850万kW,日峰谷差最高为541万kW。4月统调发电量60.46亿kW·h,同比下降20.0%。

5. 5月全省电力供需形势

5月省网统调供电量71.82亿kW·h,统调最高负荷1444万kW,最低负荷837万kW,日峰谷差最高为528万kW。5月统调发电量68.03亿kW·h,同比增长2.9%。

6. 6月全省电力供需形势

6月省网统调供电量82.52亿kW·h,统调最高负荷2039万kW,最低负荷917万kW,日峰谷差最高为661万kW。6月统调发电量72.52亿kW·h,同比下降4.6%。

7. 7月全省电力供需形势

7月省网统调供电量112.57亿kW·h,统调最高负荷2348万kW,最低负荷969万kW,日峰谷差最高为751万kW。7月统调发电量98.09亿kW·h,同比增长17.7%。

8. 8月全省电力供需形势

8月省网统调供电量115.50亿kW·h,统调最高负荷2392万kW,最低负荷1029万kW,日峰谷差最高为847万kW。8月统调发电量102.80亿kW·h,同比增长16.5%。

9. 9月全省电力供需形势

9月省网统调供电量91.69亿kW·h,统调最高负荷1870万kW,最低负荷998万kW,日峰谷差最高为625万kW。9月统调发电量87.00亿kW·h,同比增长21.1%。

10. 10月全省电力供需形势

10月省网统调供电量89.64亿kW·h,统调最高负荷1711万kW,最低负荷

917 万 kW,日峰谷差最高为 706 万 kW。10 月统调发电量 79.69 亿 kW·h,同比增长 14.1%。

11. 11 月全省电力供需形势

11 月省网统调供电量 98.10 亿 kW·h,统调最高负荷 2260 万 kW,最低负荷 1054 万 kW,日峰谷差最高为 1050 万 kW。11 月统调发电量 84.58 亿 kW·h,同比增长 19.8%。

12. 12 月全省电力供需形势

12 月省网统调供电量 118.86 亿 kW·h,统调最高负荷 2203 万 kW,最低负荷 1155 万 kW,日峰谷差最高为 993 万 kW。12 月统调发电量 105.89 亿 kW·h,同比增长 18.5%。

5.2 2018 年湖南省电力供应能力预测

1. 电源装机

预计 2018 年全省新增装机容量 184.6 万 kW,其中水电 15.0 万 kW,风电 109.6 万 kW,太阳能发电 50.0 万 kW,其他 10.0 万 kW。

预计到 2018 年底,湖南省全口径装机容量达到 4507.5 万 kW,其中水电 1732.0 万 kW,火电 2212.4 万 kW,风电 361.1 万 kW,太阳能发电 202.0kW。预计 2018 年湖南省鄂湘联络线受电能力控制 270 万 kW。

水电方面,预计 2018 年统调水电可发电量 377 亿 kW·h 左右,同比下降 5.0%。根据气象资料分析,参照与 2018 年大气环流特征相似的各年份(2003 年、2006 年、2007 年、2015 年、2016 年),预计 2018 年全省各流域来水与常年持平(±2%),较 2017 年略偏多。

火电方面,根据火电机组检修计划,预计 2018 年全省大型火电机组可发电量达到 1150 亿 kW·h 以上,夏季 7 月、8 月和冬季 1 月、12 月可发电量达 108 亿 kW·h 左右。

风电方面,根据风电投产计划和历史风机发电平均利用小时数,预计 2018 年风电可发电量 70 亿 kW·h 左右,同比增长 20.0%。

外购电补充保障方面,预计 2018 年从外省购入电量增加 36 亿 kW·h。酒泉-湘潭±800kV 特高压直流工程于 2017 年 5 月正式投产,预计 2018 年送入电量约 90 亿 kW·h,从外省购入电量将增加至 200 亿 kW·h。

2. 电网建设

2017 年，湖南省电网新建±800kV 换流站 1 座，新增换流容量 800 万 kV·A，新增±800kV 直流线路 365km。新建 500kV 变电站 1 座、扩建 1 座，新增 500kV 变电容量 200 万 kV·A，新增 500kV 线路 356.1km。新建、扩建 220kV 变电站 8 座，新增 220kV 变电容量 144 万 kV·A，新增 220kV 线路 396km。

2018 年湖南省 500kV 及以上电网变化主要包括以下工程。

① 酒泉-湘潭直流配套工程。鹤岭-云田双回 500kV 线路剖进韶山换流站，新建换流站-古亭双回 500kV 线路，新建换流站-船山 500kV 线路，提高酒泉-湘潭直流送出能力。

② 500kV 变电站新扩建工程。新建长沙浏阳、衡阳东 500kV 变电站，扩建岗市、云田、长阳铺和复兴 500kV 变电站，提高地区供电能力。

3. 煤电供应

受经济进入新常态和结构调整等因素影响，近年来湖南省用电量增速趋缓、电力供需总体宽松。随着酒泉-湘潭特高压直流工程投运，区外送电规模迅速加大，2018 年湖南电网可能出现一定的电力盈余，省内煤电企业或面临利用小时数持续偏低、规划建设规模有限等局面。

按 2016 年火电平均发电原煤煤耗为 420g/(kW·h)测算，预计 2018 年全省需要电煤总量为 2150 万吨左右，为保障夏季和冬季高峰负荷时期可靠供电，在 7 月之前，以及 12 月之前总存煤应达 400 万吨以上。全省各月煤耗需求如表 5.2 所示。

表 5.2　2018 年湖南电网电煤需求情况(单位：万吨)

月份	1	2	3	4	5	6	7	8	9	10	11	12
耗煤量	280	160	178	75	65	30	125	240	195	240	250	315

4. 气候环境

2017 年一季度，湖南省平均气温较常年同期总体偏高，降雨量较常年同期偏少约三成，雨季开始时间较上年推迟，全网未发生弃水调峰，2 月 19 日全省风电出力达 160 万 kW，创历史新高。

预计 2018 年冬季平均气温 7.3℃，较常年(6.5℃)偏暖 0.8℃，较 2016 年冬季(8.1℃)低 0.8℃。盛夏 7 月的平均气温为 29.5℃，与常年(29.2℃)接近，较上年(29.5℃)持平。

预测 2018 年全省各水库流域年降雨量平均为 1424mm，与常年持平(±2%)，除一季度略少(−7%),其他略多,汛期略多(+4%)。

5.3 2018年湖南省电力供需形势分析和预测

5.3.1 2017年上半年湖南省电力供需形势分析

2017年上半年电力供需的总体特点是全省工业用电量触底回升,电力需求总体平稳增长。电力供应方面,主要水库来水正常,骨干水库水位延续去年的趋势,水位均较高,且保持了大出力消落水位的发电方式;火电调煤偏少,但能保证电网正常供电,没有实行拉闸限电。电源发电量继续保持稳定增长,发电利用小时数有所提高,电力供应能满足全省电力需求,部分时段有盈余。一季度圆满完成春节及两会期间保电工作,二季度完成高考保电、抗洪抢险保电工作。上半年完成了±800kV酒泉-湘潭直流调试和试运行。

1月,湖南电网保持安全稳定运行,圆满完成全省两会和春节保电任务。全社会用电量132.3亿kW·h,同比下降5.24%。省网最高用电负荷2297万kW,同比增加10万kW,电力供应及备用充足。

2月,湖南电网保持安全稳定运行,圆满完成元宵节保电任务。全社会用电量121.2亿kW·h,同比增长11.4%。省网最高用电负荷2250万kW,同比增加71万kW,电力供应及备用充足。

3月,湖南电网保持安全稳定运行。全社会用电量127.0亿kW·h,同比增长10.7%。省网最高用电负荷1959万kW,同比增加86万kW,电力供应及备用充足。

4月,湖南电网保持安全稳定运行。全社会用电量117.4亿kW·h,同比增长8.4%。省网最高用电负荷1737万kW,同比增加289万kW,电力供应及备用充足。

5月,湖南电网保持安全稳定运行。全社会用电量108.3亿kW·h,同比增长1.0%。省网最高用电负荷1558万kW,同比增加103万kW,电力供应及备用充足。

6月,湖南电网保持安全稳定运行,圆满完成高考保电、抗洪抢险任务。全社会用电量118.1亿kW·h,同比下降1.6%。省网最高用电负荷1671万kW,同比减少378万kW,电力供应及备用充足。

5.3.2 2018年湖南省电力供需形势预测

预计2018年湖南省全社会用电量1650亿kW·h,全口径最大负荷3305万kW。在电煤供应持续当前平稳态势、来水正常、无持续极端高温天气情况下,

2017 年迎峰度夏期间电力有所盈余，6～8 月各月盈余分别为 620.2 万 kW、403.5 万 kW、301.4 万 kW。在来煤正常的情况下，预计 2018 年迎峰度冬期间湖南省电力供需有所盈余，春季、度夏、度冬分别为 172.1 万 kW、23.3 万 kW、210.1 万 kW。从度夏和度冬期的电力供需来看，随着酒泉-湘潭直流的投产送电，湖南电网区外送电规模逐渐加大。迎峰度夏期间，湖南电网预计购入电量 62.0 亿 kW·h，其中三峡 25.9 亿 kW·h，葛洲坝 5.6 亿 kW·h，购酒泉-湘潭直流电量 30.5 亿 kW·h。迎峰度冬期间，预计购入电量 55.2 亿 kW·h，其中三峡 19.0 亿 kW·h，葛洲坝 6.4 亿 kW·h，酒泉-湘潭 29.9 亿 kW·h。

可再生能源消纳方面，预测 2018 年统调水电电量 376.7 亿 kW·h，风电电量 70.0 亿 kW·h；根据湖南电网清洁能源消纳能力分析计算，4～6 月是湖南水电大发期间（主汛期），除东江、三板溪、江垭等多年调节水库，其余水电均需大发；风电装机快速增长，主汛期低谷发电需求将大幅增加；酒泉-湘潭直流投产后，联络线外购电力的增加，火电开机方式的安排需要同时满足系统最大负荷及备用（酒泉-湘潭直流投产后）的要求。在此方式下，尽管火电以最小方式运行，低谷仍有大量盈余电力，需要弃水弃风调峰。2018 年，湘西南电源外送断面限额无明显改善，湘西南水电大发时，外送瓶颈依然存在，为保电网安全，仍然需要在湘西南地区进行限水限风。预计 2018 年仍将产生一定的弃风、弃水电量，但通过采取联络线置换、应急交易和加强调度管理等措施后，湖南电网最终弃风弃水电量预计可下降到 5 亿 kW·h 以内。

电网发电设备利用小时数方面，预计 2018 年全年调度机组发电设备利用小时数为 3088h，较去年同比增加 5h，其中水电为 3200h，同比增加 100h，火电为 3287h，同比增加 42h，风电为 2050h，同比下降 20h，如表 5.3 所示。

表 5.3　2018 年发电设备利用小时数预测

指标	2016 年		2017 年上半年		2018 年	
	实际值/h	同比/%	实际值/h	同比/%	预测值/h	变化量/h
统调装机	3050	−2.6	1420	2.72	3088	5
其中：水电	3500	6.6	1774	−21.04	3200	100
火电	2871	−7.2	1262	41.50	3287	42
风电	2125	0.4	1043	1.02	2050	−20

逐月电力平衡方面，根据平衡计算，2018 年全年 12 个月电力均为盈余，供需形势较宽松。其中，全年电力备用率最低值出现在 8 月，备用率约为 17%，度夏期间整体电力供应能力略微紧张。

电网设备方面，全省 500kV 电网主变总体容量存在较大裕度，容量总体满足负荷供电需求。预计 2018 年最大负载率超过 70%的 500kV 变电站有沙坪变、云田变、苏耽变、长阳铺变、岗市变。全省220kV电网主变容量总体上具有一定的裕度，基本可以满足目前的负荷需求，但张家界、长沙、益阳等局部地区仍存在容载比偏低的问题。在全年负荷高峰时期，预计有约8%左右的变电站最大负载率将超过80%。

5.4　2020年湖南省供需形势预测

根据电量和负荷预测，2020年湖南省全社会用电量达1800亿kW·h，全口径最大负荷达3600万kW。至2020年底，预计向湖南供电的主要电源装机约为4912万kW，其中火电2120万kW、水电1812万kW、新能源(含风电、生物质能发电及光伏发电)发电装机980万kW。

2017～2020年，随着规划的特高压交、直流工程陆续投运，区外送电规模迅速加大，预计湖南电网整体将出现较大电力盈余。预计2018～2019年夏大/冬大方式电力盈余分别达318万kW/328万kW、498万kW/476万kW(特高压交流投运)，2020年全省基本实现电力供需平衡。在考虑全额消纳省内清洁能源发电量及外区送入清洁能源的情况下，2018～2020年，湖南省电量平衡时火电利用小时数分别为3163h、2531h、3354h；若省内大中型煤电发电利用小时按4500h考虑，“十三五”期间湖南电网将有212～364亿kW·h左右电量盈余。

从电网调峰情况来看，2020年湖南电网风电装机容量预计将近600万kW，太阳能发电装机容量预计将近300万kW，湖南电网调峰压力严峻。在水风弃电调峰的前提下，全年各月份均存在调峰容量不足的情况，最大调峰亏缺约为620万kW。

从电力供需流向来看，2020年，全省电力流基本上呈现“西电东送、北电南送”格局。湘西、湘西北电网是重要的电源送出端，湘东、湘南电网是主要的两大受端，湘中电网是主要的电力中转站，湘北电网基本具备供需自平衡能力。湘西电网富余电力主要通过湘中电网转送至湘南电网、湘东电网消纳。湘西北电网富余电力及承接鄂湘500kV联络线路送入的电力主要送至湘东电网消纳；长沙特高压、酒泉-湘潭直流送入电力主要在湘东电网消纳，部分电力通过湘东电网转送至湘中、湘南电网消纳。

专　题　篇

第6章 湖南省经济和电力关系探析

6.1 研究背景

用电量作为经济发展的“晴雨表”，时刻表征着经济的发展变化，同时也受到经济发展速度与质量的影响，因此用电量与GDP之间的关系备受各界关注。长期以来，湖南省经济增长与电力消费走势较为一致，两者增长情况基本稳定在同一水平，且两变量增速的变动趋势存在一个稳定的规律：经济上行期间，用电量增速往往高于GDP增速；经济回落期间，用电量增速则低于GDP增速。随着经济增长方式的转变和产业结构的调整，用电量增速逐渐低于GDP增长速度，且幅度在逐渐拉大，长期维持在1.00左右的电力弹性系数大幅下滑，2015年电力弹性系数仅为0.14，用电量作为经济发展晴雨表的作用暂时失灵。

回顾世界各国经济发展历程，类似的用电量增速明显低于经济增速的现象并不罕见。2001年美国电力消费下降3.6%，而GDP增长0.8%；2003年日本电力消费下降1.3%，GDP增长1.8%。我国也有此种案例，例如2008年第四季度全国用电量增速为5.7%，但是GDP增速却为7.1%。随着经济步入新常态，湖南省及全国均再次出现了用电增速与经济增速的不匹配现象。

虽然经济发展过程中有过类似的现象发生，但是也会引起学者的重视及对该现象的分析和解释。例如，2009年刘伟和蔡志洲、张立群等指出中国之所以出现电力消费与经济增长的背离是由于产业结构变化较大所致；2010年林卫斌和苏剑的研究也表明产业结构变化是导致经济增长与电力消费增长不同步的重要因素，但是两者的背离程度无法从产业结构的变化得到完全解释；林卫斌指出，细分行业能耗强度的变化是导致电力消费增长率在短期内较大程度地背离GDP增长率的主要原因。《中国能源报》发表了关于电力与经济关系文章，指出GDP增速与用电量增速的关系“同步”特征明显，但偶尔也会“脱钩”，电力消费是经济增长的实时呈现，但两者之间又并非一一对应的关系，长期来看，两者的相关系数较高，“同步”特征明显，然而受工业用电结构变动，以及极端天气等因素影响，部分时段内两者又呈现出“脱钩”现象，但关于当前经济与电力关系脱钩的原因与可持续性问题并没有提及。2015年，肖宏伟对我国用电量与经济增长短期背离的原因进行了分析，认为产业结构调整、工业内部结构变化、电耗下降、高耗能产品“去库存”、气温偏高等因素均是影响经济用电关系短期背离的原因。

6.2 湖南省经济电力关系现状分析

1. 经济和用电总量

2000年以来,湖南省经济均保持着较高的增长速度(图 6.1)。2000～2015年,年均增速高达 11.51%,其中"十五"期间年均增速为 10.25%,"十一五"期间年均增速为 13.86%,"十二五"期间年均增速为 10.45%。"十三五"开局之年,GDP增速有所回落,2016 年湖南省 GDP 增速仅为 7.9%,为 16 年来同比增速最低值。伴随着经济进入新常态,中速稳态增长将成为湖南省经济发展的趋势,因此"十三五"期间湖南 GDP 增速将远离两位数的高增长状态。

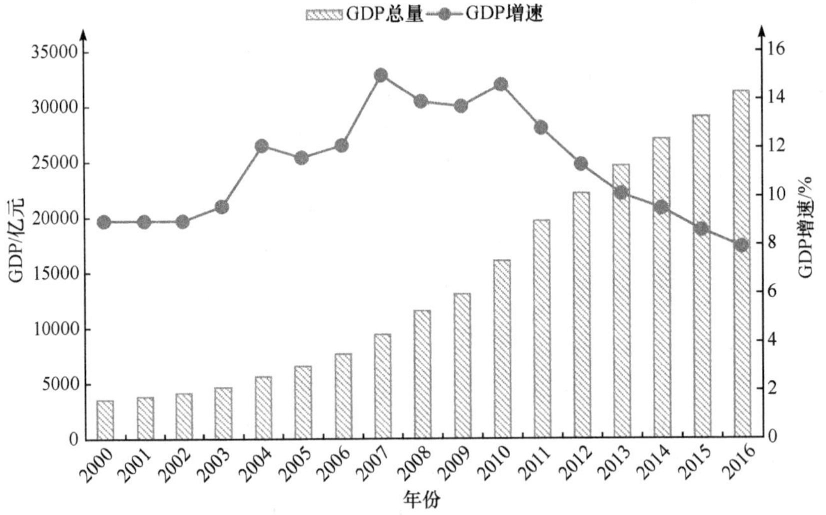

图 6.1 湖南省 GDP 与 GDP 增速趋势图

伴随着经济增长进入新常态,产业结构调整逐渐深化,落后产能淘汰力度不断加大,湖南省用电量增长也逐渐进入低速阶段(图 6.2)。2000 年以来,湖南省全社会用电量年均增速为 8.84%,其中"十五"期间年均增速为 10.68%,"十一五"期间年均增速为 11.68%,"十二五"期间年均增速为 4.32%,2016 年全社会用电量增速为 3.32%,大幅低于同期经济增速。

2. 经济和用电结构

经济增速换挡的同时,湖南省产业结构调整也在不断深化(图 6.3)。2012 年以来,湖南省第三产业增加值占比逐年提高,且提高幅度较大,2016 年第三产业增

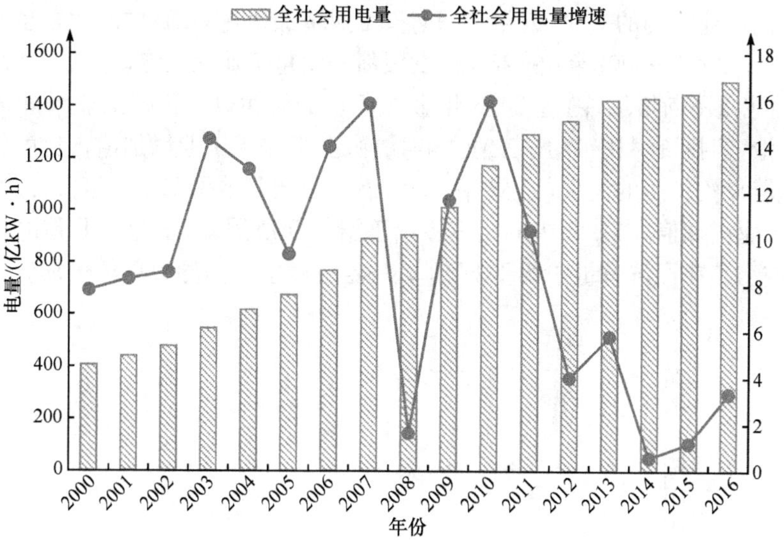

图 6.2　湖南省全社会用电量与用电量增速趋势图

加值占比已高达 46.3%，为 2000 年以来最高值。同时期，第一产业增加值占比和第二产业增加值占比均有所下降，且第二产业增加值占比下降较为明显，2016 年仅为 42.2%，第三产业增加值占比已经首次超过第二产业增加值占比，产业结构已由“二三一”模式转变为“三二一”模式。尽管如此，湖南省三次产业结构相对于全国产业结构而言仍相对落后，2012 年全国第三产业增加值的比重已超过 45%，2015 年该数值已经超过 50%，对比全国产业结构可知，湖南省三次产业结构调整短期内不会戛然而止，而会不断深化。

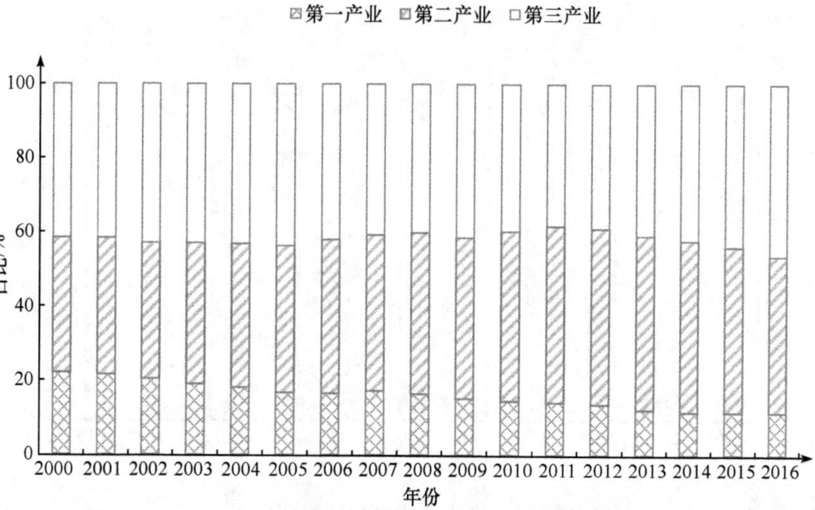

图 6.3　湖南省三次产业结构变动趋势

除三次产业结构的变化,近年来湖南省工业增加值在GDP中的比重也有所变化(图6.4)。2000～2007年,随着经济发展新一轮重工业化的启动,工业增加值在GDP中的比重不断增加,随着2008年金融危机的发生,GDP中工业增加值的比重略有下滑,但投资很快带动了工业的再次崛起,促进了工业增加值占比的新一轮上升。随着投资作用的消失,以及新一届政府对于产业结构调整政策方针的制定,近年来,工业增加值在GDP中的比重逐渐下滑。众所周知,工业行业是电耗强度较高的行业,其在经济总量中比重的下降,一定程度上也是导致单位增加值电耗下降的原因。

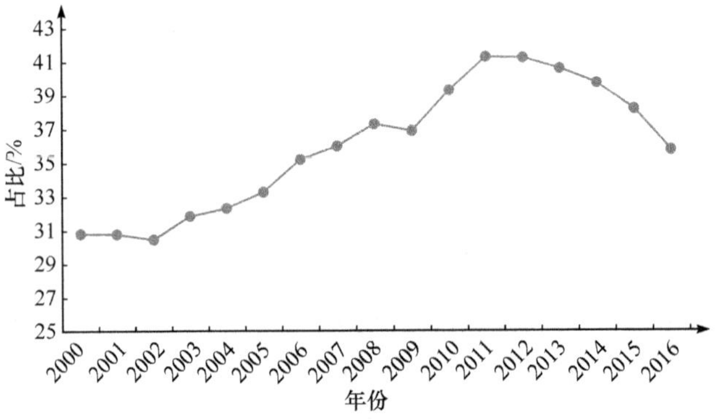

图6.4　湖南省工业增加值比重变化趋势

伴随着经济结构的变化,湖南省用电量结构也在不断发生着变化(图6.5)。随着湖南省第三产业的快速发展和居民生活水平的提高,近年来其第三产业用电

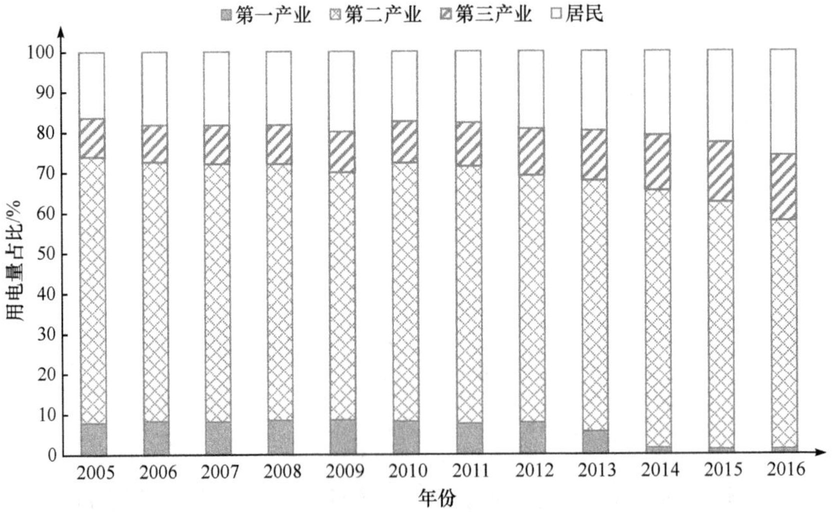

图6.5　湖南省用电量结构变化图

量和居民用电量占比不断上升。第二产业用电量则受第二产业发展相对缓慢和产业内部“节能减排”政策不断落实的影响，行业用电量占比由 2005 年的 66.1%下降至 2016 年的 56.7%，下降近 10 个百分点。

3. 经济和用电关系特点

从历史数据来看，湖南省经济增长与电力消费走势较为一致，两者增长情况基本稳定在同一水平，且两变量增速的变动趋势存在一个稳定的规律：经济上行期间，用电量增速往往高于 GDP 增速；经济回落期间，用电量增速则低于 GDP 增速。湖南省 2000 年以来 GDP 和用电量增速如图 6.6 所示。

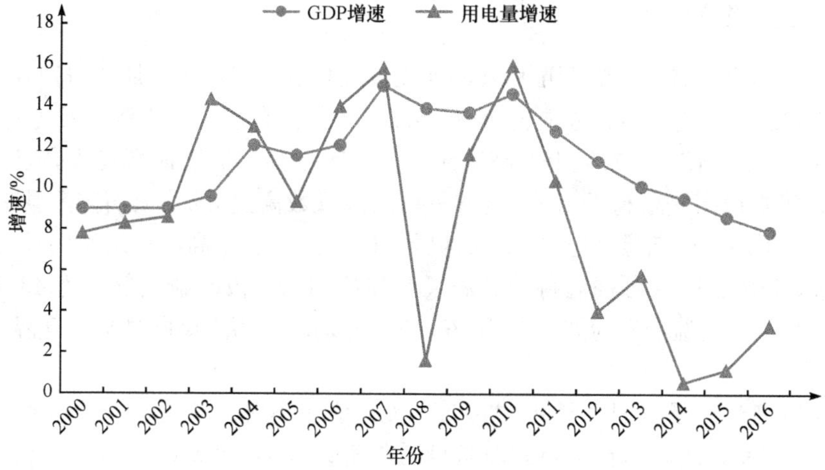

图 6.6　湖南省 GDP 与用电量增速变化图

2000 年以来，湖南省 GDP 和全社会用电量快速增长，主要是粗放的经济发展方式过多地依赖资源和能源的投入，全社会用电量增速与 GDP 增速均处于较高的水平。2007 年，全社会用电增速达到 15.85%，GDP 增速达到 15.0%。2008 年，由于受金融危机和自然灾害影响，全省经济和电量增速均出现下滑，特别是全社会用电量增速下滑至 1.61%。2009～2010 年受投资影响，全省经济和用电量增速出现“V”形反弹。

随着经济发展进入新常态，前期粗放的经济发展方式得到逐步转变，不再过多地依赖资源和能源的投入，用电量增速逐渐低于 GDP 增长速度且幅度在逐渐拉大。2012 年、2014 年和 2015 年，GDP 增速均高出全社会用电量增速 7 个百分点以上，经济电力关系发生了较以往截然不同的显著变化。

6.3　湖南省经济和电力发展关系变化的原因

6.3.1　气象因素

随着第三产业的发展和居民生活水平的提高,第三产业用电量和居民生活用电量在全社会用电中的比重不断提高,致使气象因素对用电量的影响不断增大。通常来说,异常温度变化会造成用电量增长的显著波动,但对经济增长的影响相对较小,这在很大程度上掩盖了真实的经济与用电关系。

1. 异常气象梳理

2013 年夏季,湖南省经历了 1951 年以来的最炎热夏季,6 月 30 日～8 月 14 日湖南省出现了全省性大范围、长时间的高温天气。在这轮持续高温天气过程中,先后有 94 县市出现 35℃以上的高温天气,有 84 个县市极端最高气温高于 39℃,57 县市极端最高气温高于 40℃,全省平均高温日数高达 35.1 天,有 58 县市高温日数突破了历史同期最高纪录。与历史同期比较,39 县市高温持续时间破历史最高纪录,其中衡山、长沙高温持续高温天数高达 48 天,极端最高气温为 43.2℃,7 月和 8 月平均气温分别为 31.0℃和 30.1℃,分别高于历史期同月平均气温 1.6℃和 2.0℃。

2014 年出现了全国性罕见的“夏凉”,湖南省也不例外,7 月和 8 月全省平均气温分别为 28.2℃和 26.6℃,分别较常年同期偏低 1.2℃和 2.0℃。就长沙市而言,2014 年 7 月平均气温高于 30℃的气温只有 12 天,而 2000 年以来该指标的平均值为 19.4 天,2013 年更是出现了 31 天平均气温均高于 30℃的炎热现象;2014 年 8 月平均气温高于 30℃的天数为 9 天,低于历史期平均值 10.4 天,更明显低于 2013 年的 22 天。

2015 年 7 月湖南省雨水较多,高温天数较少,舒适的气温打破了 1951 年以来的纪录,成为“最凉爽 7 月”。7 月全省平均高温日数仅 3.3 天,较常年偏少 6.1 天。全省平均气温为 26.1℃,较常年同期偏低 2.2℃,为 1951 年以来最低气温。8 月继续延续了 7 月的凉爽气温,长沙市 8 月平均气温仅 27.0℃,高于 30℃气温的天数仅 3 天。

2. 气象对湖南省用电量影响

通过建立经济、平均气温与用电量之间的定量模型,剔除异常气温对用电量的影响,以近年 8 月为例,分析异常气温对用电量的影响。湖南省近年 8 月全社会用电量、主要经济指标和月平均气温数据如表 6.1 所示。

表 6.1　湖南省近年 8 月全社会用电量、工业增加值指数和月平均气温

指标	全社会用电量/(亿 kW·h)	平均气温/℃	工业增加值当期增速/%
2005 年 8 月	62.2	26.9	20.7
2006 年 8 月	72.2	28.9	23.3
2007 年 8 月	82.8	28.9	23.6
2008 年 8 月	90.4	28.0	19.0
2009 年 8 月	102.3	28.9	20.4
2010 年 8 月	116.9	29.5	21.7
2011 年 8 月	118.6	28.1	17.2
2012 年 8 月	120.1	28.0	13.0
2013 年 8 月	143.9	30.1	12.9
2014 年 8 月	126.9	26.6	4.4
2015 年 8 月	133.5		8.6
2016 年 8 月	148.1		6.9

根据上述数据，可以构建全社会用电量、经济和气温之间的定量关系式，即：

$$EC_8=-117.70+5.86T_8+0.18ADD_8$$
$$t=(-3.34)\qquad(4.73)\qquad(18.41)$$
$$p=(0.0124)\qquad(0.0021)\qquad(0.0000)$$

其中，EC_8 为 8 月全社会用电量；T_8 为 8 月平均气温；ADD_8 为 8 月增加值增长指数(2010 年可比价)。

方程的适合度检验 $R^2=0.981$，拟合效果较好。由 t 检验结果可知，平均温度和增加值增长指数对 8 月用电量的影响均显著，且参数回归效果为正，即气温越高，增加值增长越快，用电量越大。在其他因素不变的情况下，平均温度上升 1℃，8 月用电量上升 5.86 亿 kW·h。2013 年 8 月，湖南省平均气温高于历年平均气温平均值 1.82℃，极端气温造成用电量增加超过 10 亿 kW·h。

3. 气象对湖南省用电量影响

剔除异常温度对全社会用电量的影响，湖南省经济增速与电力增速对比如图 6.7 所示。由图可知，近年来湖南省全社会用电量增速与 GDP 增速均呈现出持续放缓态势，而非原有经济电力关系显示的情况，经济增速逐步放缓，用电量增速波动较大。但值得注意的是，2012 年以来全社会用电量增速与 GDP 增速之间的差距显著扩大，这是湖南省经济电力关系呈现出的新特征(图 6.7)。

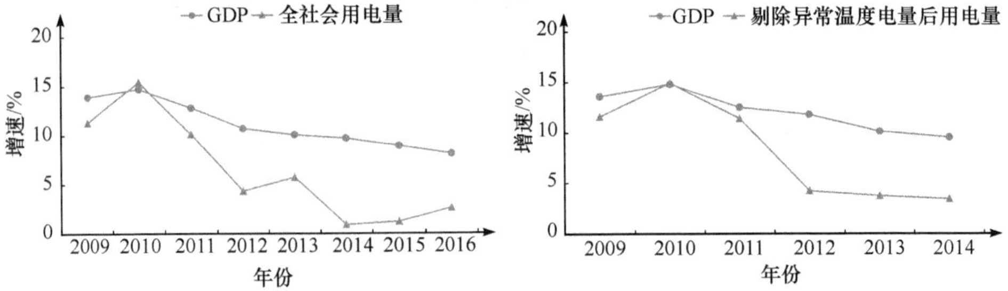

图 6.7　剔除异常温度前后经济增速与用电量增速对比图

6.3.2　产业结构调整

由于生产特性不同,三次产业单位增加值电耗存在较大差异,第二产业单位增加值电耗明显高于第一产业和第三产业单位增加值电耗,在总体经济增长保持平稳的情况下,产业结构调整会导致单位 GDP 电耗的变化,经济-用电关系随之发生改变(图 6.8)。

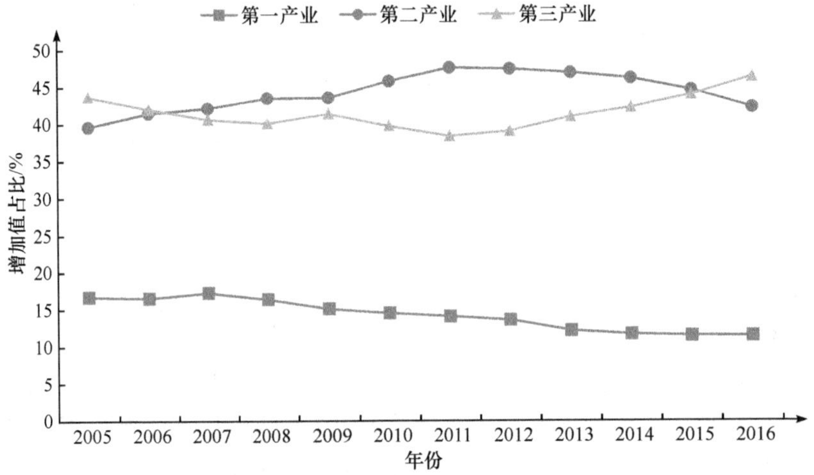

图 6.8　湖南省三次产业结构变动趋势图

分析湖南省产业结构发现,近年来湖南省第三产业增加值占比不断上升,第一产业和第二产业增加值占比则呈下滑趋势,2016 年三次产业结构为 11.5∶42.2∶46.3,第三产业增加值占比已高于第二产业增加值占比,随着湖南省产业结构调整的不断深化,第三产业发展加速,2016 年第三产业增加值增速为 10.5%,高于 GDP 增速 2.6 个百分点,占比由上年的 43.9%上升到 46.3%,提高 2.4 个百分点,且第三产业增加值占比的提高主要靠挤占第二产业。初步测算,产业结构调整加速导致 2016 年全社会用电量减少约 13.2 亿 kW·h,造成 GDP 增速与用电量增速的差距拉大 0.91 个百分点。

6.3.3　节能降耗

除产业结构变化，单位增加值电耗的变化也是经济电力关系变化的一个重要表现。近年来湖南省节能降耗政策的实施力度不断加强，促使单位增加值电耗不断下降，2008 年起，湖南省单位 GDP 电耗持续下降，且降幅不断扩大，2012 年、2014 年和 2015 年单位 GDP 电耗降幅均超过 6.0%，单位 GDP 电耗大幅下降主要源于第二产业单位增加值电耗显著下降。图 6.9 表明，近 10 年第二产业单位增加值电耗年均降幅高达 8.4%；第一、三产业单位增加值电耗波动较小①。据初步测算，受单位增加值电耗加速下降影响，2015 年湖南省全社会用电量减少约 9.7 亿 kW·h，导致增速下滑 0.7 个百分点。

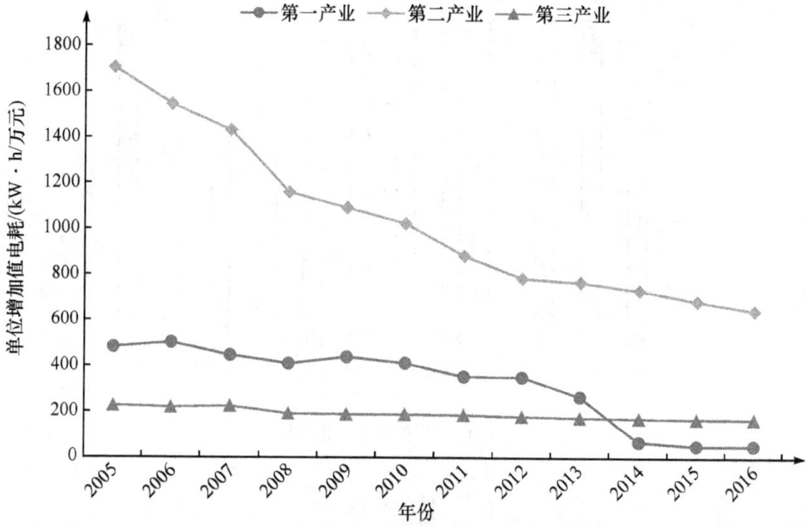

图 6.9　三次产业单位增加值电耗变动趋势

第二产业中的重工业多为高耗能行业，且大多面临产能过剩和能耗过高的问题。因此，第二产业(特别是工业)成为落后产能淘汰和节能降耗的重点领域，其用电特征变化也是导致湖南省经济-电力关系发生变化的直接原因。在第二产业用电中，工业用电占比高达 98%，下面通过分析湖南省工业(特别是高耗能制造业)用电特征，把握全省经济电力关系发展的主要矛盾。

6.4　湖南省工业及主要行业经济电力关系分析

工业用电量是用于研判经济形势的重要指标，本书重点对湖南省工业及主要

① 2014 年第一产业单位增加值电耗出现明显下降，主要是用电量统计口径发生变化的缘故。

行业经济电力关系进行分析。

6.4.1　工业用电特征分析

过去10年间，虽然工业用电占全社会用电的比重由63.2%缓慢降至55.2%，但分三大门类看，各部分占全部工业用电的比重保持稳定：制造业(69.2%～65.9%)、采矿业(6.5%～7.9%)、电热气水生产和供应业(24.3%～26.1%)。对于占工业用电比重接近70%的制造业用电，同时也是工业用电变化的主要驱动因素(以拉动率衡量)，把握其自身发展规律，是准确判断工业用电变化趋势的关键所在(图6.10)。

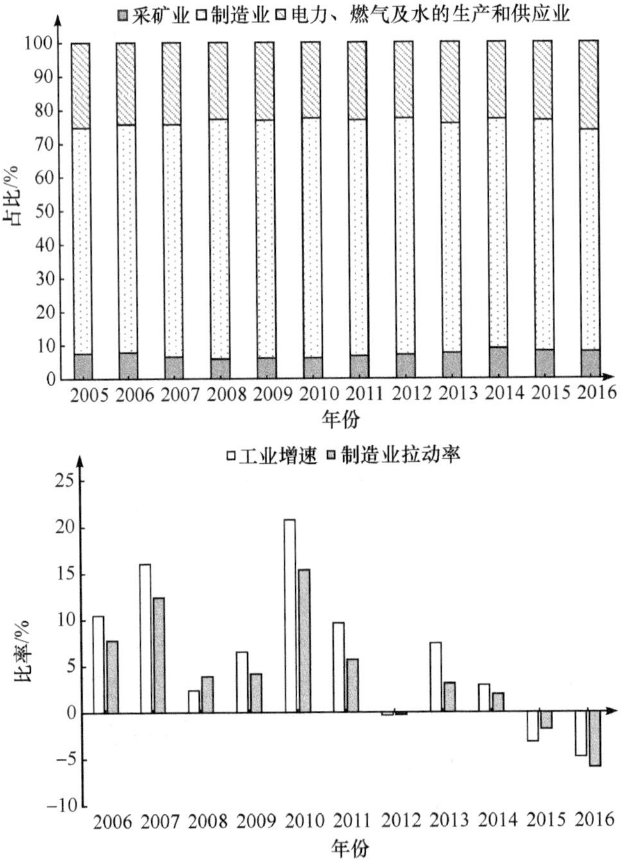

图6.10　湖南省工业用电结构及制造业对工业用电的拉动情况

制造业各大类行业中，四大高耗能制造业用电占全部工业用电比重超过42.5%，但10年来变化显著：2007～2009年，稳步提高至55.7%，之后逐年下降至2016年的42.6%。从增量角度看，2010年之前，工业用电增速的变化主要受四大高耗能制造业用电增长的拉动。2010～2014 年这一影响有所减弱，但近两年来再次成为工业用电持续下滑的主因(图 6.11)。

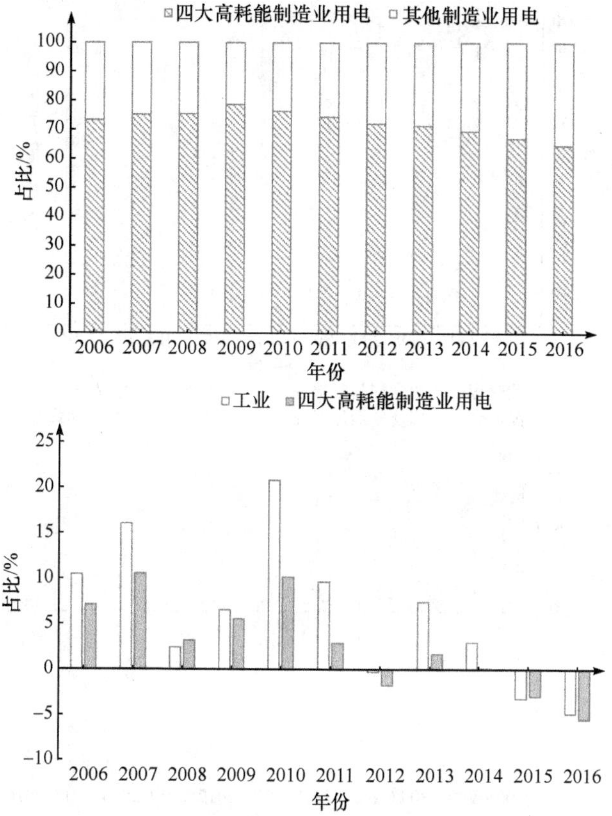

图 6.11　制造业中四大高耗能行业用电情况及对工业用电的拉动情况

四大高耗能制造业用电对全部工业用电影响力减弱的主要原因之一在于其内部结构的改变："十一五"期间，黑色金属冶炼和压延加工业用电"一枝独秀"(2008～2011 年占比持续超过 20.0%，高出其他行业近 10 个百分点)，非金属制品业用电占比最低。直至 2015 年，二者用电水平基本相同，累计占全部工业用电的比重略高于 25.0%。此外，有色金属冶炼与压延加工业用电量占比基本保持稳定，化学原料与化学制品制造业用电占比逐年下降，排名由最初的次席跌至末位。与之相应，2012～2014 年各子行业用电量变化对工业用电增长的拉动作用出现明显分化(图 6.12)。

总体来看，高耗能制造业用电量增速波动依然在很大程度上影响全省制造业，甚至工业用电量增速的走势。因此，下面对四大高耗能制造业用电进行重点分析。

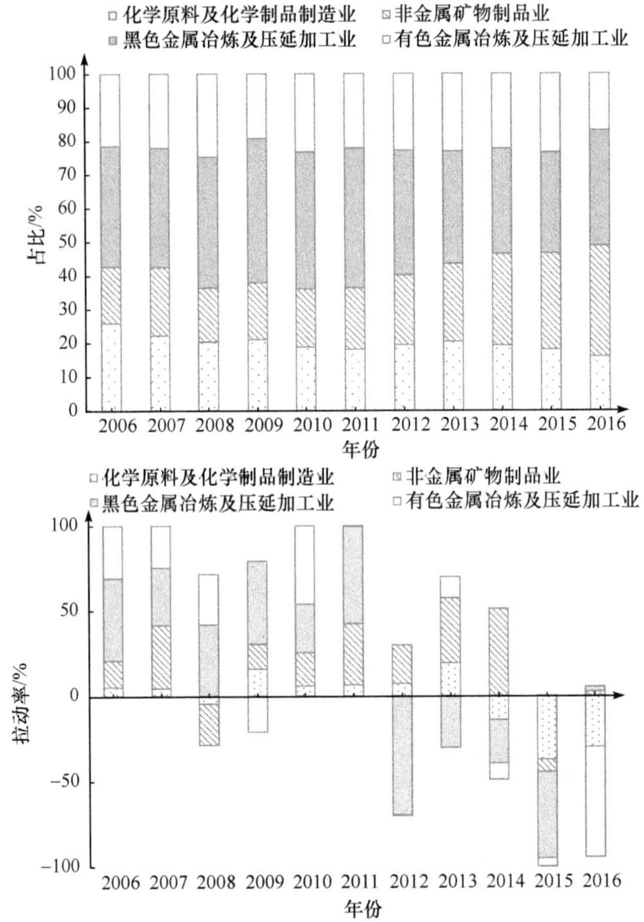

图 6.12　湖南省四大高耗能行业用电结构及对工业用电的拉动情况

6.4.2　黑色金属冶炼和压延加工业用电特征分析

1. 黑色金属行业用电情况分析

由工业用电特征分析可知，尽管黑色金属冶炼和压延加工业用电占比逐年下降，但其仍然位居工业行业用电量之首，且在近 10 年中对工业用电增长的影响最为显著。分析黑色金属冶炼和压延加工业用电变化趋势，发现其呈现两大特点：一是行业用电量在 2011 年达到峰值后持续下降(2016 年除外)；二是 2012～2014 年间，铁合金冶炼用电量大幅下滑是行业用电量负增长的主要原因(图 6.13)。

显然，行业用电变化趋势反映了行业结构调整和发展方向。“十二五”期间，按照《国务院关于进一步加强淘汰落后产能工作的通知》的要求，湖南省铁合金行业

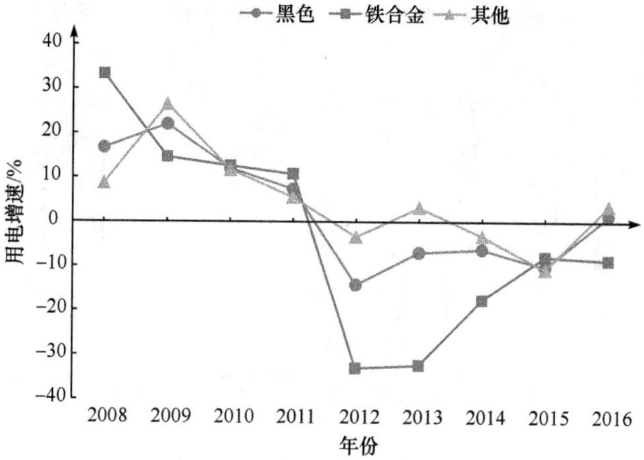

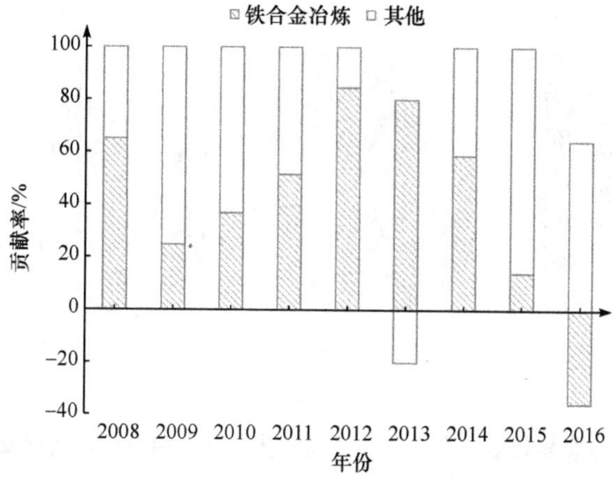

图6.13　铁合金冶炼用电及其他用电增速及对黑色金属行业用电的贡献

累计淘汰落后产能 112.7 万吨。另一方面，受市场需求不足、行业产能过剩的影响，行业代表性产品（硅锰合金，占全部铁合金产量的比重超过 50.0%）价格、产量双双走低。作为铁合金产量大省（年产量超 200 万吨，位列全国前 5 位），面对市场环境恶化和产业政策的限制，行业景气程度自然低迷（图 6.14）。

不仅限于铁合金行业，2010～2016 年，黑色金属冶炼和压延加工业及其他子行业中，炼铁、炼钢累计分别淘汰落后产能 221.1 和 277.0 万吨（图 6.15）。同样，受市场需求不足、行业产能过剩的影响，各子行业代表性产品（生铁、粗钢、钢材）产量增长显著放缓，先后达到峰值水平。值得注意的是，湖南钢材产品结构特点鲜明，以钢筋为主（占比达 30.0%），其次是板、带材（占比约为 20.0%左右）、线材（占比约为 15.0%）、棒、管材（占比约为 5.0%左右）。

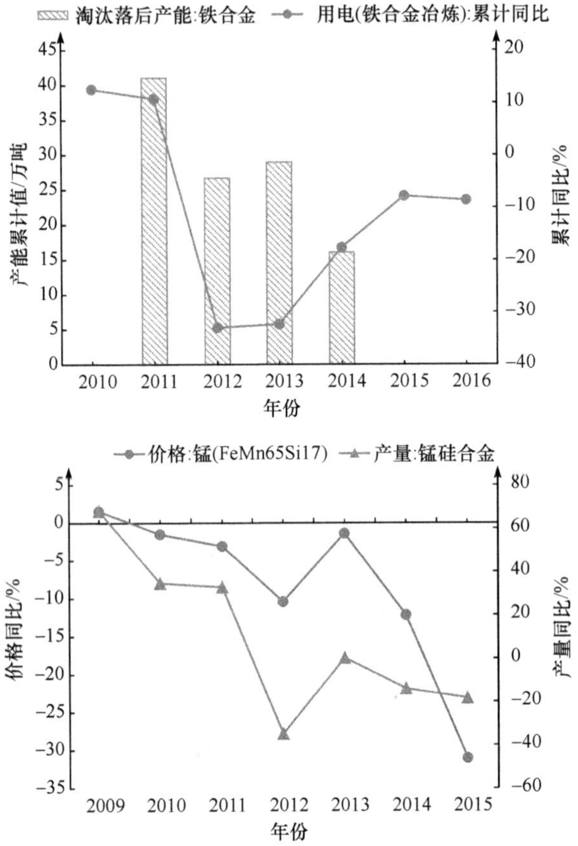

图 6.14　历年黑色金属行业铁合金落后产能淘汰与行业用电对比情况及铁合金产量情况

为进一步厘清湖南省黑色金属冶炼和压延加工业短期景气程度变化与行业用电量波动之间的关系，下面详细分析行业增加值、代表性产品产量、行业政策环境与行业用电量间的相互影响。

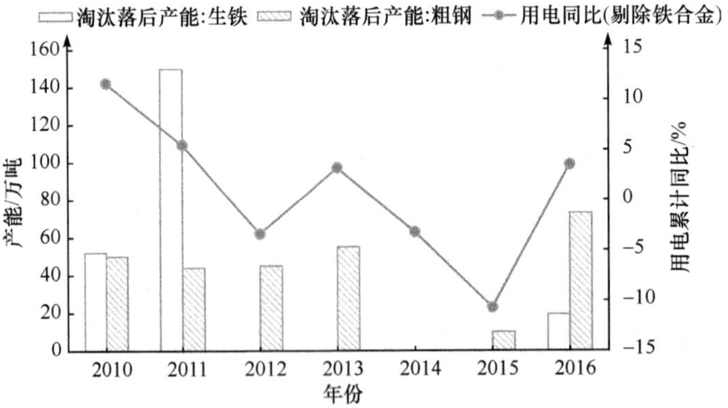

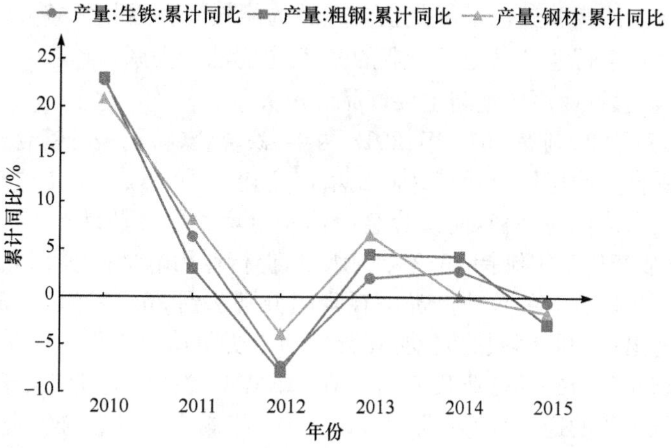

图 6.15　历年黑色金属行业用电(剔除铁合金用电)与主要产品产量之间关系对比

2. 黑色金属行业用电量与行业经济指标分析

(1) 黑色金属行业用电量与行业增加值

2011 年以来,湖南省黑色金属冶炼和压延加工业增加值累计同比增速(季度)与行业用电量累计同比增速变化趋势基本一致,但在 2012 年一季度和 2015 年一季度行业用电量增速大幅下降,导致二者间的差距明显增大(图 6.16)。由前面分析已知,2012 年行业用电增速下滑的主要原因是铁合金冶炼用电大幅下降,而 2015 年行业用电增速下滑主要受行业用电量(剔除铁合金冶炼)的影响。同时,铁

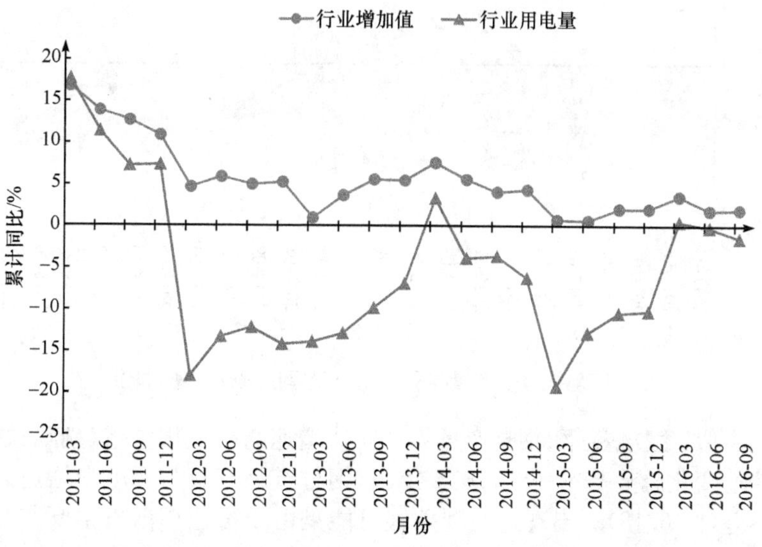

图 6.16　黑色金属行业增加值增速与行业用电量增速对比

合金的单位产品能耗和其他子行业主要产品的能耗间存在较大差异。因此,有必要分别考察铁合金行业和其他子行业的经济-电力消费关系。

(2)黑色金属行业用电量与主要产品产量关系分析

从图6.17可知,剔除2011年、2013两年,铁合金(特别是硅锰合金)产量累计同比增速和铁合金冶炼用电量累计同比增速变化几乎一致。值得注意的是,2011年铁合金产量增速保持平稳,而铁合金冶炼用电增长明显放缓;2013年的情况与之类似,铁合金产量基本维持2012年的水平,但行业用电量持续下降。与之相应,2011年、2013年铁合金的单位产品电耗降幅分别达到26.1%和39.3%。短期内工业产品能耗出现如此剧烈的波动,其背后的主要驱动因素很可能是行业生产工艺水平的提高和(或)外部行业政策的调整。事实上,按照《国务院关于进一步加强淘汰落后产能工作的通知》的要求,2011～2014年湖南省铁合金行业累计淘汰落后产能112.7万吨。其中,2011年淘汰落后产能数量居首,达41.0万吨。此外,2012年12月和2013年2月《湖南省工业企业主要产品能耗控制指南(第一批)》和《湖南省主要产品(工序)能耗限额指导目录(第一批)》相继颁布,要求铁合金企业主要产品(工序)严格执行新的能耗限额标准。据此可以初步推断,针对铁合金行业"淘汰落后产能"的重要政策的实施是造成铁合金产量增长与铁合金冶炼用电量增速发生偏离的主要原因。

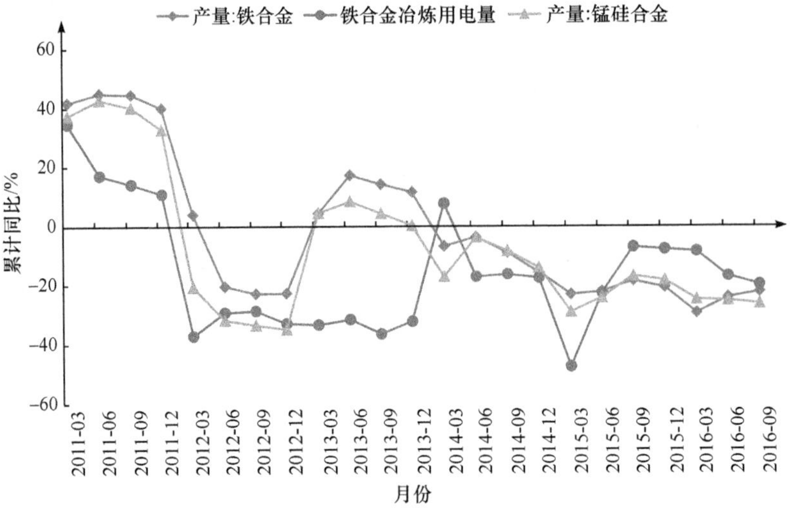

图6.17 铁合金产量与行业用电量季度累计增速对比图

与之类似,生铁、粗钢、钢材产量累计同比增速与行业用电量(剔除铁合金)累计同比增速变化趋势基本一致,2015年起,钢材产品产量与用电量增速之间出现明显的落差(图6.18)。出现这一现象很可能是由于按照湖南省主要产品(工序)能耗限额指导目录(2015)的要求,粗钢生产开始执行新的行业标准。

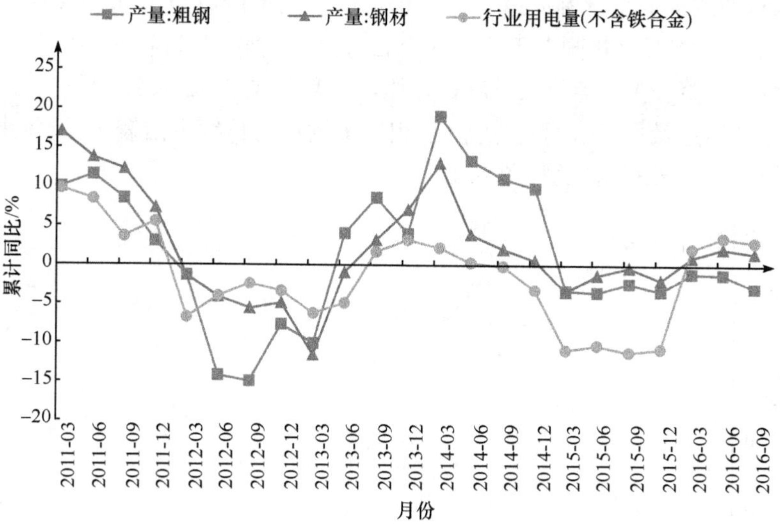

图 6.18　粗钢、钢材产量与行业用电量(剔除铁合金用电)季度累计增速

(3) 后期行业经济电力关系判断

作为供给侧结构性改革的重点行业之一,2016 年全省钢铁行业严格执行"去产能"任务,分别淘汰炼钢、炼铁落后产能 73.0 万吨和 19.4 万吨。前三季度,全省生铁、粗钢、钢材和铁合金产量累计同比增速分别为 1.0%、−2.8%、2.8%和−21.5%。可见,受政策影响较大的主要是粗钢、铁合金生产企业。与之相应,1～9 月铁合金冶炼用电大幅下滑 20.0%,带动行业用电同比下降 1.4%。

展望 2017 年行业电力需求状况,由于煤炭、钢铁行业供给侧改革成效开始显现,黑色系大宗商品价格持续回升、行业开工率(产能利用率)有所提高、行业企业整体扭亏为盈,可以预见,全省生铁、钢材产量将维持低速增长,粗钢产量有望在 2017 年由降转升,对行业用电增长形成支撑。因此,我们认为,与今年的情况类似,铁合金行业景气程度的改善与否将是决定未来黑色金属冶炼和加工业电力需求变化的首要因素。

6.4.3　有色金属冶炼及压延加工业用电特征分析

1. 有色金属行业用电量情况分析

湖南省素有"有色金属之乡"之称,2015 年十种有色金属产品产量高达 267.5 万吨,居全国第七位,行业用电量高达 93.7 亿 kW · h,占工业用电量的比重为 10.8%,仅次于黑色金属冶炼及压延加工业和非金属矿物制品制造业。受"节能减排"及落后产能淘汰等多种政策影响,湖南省有色金属行业发展受到了较大的限制,近期行业增加值呈逐渐回落态势,2016 年前三季度有色金属行业增加值累计增速为 7.5%,相对上年同期下降 4.8 个百分点。与此同时,行业用电量也出现了较大幅度的下降,2016 年前三季度行业用电量累计增速为−39.9%,为 2009 年以来季度累计增速最低值。行业增加值、用电量增速的持续下滑表明,近年来湖南省有色金属行业增长有所放缓(图 6.19)。

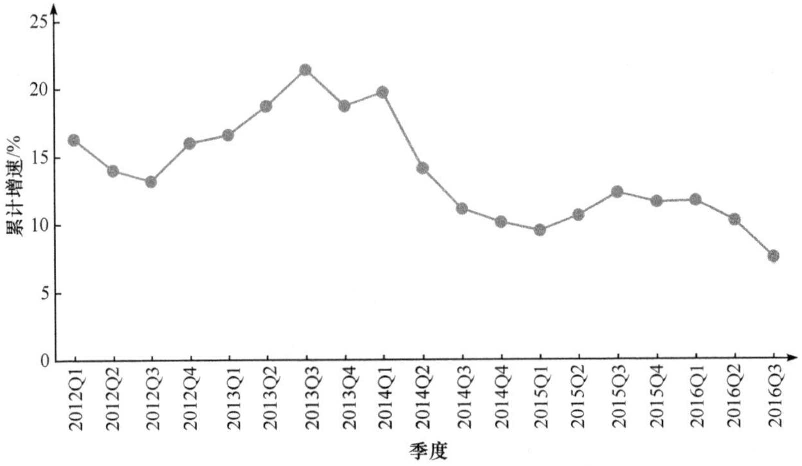

图 6.19 湖南省有色金属冶炼及压延加工业增加累计值增速变动趋势

有色金属行业生产对电力的依赖程度很高,通常来说行业增加值增长与用电量增长基本一致,两指标均反映行业生产的景气程度(图 6.20)。从近期数据来

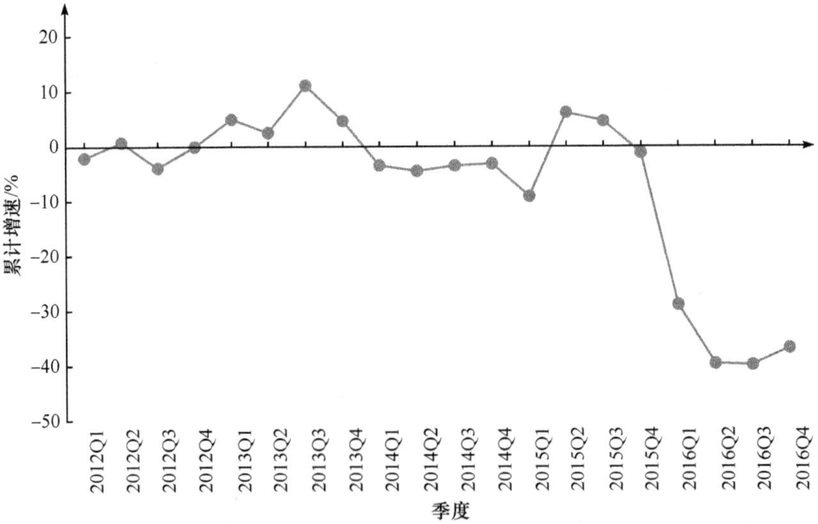

图 6.20 湖南省有色金属冶炼及压延加工业用电量累计增速变动趋势

看，二者出现了较大的偏离：行业用电量增速显著低于行业增加值增速，2015 年行业增加值增速高出用电量增速 12.9 个百分点，2016 年前三季度，行业增加值增速高出用电量近 50 个百分点，从增加值增速来看，行业生产总体表现良好；但行业用电量显著下滑似乎反映行业生产极度低迷。初步判断，产生这一令人困惑现象的原因很可能是行业落后产能淘汰和产品结构升级，下面将对此进行详细分析。

2. 有色金属行业用电量与行业经济指标分析

(1) 行业用电量与增加值关系分析

相比行业用电量增速，行业增加值增速的波动幅度较小，且行业增加值增速长期高于行业用电量增速。2016 年以来，行业增加值增速仍保持在 7%以上，而行业用电量增速却出现了大幅下跌现象（图 6.21）。该现象在一定程度上不符合常理，为分析这种现象产生的原因，下面将直接衡量工业生产活动的产品产量引入分析中。

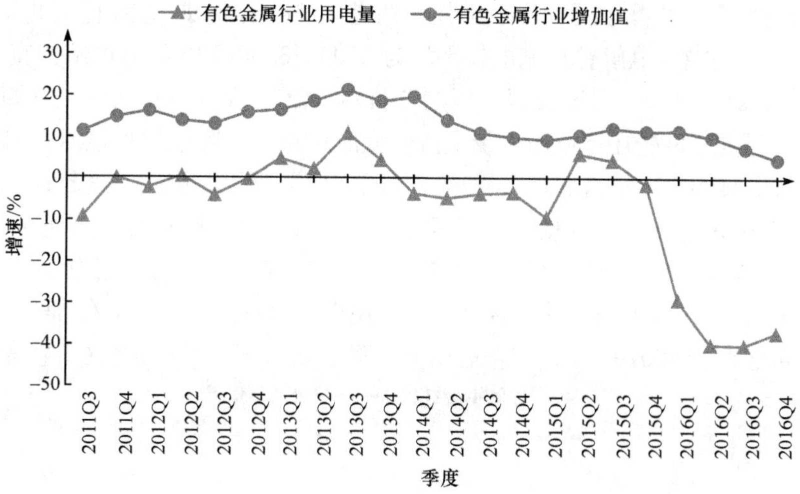

图 6.21　有色金属行业用电量增速与增加值增速对比图

(2) 行业用电量与主要产品产量关系分析

湖南省有色金属资源较为丰富，产品种类也较多，其中十种有色金属产品产量中以铅、锌、铝产量较大，三种产品产量在十种有色金属产品产量中的比重为 90.0%左右，但是受政策因素影响，行业生产活动不断放缓，2016 年前三季度十种有色金属产品产量增速为－19.5%，近 7 个季度持续负增长。伴随着产品产量增速的不断走低，行业用电量也出现了显著下滑，2016 年前三季度有色金属冶炼及压延加工业用电量增速为－39.9%。可见，行业产品产量增速与行业用电量增速变化趋势基本一致（图 6.22）。

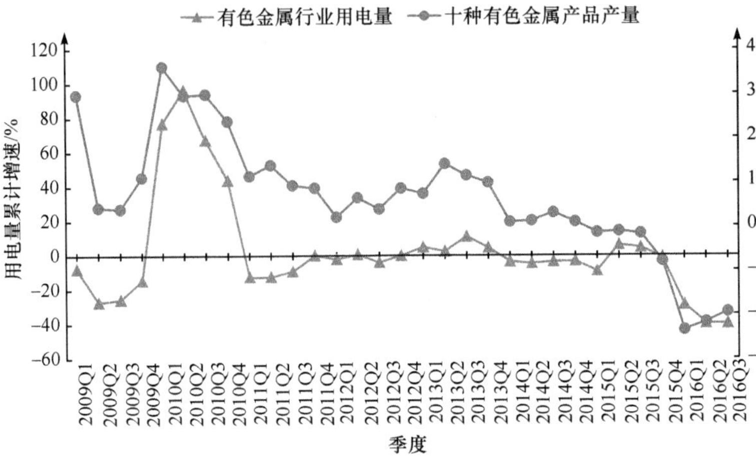

图 6.22　有色金属行业用电量增速与十种有色金属产品产量增速对比图

有色金属各产品在生产过程中电耗差异较大，例如吨铝直流电单耗在13000kW · h左右，电解锌直流电耗平均为3100～3200kW · h/t，电解铅直流电耗平均为132kW · h/t。由该数据可以初步推测，虽然产品产量铅、锌较大，但是电解铝生产用电量可能在行业用电量中占较大的比重。实际数据也显示，2015年之前湖南省电解铝用电量占有色金属冶炼及压延加工业用电量的比重超过40%，但是2016年以来电解铝用电量占比下跌至17%以内。由此可以断定，近期湖南省电解铝生产活动发生了较大变化(图6.23)。湖南省工业大用户用电统计数据印证了该推断，2013年以来，创元铝业以月度用电量3亿kW · h左右，居行业内企业用电量之首，但2016年起，该企业用电量降至0.05亿kW · h左右，主要原因是

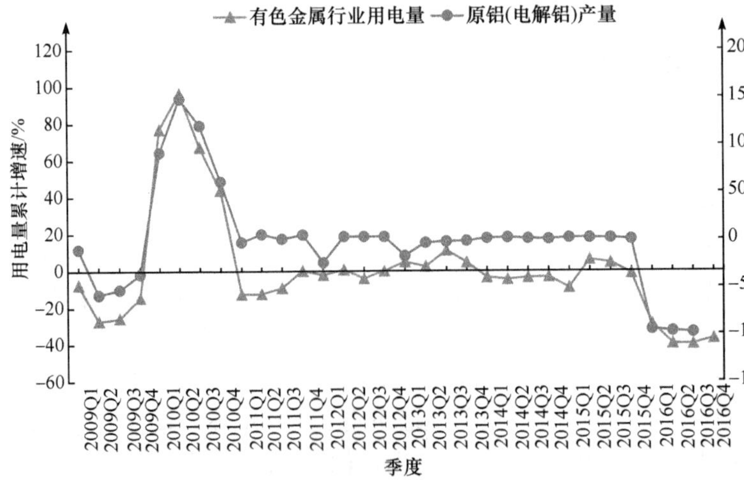

图 6.23　电解铝产量增速与行业用电量增速对比图

2016年1月6日起该企业的电解铝生产线停产,仅保留熔铸和铸轧车间,2016年一季度湖南省电解铝产量累计值为0.4万吨,且二季度累计值也为0.4万吨,即2016年二季度以来,电解铝生产线全部停产,年产量30多万吨的电解铝产能被全部关停。创元铝业电解铝生产线的停产压缩了行业近一半的用电量,在很大程度上导致行业用电量的持续低迷。

影响行业用电量的不仅仅只有创元铝业,受行业不景气而减缓生产的企业较多,例如郴州丰越环保科技有限公司、湖南有色金属股份有限公司黄沙坪矿业分公司等均受行业景气度不佳的影响,压缩了生产规模,初级产品产量的压缩会在较大程度上降低行业用电量,但由于是低附加值产品,对行业增加值的影响不大。在大企业用户中还可以发现,以产品深加工为主的企业生产活动较为平稳,例如晟通科技集团有限公司、湖南湘投金天钛金属有限公司受行业景气程度影响不大,均保持平稳生产。相关统计数据也表明,湖南省有色金属冶炼及压延加工业产品精深加工率由2010年的36%,提高至2015年的45%。深加工、高附加值、低电耗产品的快速增长保证了在十种有色金属产品产量和行业用电量增速均不断走低的情况下,行业增加值仍能维持相对较高的增速。进一步观察深加工产品铝材和铜材产量增速与行业增加值增速的对比图(图6.24和图6.25)可以发现,铜材和铝材产量的增长情况可以支撑行业增加值缓中趋稳。

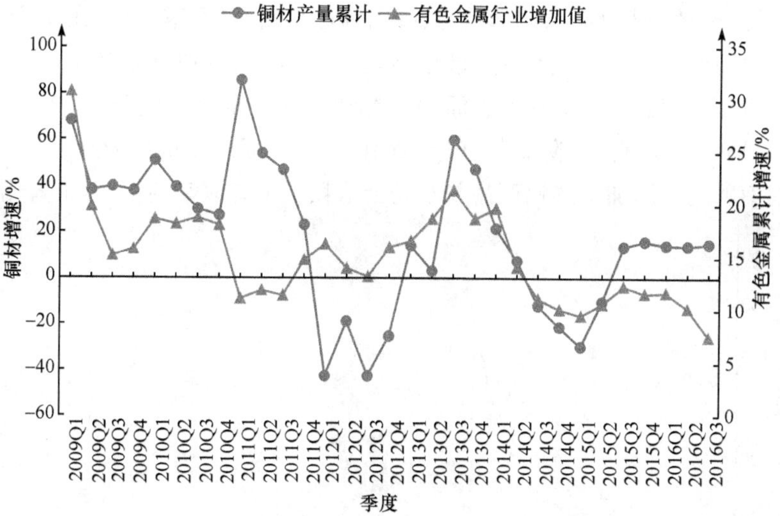

图6.24　湖南省铜材产品产量与行业增加值增速对比图

综上所述,落后产能淘汰和产品结构的优化使得行业增加值增长与用电量增长趋势出现了不一致现象:高耗能低附加值产品产量的限产、关停均在较大程度上导致行业用电量锐减,而企业生产线的延长、高附加值产品生产平稳,在一定程度

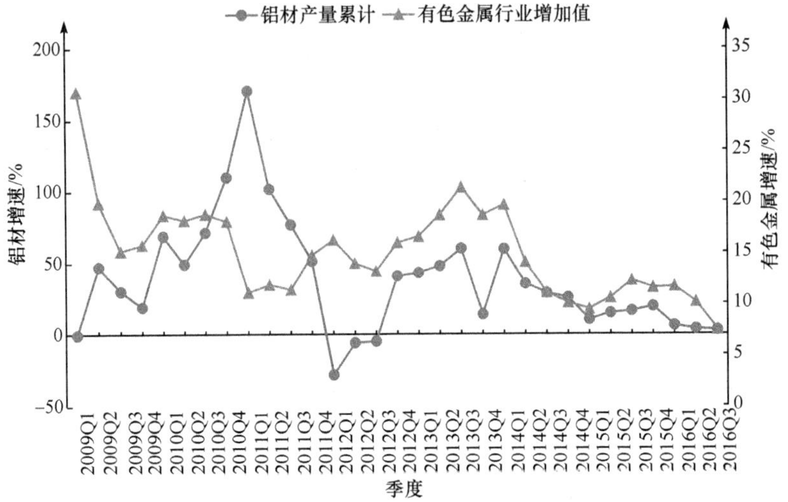

图 6.25　湖南省铝材产品产量与行业增加值增速对比图

上支撑了行业增加值保持中高速增长。

3. 后期行业经济电力关系判断

铝材及相关产品的深加工均需以原铝为原材料。原铝生产线的大范围关停可能会导致后续深加工产品的产量锐减,进一步影响行业增加值稳定增长。如图 6.26 所示,2011 年以来湖南省原铝产量和铝材产量之比低于 45.0%(2013 年一季度除外),且呈逐渐下降态势,截至 2016 年三季度该比重仅为 0.3%。该现象说明,湖南省用以深加工的铝产品并不完全依赖于本省原铝的生产,很大比重为废

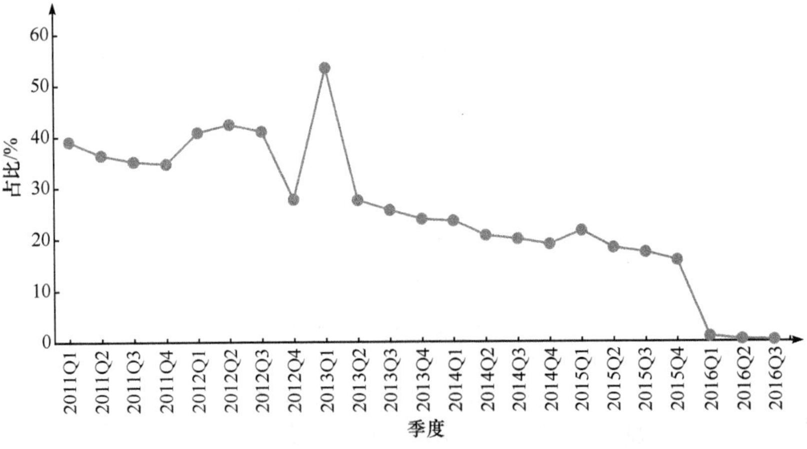

图 6.26　湖南省原铝(电解铝)产量在铝材产量中的比重

铝回收或者外部调入，即原铝生产线的关停对行业增加值的影响有限。因此，在行业下游需求和行业政策没有发生较大变化的情况下，行业增加值维持缓中趋稳态势的概率较大。

由前述分析已知，2016 年行业用电量增速锐减的主要原因是电解铝生产线的停产(创元铝业落后产能淘汰)。由于不存在复产可能，2017 年行业用电量将主要受行业其他产品正常生产活动的影响，有可能回归稳态增长状态，用电量与增加值增速的落差将有所缓和。

铝产品下游行业主要为家电行业、汽车制造、房地产业等。相关研究表明，"十二五"期间，我国汽车制造业铝材消费年复合增长率为 20.9%，铝合金型材、板带、铸件、锻件在汽车上的应用持续加大，且预计未来 10 年内全球市场对汽车铝板的需求量将大幅增加，年增长率将达到 30.0%。除汽车行业，当前房地产业仍发展较快，因此未来对深加工高端铝材产品的需求量相当可观，短期内湖南省有色金属行业增加值增速出现类似于用电量陡降的概率较小。

综上所述，受落后产能淘汰和行业产品结构优化升级的影响，有色金属冶炼及压延加工业用电量增速大幅低于行业增加值增速。落后产能的淘汰将使行业用电量难以重现两位数增长的状态，但是受低基数效应影响，2017 年行业用电增速高于 2016 年或成为大概率事件。同时，高附加值产品需求旺盛保证了行业增加值的平稳增长。因此，未来行业增加值增速高于用电量增速将成常态。

6.4.4 非金属矿物制品业用电特征分析

非金属矿物制品业用电量在湖南省四大高耗能行业用电量中位居前列，理清非金属行业经济、用电之间的关系有助于把握湖南省工业经济电力关系。

1. 非金属行业用电情况分析

观察湖南省非金属行业用电量占比情况(图 6.27)可知，2010 年以来，水泥用电量在非金属矿物制品业中的比重基本在 50%左右。同观水泥用电量对非金属矿物制品业用电量的拉动率情况，水泥用电量基本同方向拉动非金属矿物制品业用电变动。值得注意的是，2011 年和 2015 年，水泥用电量反向拉动非金属行矿物制品业用电量。2011 年湖南省电煤供应持续紧张，火力发电出力下降 30%以上，加之水电发电出力不足，全省电力供应出现严重短缺，从相关资料了解到，电力供应紧张时水泥负荷压至 1/3，严重压缩了水泥用电。2015 年，其他用电量拉动非金属矿物制品业用电量下降，下面结合产品产量及湖南工业大用户用电情况具体分析其他用电量下降带动非金属矿物制品业用电量下降的原因。

另一方面，对比非金属矿物制品业用电量与水泥用电量增速变化可知，除 2014 年，水泥用电量增速基本高于非金属矿物制品业用电量增速。初步推断这可

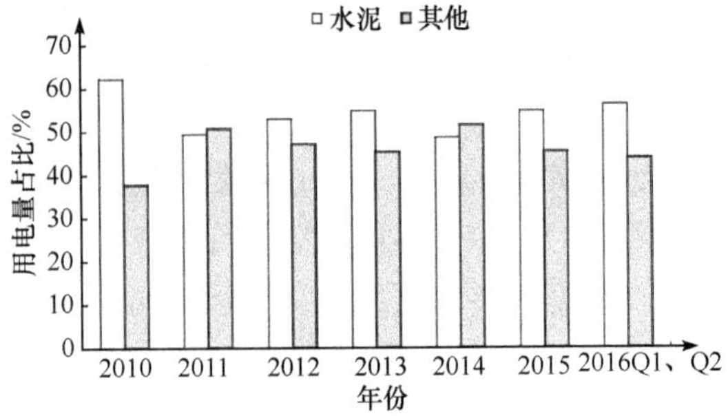

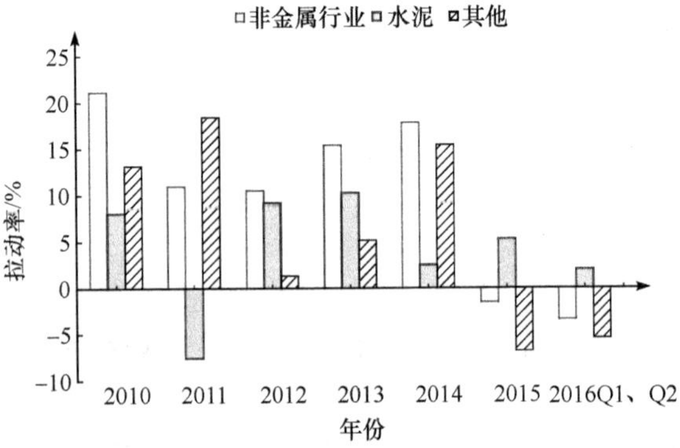

图 6.27　历年非金属行业用电结构及各子行业用电对非金属行业用电的拉动情况

能是由于除水泥产品，存在耗电较高或产量较大的其他非金属类产品，其产量大幅增长，进而拉动非金属矿物制品业用电量快速增长。根据湖南工业大用户用电(年用电量在 2000 万 kW·h 以上的用户)情况归类分析，2014 年大用户生产活动中，除水泥外，湖南硅产品生产相关企业生产用电增长较快，2014 年其用电增长 26.0%，直接拉动非金属矿物制品业大用户用电增速高于水泥生产用户用电。从 2015 年大用户用电情况来看，硅、玻璃、陶瓷等生产大户用电均大幅下降(表 6.2)，直接导致 2015 年非金属矿物制品业用电增速快速下降且低于水泥用电增速(图 6.28)。

表 6.2　非金属行业大用户用电情况归类分析(单位：亿 kW·h)

指标	2013 年	2014 年	2015 年	2014 年用电增速/%	2015 年用电增速/%
非金属行业	65.68	70.42	70.29	7.2	−0.2
水泥	53.27	56.11	59.84	5.3	6.6
硅	6.01	7.58	3.20	26.1	−57.8
石墨	0.27	0.19	0.19	−29.6	0.0
玻璃	0.24	0.24	0.01	0.0	−95.8

续表

指标	2013 年	2014 年	2015 年	2014 年用电增速/%	2015 年用电增速/%
陶瓷	3.61	3.80	3.19	5.3	−16.1
其他	2.27	2.27	2.17	0.0	−4.4

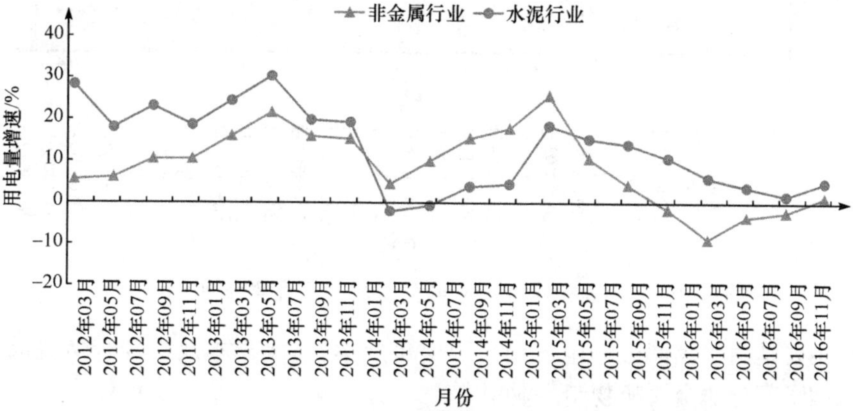

图 6.28　非金属行业用电量与水泥用电量季度累计增速对比图

综合上述两方面的分析，以及湖南非金属矿物制品业大用户用电情况可知，行业耗电大户仍主要集中在水泥生产企业。下面结合行业增加值、主要产品产量(水泥)对行业用电变化趋势进行综合分析。

2. 非金属行业用电量与行业经济指标分析

(1) 行业用电量与增加值关系分析

比较湖南省非金属矿物制品业增加值和用电量变化趋势发现，自 2014 年以来，湖南省非金属行业增加值增速和用电量增速变化基本不同步(图 6.29)。表面来看，这一现象难以理解。事实上，行业增加值与行业用电量的影响因素较多，同一因素可能对二者产生不同的影响。例如，产品结构的变化和产品间附加值的差异。因此，下面结合行业内主要产品进一步分析这一“矛盾”现象背后的原因。

(2) 行业用电量与主要产品产量关系分析

观察非金属行业用电量增速与水泥产量增速变化可知，除个别季度，行业用电量与水泥产量增长基本一致(图 6.30)。2011 年一季度至上半年，湖南省非金属行业用电量增速较 2010 年回落较大，主要是由于 2011 年 5～8 月湖南省电力供应紧张。2013～2015 年，非金属行业用电量增速基本高于水泥产量增速，2014 年二者之间差距最大，如前所述，除水泥外，2014 年硅产品生产用电快速增长拉动非金属矿物制品业用电量快速增长。2016 年，非金属行业用电量增速开始低于水泥产量

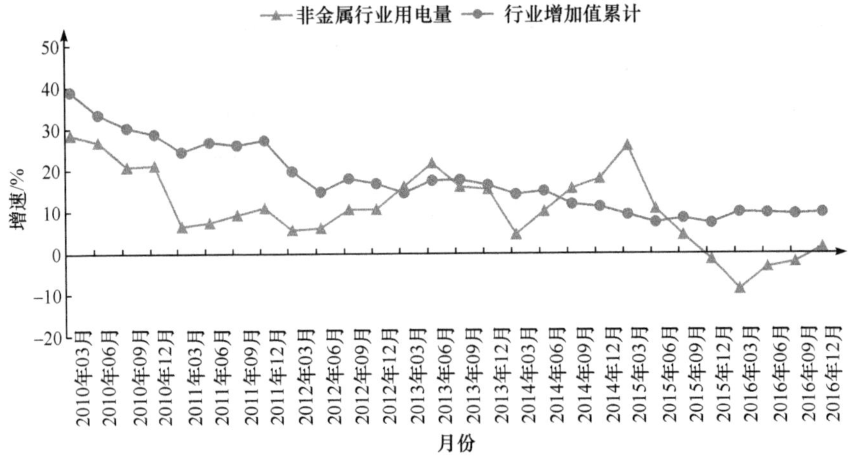

图 6.29 非金属行业用电量与行业增加值季度累计增速对比图

增速，主要是由于大部分硅生产用户因电价成本、环保成本及市场行情等因素停产，压缩了部分非金属矿物制品业用电。

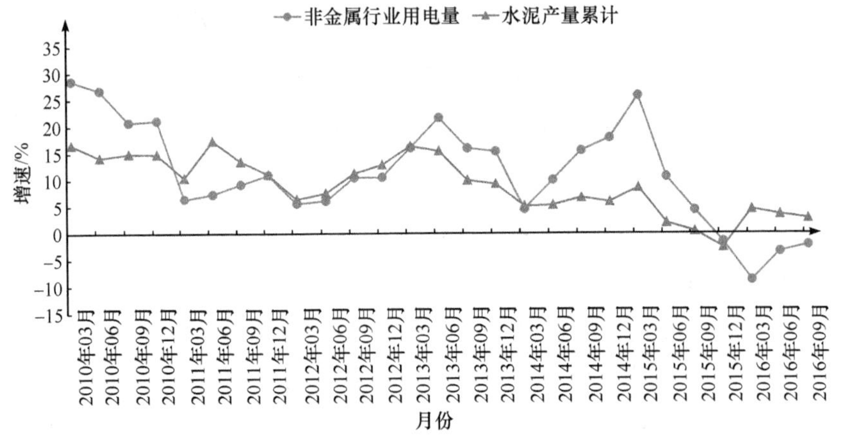

图 6.30 非金属行业用电量与水泥产量季度累计增速对比图

3. 后期行业经济电力关系判断

从上述分析可知，湖南省非金属矿物制品业仍以水泥生产为主，属于基础性行业。2016 年以来，下游房地产行业景气程度改善，2016 年湖南省房地产投资累计增长 13.1%，较 2015 年末(−9.4%)上升了 22.5 个百分点。从湖南省房地产投资与水泥产量增速历史情况来看，二者基本同向变动(图 6.31)。房地产开发投资回暖将带动非金属行业需求向好。但另一方面，水泥行业为湖南省未来去产能重点行业，企业消库存减产的可能性较大。此外，2015 年以来湖南省非金属矿物制品业硅类产品生产企业由于环保压力及电价成本等诸多因素，大部分企业停产。综合考虑多种因素的共同作用，预计非金属矿物制品业用电量短期持续低增长的可能性仍然较大。

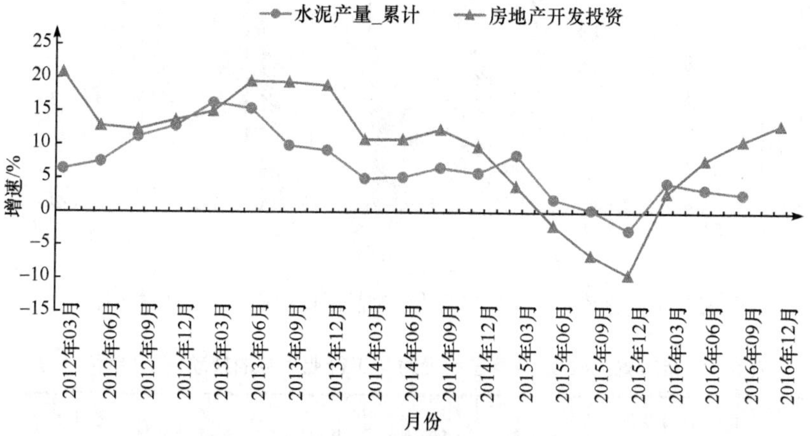

图 6.31　湖南省水泥产量与房地产开发投资增速对比图

但上述因素对行业增加值的影响较为有限，行业增加值可能依旧保持 2016 年以来 10%左右的增长水平。换言之，非金属矿物制品业经济电力关系将持续 2016 年以来的特征。

6.4.5　化学原料及化学制品制造业用电特征分析

1. 化工行业用电情况分析

化学原料及化学制品制造业作为四大高耗能行业之一，目前在湖南省仍然占据较为重要的地位。分析行业用电结构发现，氯碱工业和肥料制造是用电占比最高的两个子行业，合计占行业用电的比重达到 50%左右，2016 年氯碱工业用电量首次超过肥料制造。此外，轻工业用电包括民用烟花、鞭炮、日用化学产品制造等用电；其他用电包含农药制造、涂料、油墨、颜料及类似产品制造、合成材料制造等用电，其他用电占比基本在 40%～50%(图 6.32)。

进一步分析各子行业用电增速及对行业用电的拉动率情况可知，氯碱、肥料制造，以及其他用电决定了全行业用电变化趋势(图 6.33)。值得注意的是，2016 年轻工业、电石用电增速分别为－62.1%和－99.3%，导致化工行业用电增速下滑 8.6 个百分点。湖南省氯碱、肥料等子行业对化工行业用电的拉动情况如表 6.3 所示。

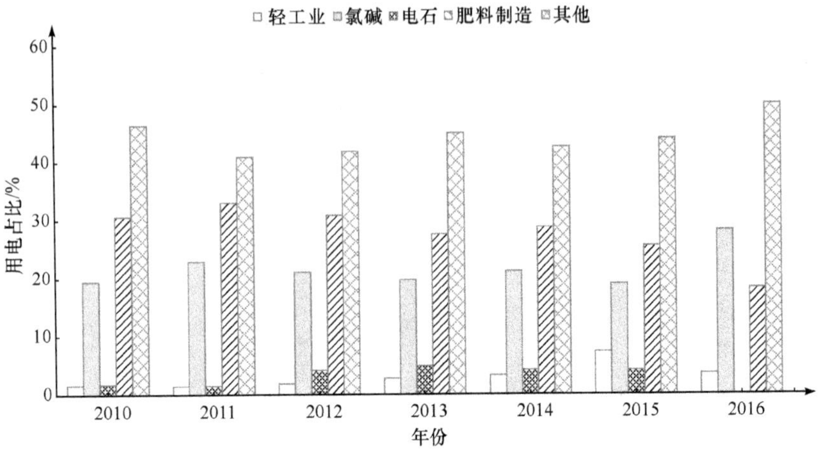

图 6.32 湖南省化学原料及化学制品制造业各子行业用电占比

表 6.3 湖南省氯碱、肥料等子行业对化工行业用电的拉动情况(单位:%)

指标	化学原料及化学制品制造业	轻工业	氯碱用电	电石用电	黄磷用电	肥料制造用电	其他用电
2010 年	5.23	−0.59	5.49	0.95	−0.25	−4.82	4.45
2011 年	1.88	−0.15	3.90	−0.22	0.02	3.03	−4.70
2012 年	3.46	0.47	−1.05	2.79	−0.004	−1.13	2.39
2013 年	8.47	1.14	0.28	1.12	−0.03	−0.95	6.91
2014 年	−5.56	0.28	0.29	−0.94	0.01	−0.41	−4.78
2015 年	−12.05	3.17	−4.53	−0.55	−0.02	−6.30	−3.83
2016 年	−22.17	−4.53	2.97	−4.08	−0.00	−11.38	−5.15

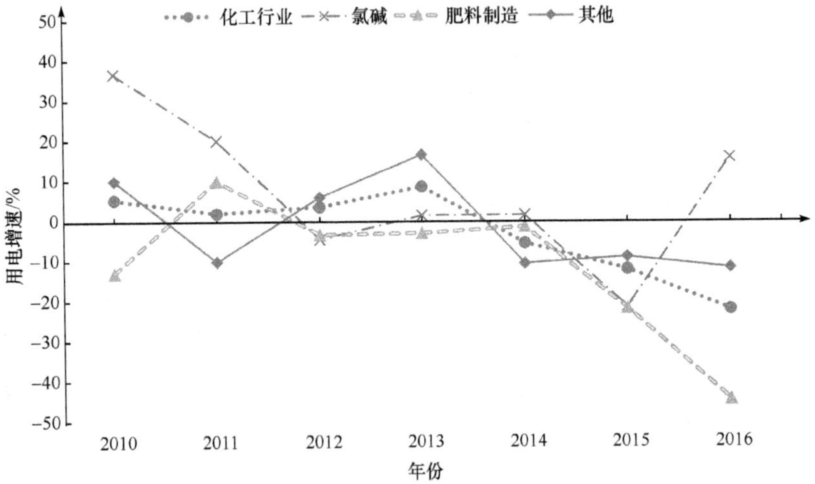

图 6.33 湖南省化学原料及化学制品制造业各子行业用电增速对比

2. 化工行业用电量与行业经济指标分析

下面结合化学原料及化学制品制造业增加值、主要产品产量等对行业用电量情况进行综合分析。

(1) 行业用电量与行业增加值

观察湖南省化学原料及化学制品制造业用电增速与增加值增速对比图(图 6.34)可知,2010 年以来行业增加值增速持续回落,但始终高于行业用电量增速。行业用电量 2011～2012 年为低增长水平,2013 年增长明显加快,2014 年至今基本呈现下降趋势,且与行业增加值增速之间的差距逐步扩大。基于对其他高耗能行业的分析,可以初步判断行业内部产品结构调整是导致出现这一现象的主要原因。

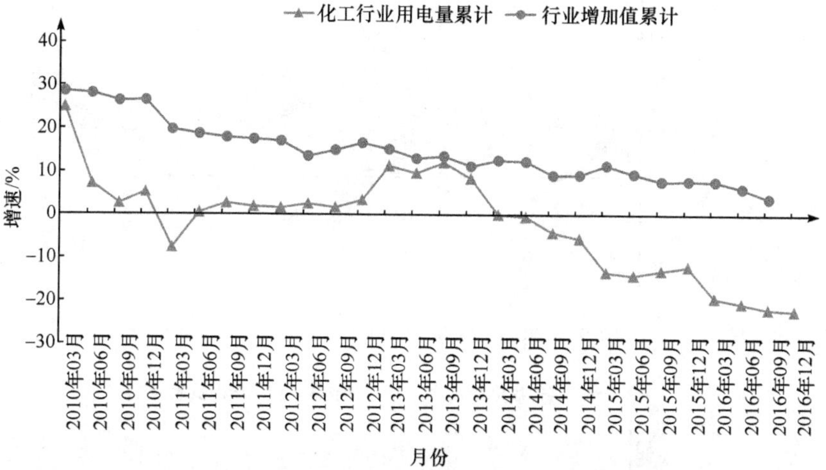

图 6.34 湖南省化学原料及化学制品制造业用电量增速与增加值增速对比

(2) 行业用电量与行业主要产品产量关系分析

氯碱工业中电解法生产烧碱的环节,以及用于制造氮肥的原料合成氨的生产环节均是高耗电生产环节。此外,化工行业其他用电子行业中,合成材料(初级形态塑料、合成橡胶、合成纤维单(聚合)体)是主要产品。因此,结合烧碱、合成氨,以及合成材料的产量对湖南省化学原料及化学制品制造业用电量进行分析(图 6.35)。

分产品看,具有以下特点。

① 2010 年以来,合成氨产量增速基本与肥料制造用电一致,2014 年合成氨产量降幅显著扩大,而肥料制造用电增速基本平稳。后期二者均呈不同程度下降。

② 烧碱产量增速大体上与氯碱工业用电量增速同向变动,2012 年烧碱产量

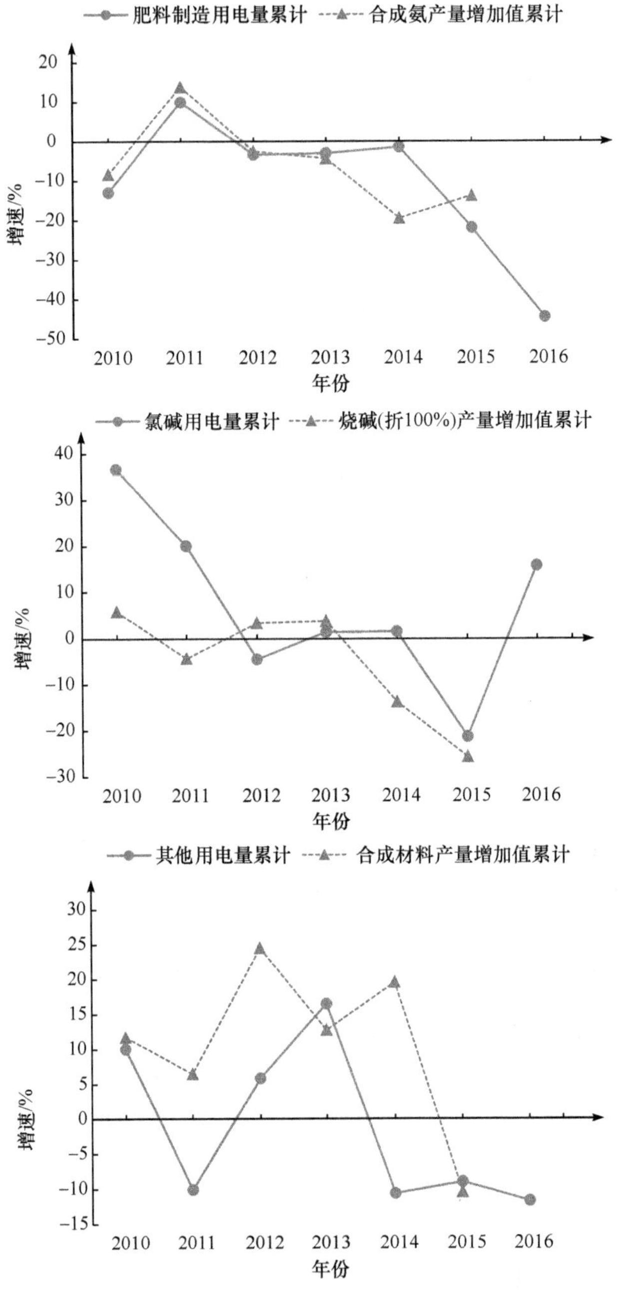

图 6.35　化工行业用电增速与相关产品产量增速对比图

较上年增长 3.3%,而氯碱工业用电较上年大幅下滑;2014 年烧碱产量较上年大幅下降,而氯碱工业用电基本与上年持平;2016 年前三季度,氯碱工业用电在低基数效应的影响下大幅增长。

③ 从其他行业用电与合成材料的增速对比可知，除 2014 年，合成材料产量与其他用电基本同向变动。2014 年合成材料产量同比增长 19.57%，其他行业用电却同比下降 10.62%。

综合各主要产品产量增速与子行业用电情况，“十二五”后期，化工行业主要耗电产品产量均呈负增长形势，子行业用电量同样下降幅度较大(2016 年前三季度氯碱行业除外)。这可能是由于化工行业产品结构调整，即减少高耗电产品的生产，加大对轻工业等低耗电或附加值较高产品的生产，但鉴于产品产量数据的限制，尚无法对此作更为深入的论述。

湖南省化学原料和化学制品制造业用电增速与烧碱产量增速基本匹配，特别是在 2015 年以前，湖南省化学原料和化学制品制造业用电量与烧碱产量增速基本同步。2015 年，烧碱产量与化工行业用电量增速之间差距变大，主要是 2015 年行业轻工业用电较快增长在一定程度上减缓了全行业用电下降程度。而湖南省氯碱行业用电增速由 2014 年的 1.44%下降为 2015 年的－21.36%，这与 2015 年烧碱产量增速的下滑基本对应(图 6.36)。

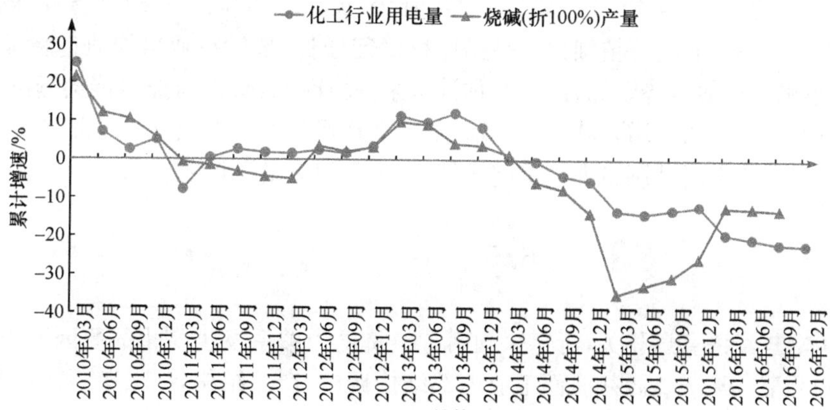

图 6.36　化工行业用电量与烧碱(折 100%)产量季度累计增速对比图

2016 年前三季度，烧碱产量增速与化工行业用电增速均为负，但烧碱产量增速略高于化工行业用电增速。分析 2016 年化工行业大用户用电情况可知，一部分企业由于市场行情不好停产或者迫于环保压力关停，且 2016 年一季度、上半年和前三季度单位烧碱生产综合能耗(隔膜法 30%)分别下降 10.5%、8.2%和 22.6%。上述事实体现了湖南化工行业“节能减排”政策的实施成效。

3. 后期行业经济电力关系判断

由于烧碱和合成氨的高耗电特性，湖南化学原料和化学制品制造业用电量主要受烧碱和合成氨产量的影响。后期化工行业用电量的走势可参考湖南省烧碱产量、合成氨产量的变动趋势。相关资料显示，2016 年湖南地区氯碱装置生产正常，下游需求表现平稳，整体成交较为温和，预计湖南省烧碱未来行情稳中小幅波动。另一方面，由湖南省化工行业大用户用电月报可知，多家生产合成氨、化肥等企业由于环保压力、市场行情、企业库存等诸多利空因素，皆相继停产或限产。此外，值得注意的是，2014 年化工行业烧碱、农用氮磷钾化学肥料总计的产能利用率分别为 72.6%和 50.9%。一般认为，产能利用率在 79%～83%属于产需合理配比，而产能利用率过低，会造成从业人员、生产设备等资源的闲置和成本的浪费，表现为产能过剩。可见，湖南化工行业去产能形势依然严峻。

鉴于烧碱和合成氨是两种重要的基础化工原料，并不是高附加值产品，行业增加值对其敏感程度不大，合成材料、专用化学品、精细化学品等附加值较高的行业则是影响化工行业增加值的主要因素。一方面，当前湖南合成材料生产状况低迷(2016 年一季度、上半年、前三季度产量同比增长－2.53%、－4.84%、－7.12%)；另一方面，涂料、油墨等精细化学品仍保持稳定增长，预计行业增加值仍将保持低增长、小幅波动的态势。综合来看，预计未来一段时间，烧碱行业可能会延续 2016 年前三季度产量的负增长状态，合成氨等相关产品生产难有改善。受此影响，湖南化学原料和化学制品制造业用电将延续 2016 年以来的下降趋势。

6.5　小　　结

用电与经济息息相关，近年来湖南省经济电力关系发生变化的原因不外乎产业结构调整、极端气温影响，而工业内部结构调整、产品结构优化、落后产能淘汰，以及“节能减排”系列政策实施等原因也是影响工业内部重点行业经济电力关系发生变化的主要原因。具体来说，主要体现在以下几个方面。

① 经济结构不断调整，工业内部结构持续优化。由上述分析可知，近年来湖南省第三产业增加值占比不断上升，同时湖南省产业结构调整政策不断深化，第三产业发展迅速。经济逐步向服务业主导型迈进，而第二产业和第三产业对用电的需求差异较大，必然会导致已有的湖南省经济、电力关系发生调整。

② 偶然极端气温的必然影响。随着第三产业的发展和居民生活水平的提高，第三产业用电量和居民生活用电量的占比在全社会用电中比重不断提高。气象因素对用电量的影响不断加大，但是异常气象因素导致的用电量增长，对经济增长的拉动作用甚小。

③ 改革成效的初步显现。从高耗能行业运行情况来看，湖南省重点行业去产能、去库存任务成效显著，特别是黑色金属冶炼及压延工业。另外，化学原料和化学制品制造业增长动力不足，“节能降耗”措施效果明显，使之拉动工业经济作用有限。当前湖南省有色金属冶炼和压延加工业持续发力，但化学原料和化学制品制造业增速回落明显，非金属矿物制品业运行平稳，黑色金属冶炼及压延加工业去产能、去库存短期不会变。

今年以来，在供给侧结构性改革深入推进和一系列稳增长、调结构、惠民生政策的作用下，湖南省工业经济运行继续保持基本平稳、稳中有进、稳中有好的发展态势。但持续向好的发展动力稍显不足，下阶段工业经济运行仍存在一定的不确定性。经济发展进入新阶段以来，重工业、高耗能产业、传统产业受产能过剩、市场需求不足影响发展大幅减速，对湖南省经济发展带来较大冲击。面对持续以来的经济下行压力，与此息息相关的用电情况同样不容乐观，预计未来短期时间内，湖南省经济、电力关系维持 2016 年初的形势不会变，工业及内部高耗能行业经济处在中低速增长、电力维持低增长，甚至负增长的局面将会持续。

第7章　湖南省GDP电耗下降的原因解析

7.1　研究背景

根据第2章的分析，湖南省单位GDP综合电耗呈总体下降的趋势。按2010年可比价计算，全省每亿元GDP综合电耗从2005年的809.6万kW·h下降至2016年的526.3万kW·h，累计下降35.0%，年均下降3.8%。已有的大量研究表明，导致单位GDP电耗大幅下降的原因是多方面的，如产业结构的合理性、能源的消费结构、技术进步，以及"节能减排"和"落后产能淘汰"等政策的实施等。不同的产业具有不同的电耗系数，产业结构的变动必然会带来单位GDP电耗的变动。

史丹认为我国能源利用效率改善的主要原因是经济体制、产业结构和对外开放程度，1995年之后产业结构变动实质上是在提高单位GDP能耗。林卫斌和苏剑的研究表明产业结构的变化是单位GDP电耗变化的重要因素，但不能完全解释单位GDP电耗的变化幅度。Stern和Cleveland则认为，近几十年来，世界范围特别是发达国家单位GDP能耗下降的主要原因是能源消费结构的变化，即清洁能源(如电力等)在能源消费结构中的比例不断上升。技术进步对于单位电耗强度的影响不容忽视，Garbaccio运用投入产出法对我国单位GDP能耗进行了研究，研究表明，我国单位GDP能耗下降的主要影响因素是各部门技术的改进。柴建、郭菊娥、席西民将技术进步对于单位GDP能耗的影响分为直接影响和间接影响(技术进步对产业结构产生影响，进而对单位GDP能耗产生影响)，研究结果发现，技术进步的直接作用和间接作用加总对单位GDP能耗的影响是正向的。王磊等在研究经济增长结构变迁对中国能源消费的影响时，通过构建各变量对能源消费之间的半参数广义可加模型，发现调整经济结构、改变能源供给结构、加快技术进步等均有助于降低中国人均能耗水平，同时通过第二产业比重对能源消费的建模分析发现经济结构调整需要有一定的限度。

相关研究已为单位GDP电耗的研究指明了潜在影响因素，有助于后人理解技术进步、产业结构变化，以及能源消费结构等因素对单位GDP电耗的影响。然而，现有研究仍存在较多值得深入的地方：一是相关研究多围绕能源消费，专门针对电力消费的研究不足；二是在电力消费和产业结构调整方面湖南省均有其独特性，国外或者全国的相关研究结论不能直接套用；三是简单地以第二产业增加值比重或者第三产业增加值比重描述产业结构的合理化程度存在一定的缺陷。例如，第三产业对第一产业的挤占与其对第二产业的挤占对单位 GDP 电耗的影响显然是不同的。为了更加合理地刻画产业结构调整对单位 GDP 电耗的影响，本章构造了新的泰尔指数来衡量湖南省产业结构变化的合理性，在此基础上运用广义可加模型研究技术进步、产业结构合理性，以及能源替代对湖南省单位 GDP 电耗的影响。

7.2　湖南省电力消费强度下降的原因解析

7.2.1　产业结构合理性

1. 湖南省泰尔指数计算

泰尔指数最初用于衡量个人或者地区间收入差距(或者称不平等度)，后被用于衡量产业结构的合理性，具体公式为

$$\mathrm{TL}=\sum_{i=1}^{3}\left(\frac{Y_i}{Y}\right)\times\ln\left(\frac{Y_i}{L_i}\Big/\frac{Y}{L}\right) \tag{7.1}$$

其中，TL 为泰尔指数；Y_i 为第 i 产业增加值；Y 为 GDP；L_i 为第 i 产业就业人口；L 为就业总人口。

泰尔指数通过各产业间单位劳动力的产出效率的均衡情况来衡量。如果三次产业单位劳动力产出率相同，则该数值也将是总的单位劳动力产出率，此时泰尔指数为零，劳动力在三次产业中的分配达到效率最大化，产业结构为最合理状态。该状态为理想状态，受实际发展情况的影响，在现实社会中，该状态基本不会出现，但是可以根据泰尔指数的变化态势反映产业结构的合理化程度，即泰尔指数不断降低的阶段，则为产业结构不断趋于合理化的过程。

图 7.1 给出了基于泰尔指数计算的湖南省泰尔指数与湖南省三次产业结构对比图。可以看出，近年来湖南省泰尔指数不断走低，揭示湖南省产业结构逐渐趋于合理化。但是，湖南省的实际产业结构并不是一直趋于合理化的，例如 2007 年第一产业增加值比重与第二产业增加值比重均有所提高，第三产业单位增加值比重有所下降，该年产业结构并未向合理化方向发展，但泰尔指数是下降的，两者出现了不一致现象。究其原因，我国就业人口的统计存在一定的模糊性，例如就业人口统计时假设农村户籍人口不存在失业，实际情况并非如此。另外，有一些劳动力很难界定为哪一产业的就业人数，例如一些农村劳动力会在各产业间游离等，因此基于劳动生产率来核算产业结构存在一定的缺陷。

2. 湖南省新泰尔指数构建

众所周知，我国经济发展较大程度上依赖于资本投入，即属于投资驱动型经济

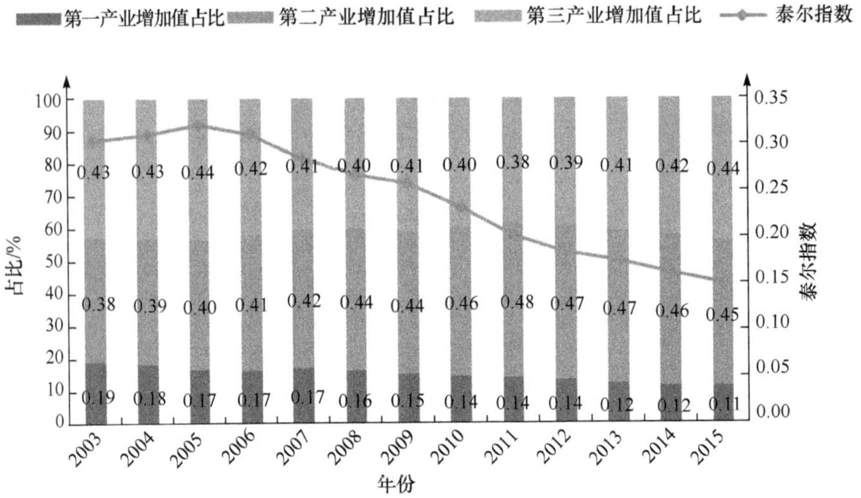

图 7.1　湖南省泰尔指数与三次产业结构对比图

增长方式。在该经济发展特征下,资本流向及资本的投入产出率较劳动流向和劳动产出率更能反映产业结构的变化趋势,因此如果将泰尔指数中的就业人数换成行业的固定资产投资,从而合成新的泰尔指数,对于产业结构的合理性衡量或许更加准确。下面使用资本产出率代替劳动产出率合成湖南省新的泰尔指数,并进一步研究其对湖南省产业结构合理性的衡量程度。

新泰尔指数合成公式为

$$\mathrm{NTL}=\sum_{i=1}^{3}\left(\frac{Y_i}{Y}\right)\times\ln\left(\frac{Y_i}{\mathrm{INV}_i}\Big/\frac{Y}{\mathrm{INV}}\right) \tag{7.2}$$

其中,NTL 为新泰尔指数;Y_i 为第 i 产业增加值;Y 为 GDP;INV_i 为第 i 产业固定资产投资;INV 为固定资产投资。

新泰尔指数与三次产业结构对比关系如图 7.2 所示。可以看出,新的泰尔指数虽然也呈不断下降态势,但是期间存在波动,且与湖南省三次产业结构变化趋势基本一致:2007～2008 年新泰尔指数上升。近年来,随着第一产业增加值占比不断降低、第三产业增加值占比逐渐提升,三次产业结构逐渐趋于合理化,新泰尔指数亦呈下降趋势。新泰尔指数较泰尔指数更加准确地刻画了产业结构的合理化程度。以此指标作为衡量产业结构变化的指标较简单使用第二产业增加值比重更加全面合理。

7.2.2　能源替代

除产业结构变化,不同能源之间的替代性也在一定程度上影响着单位 GDP 电耗的变化。近年来,经济可持续发展对于能源清洁度的要求不断提高,加强了清洁

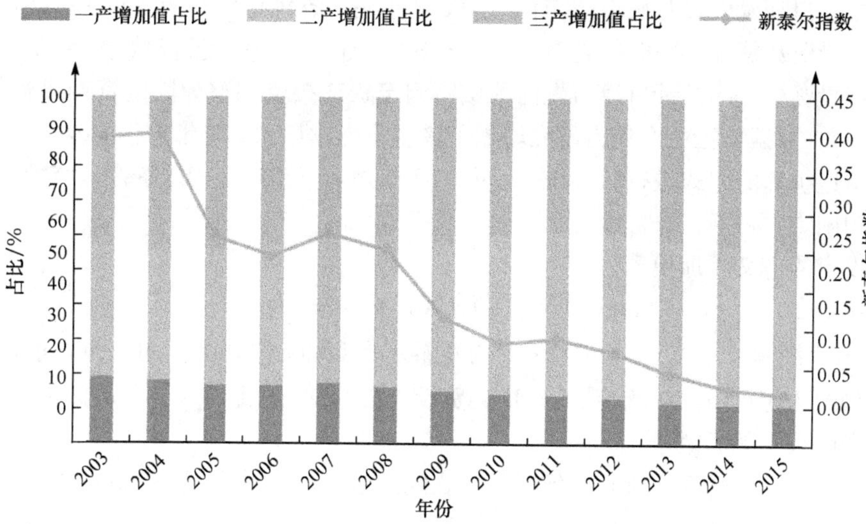

图 7.2　新泰尔指数与三次产业结构对比图

能源对传统能源的替代，例如新能源发电比重上升、燃气出租车使用范围扩大，以及电动汽车的发展均在一定程度上改变着能源消费结构。而能源消费结构中的电力消费比重会影响单位 GDP 电耗。因此，我们将全社会用电量在能源消费中的比重引入模型，考虑其对单位 GDP 电耗的影响机制及影响程度。

7.2.3　技术进步

已有研究表明，技术进步是影响单位增加值电耗的重要因素之一，而技术进步衡量指标的选择并不统一。研究与试验发展活动指在科学技术领域，为增加知识总量，以及运用这些知识去创造新的应用而进行的系统的创造性活动。该指标在一定程度上来讲是科技进步的物质基础和重要前提。R&D 经费占 GDP 的比重是一个国家或城市创新实力和潜力的标志。下面选择 R&D 经费占 GDP 的比重衡量湖南省技术进步，考虑其对湖南省用电强度的影响程度。

7.3　影响湖南省电力消费强度的主要因素

7.3.1　构建半参广义可加模型

以湖南省单位 GDP 电耗为被解释变量，构建新泰尔指数、全社会用电量在能源消费总量中的占比、R&D 经费在 GDP 中的比重为解释变量构建广义可加模型。样本期选为 2003～2015 年，之所以选择以 2003 年为起始年，是因为我国经济数据统计口径发生过几次重要变化，如 2003 年湖南省统计局开始发布三次产业固定资产投资数据，而 2003 年之前并不发布三次产业固定资产投资数据；2011 年固定资产投资(月度)统计口径由先前的城镇固定资产投资调整为固定资产投资(不含农户)。数据口径的变化为研究增添了诸多障碍，对于 2011 年口径的变化，可以通过增速折算的方式进行口径统一，而 2003 年之前三次产业固定资产投资数据恢复较为困难。

设定的广义可加模型为

$$\log(y)=s(x_1)+s(x_2)+s(x_3)+\varepsilon \tag{7.3}$$

其中，y 为湖南省单位 GDP 电耗；x_1 为新泰尔指数；x_2 为湖南省用电量在能源消费总量中的比重；x_3 为湖南省 R&D 经费投入占 GDP 的比重；$s()$ 为定义在 R^2 上的光滑函数；ε 为扰动项。

由图 7.3 中解释变量与被解释变量之间的散点可以看出，单位 GDP 电耗与新

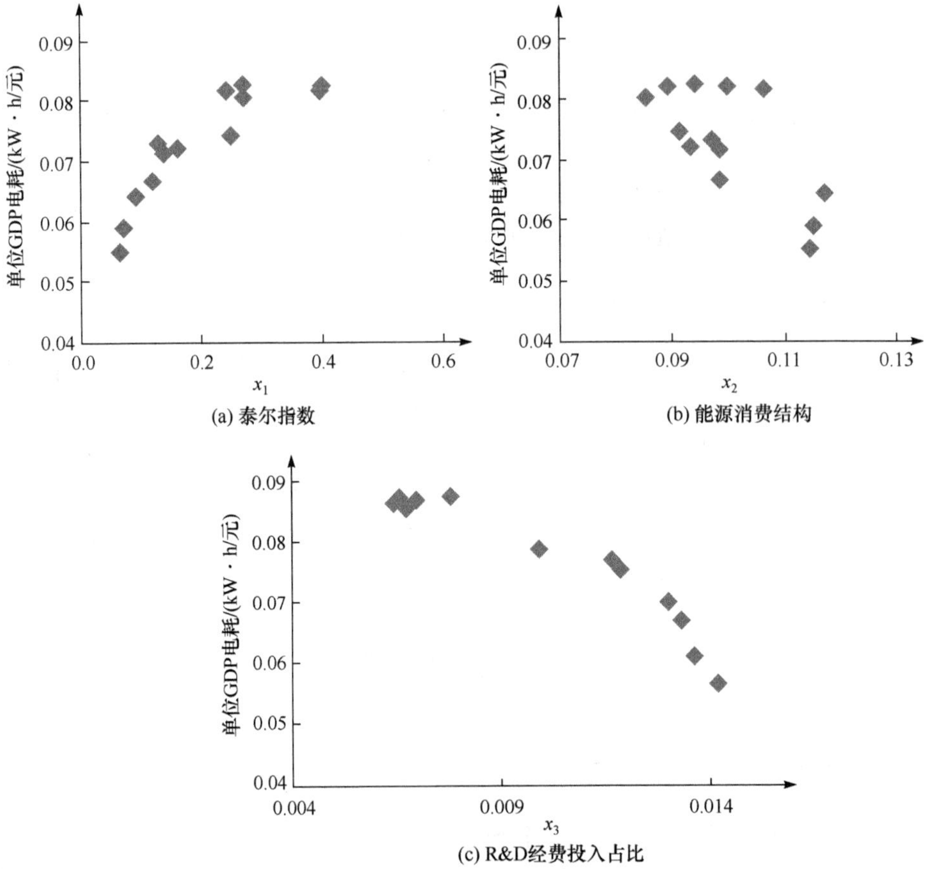

图 7.3　因变量与自变量散点图

泰尔指数和用电量在能源消费中的比重之间的线性关系不明确，为减少模型的设定误差，假定新泰尔指数、用电量比重与单位 GDP 电耗之间呈非参数关系。

7.3.2　模型实证结果研究

采用 R 软件对设定的广义可加模型进行实证分析，运行结果如表 7.1 和表 7.2 所示。

表 7.1　模型估计结果

指标	估计值	指标	估计值
拟合优度 R^2	0.981	方差解释	0.990
GCV 值	0.000698	Scale 估计值	0.00034

从表 7.2 中的模型运行结果可以看出，能源消费结构无法通过 5%的显著水平，即用电量在能源消费中的比重对单位 GDP 电耗的影响是不显著的，其主要原因是虽然能源之间具备一定的替代性，但是替代性并不强，如电力对于油品的替代仅体现在交通运输业，而电力汽车发展仍处于起步阶段。因此，电力消费在能源消费中的比重变化并不明显，其对单位 GDP 电耗的影响不显著。从模型中剔除该变量后，模型运行结果如表 7.3 和表 7.4 所示。

表 7.2　模型非参数部分估计结果

指标	edf	Ref. df	F 值	P 值
新泰尔指数(x_1)	2.791	2.943	7.722	0.02374*
能源消费结构(x_2)	1.375	1.594	1.279	0.24323**
R&D 经费投入比重(x_3)	1.515	1.736	18.115	0.00375***

注：***、**、*分别代表 0.1%、1%和 5%的显著性水平，下同。

表 7.3　剔除能源消费结构后的模型运行结果

指标	估计值	指标	估计值
拟合优度 R^2	0.974	方差解释	0.984
GCV 值	0.00078	Scale 估计值	0.00046

表 7.4　后退法模型运行结果

指标	edf	Ref. df	F 值	P 值
新泰尔指数(x_1)	2.775	2.942	5.423	0.04266*
R&D 经费投入比重(x_2)	1.659	1.857	11.385	0.00713**

剔除能源消费结构变量之后，模型 R^2 高达 0.974，拟合效果较好；GCV 值接近于 0，方差解释程度高达 0.984，说明新泰尔指数与 R&D 经费投入在较大程度

上可以解释湖南省单位 GDP 电耗的变化。

表 7.4 显示，模型中衡量产业结构合理性的指标——新泰尔指数的自由度估计值为 2.942；解释变量新泰尔指数与 R&D 经费投入比重均可以通过 5%的显著性水平检验，即两解释变量对单位 GDP 电耗的影响显著。

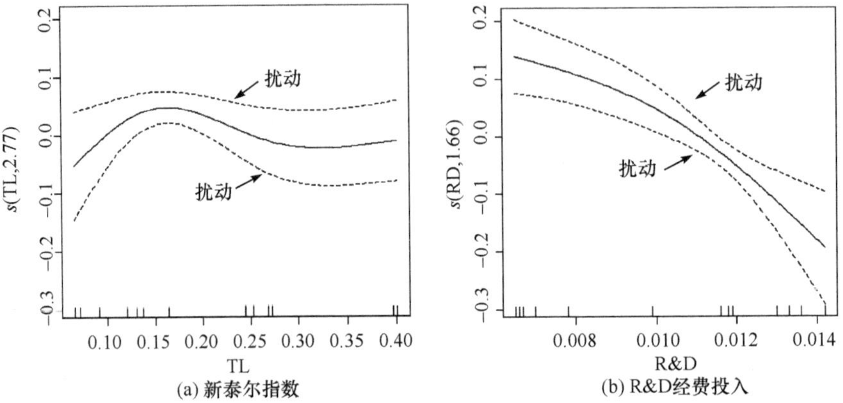

图 7.4　整体方程的非参部分图形

由图 7.4(a)可以看出，新泰尔指数的残差拟合图具有双拐点，分别在 0.15 和 0.3 附近，说明期间产业结构的合理化对单位 GDP 电耗的影响机制发生了变化。

新泰尔指数值 $x_1 \geqslant 0.3$ 时，残差拟合曲线向右上方倾斜。该曲线表明，新泰尔指数越小，单位 GDP 电耗越低，即在产业发展的初级阶段，产业结构趋于合理化的过程会降低单位 GDP 电耗，该阶段对应于 2005 年之前，第三产业与第二产业轻工业对重工业的挤占导致的单位 GDP 电耗的下降，即产业结构不断合理化的同时，降低了单位 GDP 电耗。但是，该轮产业结构调整并没有涉及根本，经济增长的需要使得高耗能行业，以及落后的产能在当时并没有被列为产业结构优化的范围，因此产业结构趋于合理化时，单位 GDP 电耗的下降并不明显。

新泰尔指数值 $0.15 \leqslant x_1 \leqslant 0.3$ 时，新泰尔指数残差曲线向右下倾斜。该曲线表明，产业结构趋于合理化时(泰尔指数变小)，单位 GDP 电耗是增大的，即该阶段产业结构调整并不会降低单位 GDP 电耗。进一步分析湖南省该阶段的产业结构也可以发现，2006～2011 年湖南省第二产业增加值比重处于上升趋势，且除了 2008 年，重工业增加值增速也高于轻工业，因此产业结构趋于合理化时，单位 GDP 电耗不但没有下降，反而呈上升趋势。

新泰尔指数值 $x_1 \leqslant 0.15$ 时，泰尔指数残差曲线向右上方倾斜，且曲线的斜率较新泰尔指数大于 0.3 时更为陡峭，即该阶段产业结构趋于合理化的同时，单位 GDP 电耗下降的幅度较前期大。泰尔指数小于 0.15 对应于湖南省的 2011～2015 年，该阶段产业结构的合理化不仅仅表现为第三产业增加值比重的提高和第二产业增加值比重的下降，还表现为第二产业内部结构升级，如工业内部高耗能行业落后产能的大幅淘汰与产品结构升级等，因此该期间随着产业结构的合理化，单位 GDP 电耗有更大幅度的下降。

由 R&D 经费投入比重的残差拟合图 7.4(b)可以看出，技术进步对单位 GDP 电耗始终是反向拉动效应，即随着 R&D 经费投入比重的增加，单位 GDP 电耗始终处于下降阶段，且当 R&D 经费投入比重超过 0.012 时，单位 GDP 电耗的下降幅度更大。技术进步可以通过更新生产设备、提高劳动生产率和优化产业结构等多种途径降低电力消费、提高产出，从而降低单位 GDP 电耗，且随着技术进步的累积，其对单位 GDP 电耗下降的贡献更大。

7.4 小 结

在已有研究的基础上，通过改进产业结构合理化的衡量指标泰尔指数计算的方法，进一步研究了湖南省产业结构合理性、能源消费结构和技术进步对单位 GDP 电耗的影响程度，以及影响机制。通过定性与定量分析得出以下结论。

① 新泰尔指数相比泰尔指数，更加适合衡量湖南省产业结构合理化。计算结果表明，泰尔指数并不能真实地反映湖南省产业结构的合理化程度，劳动产出率换为单位投资产出率后的新泰尔指数则可以较好地衡量湖南省产业结构合理化程度。因此，可以将该指标用于分析单位 GDP 电耗的影响因素。

② 产业结构合理化对单位 GDP 电耗影响显著，但二者间不是单调变化关系。研究发现，随着产业发展过程中对工业尤其是重工业政策的调整，三次产业结构的合理化并不一定能够降低单位 GDP 电耗，但工业内部结构优化可以在较大程度上降低单位 GDP 电耗。因此，产业结构升级不能仅限于三次产业结构调整，还需进一步优化工业内部结构。

③ 能源替代对湖南省单位 GDP 电耗的影响并不显著。受限于电能利用技术的进展和能源消费政策导向作用的发挥，湖南省用电量在能源需求总量中的比重变化并不明显。

④ 技术进步对降低湖南省单位 GDP 电耗具有显著持续的影响。长期来看，加大 R&D 经费投入力度以推动技术进步是降低单位 GDP 电耗行之有效的方法。

第8章 湖南与中东部10个省份工业全要素能源利用效率比较研究

8.1 研 究 背 景

我国经济近30年高速发展带来丰硕现代化建设成果的同时也积累了能源经济发展不协调、环境污染等问题。根据国际能源署公布数据，我国于2006年开始超越美国成为第一大碳排放国，节能减排压力与日俱增。在能源紧缺、环境压力、经济新常态等多重约束与挑战下，“低碳经济”成为经济能源发展的主旋律之一。本章基于低碳经济视角，研究省域工业在能源、资本、劳动力及碳排放约束下的全要素能源效率，对湖南和中部十个省份的工业全要素能源效率水平进行比较研究，并评估影响能源效率的主要因素。

工业是主要的能源消费部门，其能源利用效率研究对工业经济发展具备现实指导意义，部分学者从行业层面对工业能源效率展开研究。何晓萍以1994～2008年36个工业行业的面板数据，建立了一个关于能源过度投入的随机前沿模型(SFA)，分析结果显示企业规模扩大有利于能源效率提高，并测算出1994～2008年全部工业平均效率约为0.76，其中效率最低的5个行业属典型高耗能行业。孙传旺通过随机前沿模型同样得出了高耗能行业最具节能潜力的结论。另一些学者则从区域层面探讨能源效率。史丹研究了中国东、中、西部地区在能源效率趋同条件下的节能潜力，并基于我国经济发展水平与发达国家的差距提出国内区域间能源效率差距才是可能实现的节能潜力。王志平运用随机前沿模型测算我国各区域生产效率，得到东部高、中部次之、西部最低的结论。还有部分学者将研究热点扩展。胡鞍钢和郑京海等将环境因素引入DEA(数据包络分析)模型，研究能源效率问题。张志辉则认为即使是国内，区域间也可能因资源禀赋、制度环境、产业结构不同造成生产技术水平的差异，进而造成测算的节能潜力失效，因此引入Bootstrap-DEA方法研究能源利用效率，并深入分析区域能源效率影响因素。

本书选取东部与中部十省(湖南、湖北、江西、浙江、安徽、江苏、河南、山东、福建、广东)，研究省域工业全要素能源效率。未将上海、北京等直辖市纳入区域集是出于省级直辖市在产业结构及未来产业发展方向与省域之间存在差异的考虑，并且所选省份虽然经济发展水平各有差异，但是均处于经济发展水平最为接近的东部或中部地区，且地理位置毗邻、交通基础设施相对完善，政策与技术等辐射障碍较小。区域集的选择遵循已有的研究成果，在一定程度上规避了如地理位置、经济发展水平等外部因素将引起的生产技术异质性。

考虑区域间自然资源禀赋差异，如电力生产中对可再生能源消费比例的不同将影响以能源作为投入、以总产值作为产出并考虑碳排放非期望产出的全要素能源效率测度结果。本书只研究终端工业，将能源加工转换行业的总产值从工业总产值中剔除作为产出，以终端工业能源消费作为投入。

8.2　工业部门全要素能源利用效率测算模型

采用考虑非期望产出的 DEA 模型测度中国东部、中部典型省域全要素能源效率，并基于面板数据通过 Tobit 模型分析区域全要素能源效率影响因素，以确定性影响因素作为外部条件衡量区域生产技术的异质性。

8.2.1　考虑节能减排因素的效率测算模型

Charnes 等提出 DEA 方法的基础模型——CRS 模型。模型通过对投入、产出数据的包络分析，确定最为有效的决策单元，作为该集合中的生产前沿面，各决策单元到生产前沿的距离，也就是各决策单元的技术效率，即

$$
\begin{aligned}
&\min \theta \\
&\text{s.t.} \sum_{j=1}^{n} x_{i,j}\mu_j + s_i^- = \theta x_0, \quad i = 1,2,\cdots,m \\
&\sum_{j=1}^{n} y_{k,j}\mu_j - s_k^- = y_0, \quad k = 1,2,\cdots,r \\
&\mu_j \geqslant 0, \quad j = 1,2,\cdots,n \\
&s_i^- \geqslant 0, \quad s_k^- \geqslant 0
\end{aligned}
\tag{8.1}
$$

其中，θ 表示决策单元 DMU_0 的效率值，DMU_0 的投入与产出，即 $x_{i,0}$、$y_{k,0}$；μ 表示各 DMU 的组合比例；n 为决策单元的数量；m 和 r 分别表示投入与产出的变量个数；s_i^- 与 s_k^- 均为松弛变量，分别表示投入超量和产出亏量；$\theta<1$，表明决策单元非有效，可以认为该 DMU 的生产内容能够以一比例组合分配给其他 DMU 生产，而这一组合能够以更少的投入得到等量的产出，即该 DMU 无效，需要改进；$\theta=1$ 并且同时满足 $s_i^-=0$ 与 $s_k^-=0$，则决策单元有效并达到最佳生产前沿面，如果 $s_i^-=0$ 与 $s_k^-=0$ 不能同时满足，那么该决策单元为弱有效。

这里研究的模型除期望产出工业总产值，还考虑了非期望产出碳排放，上述问题则转化为一个双目标规划问题，而式(8.1)条件下的双目标规划问题一般无法得到一个确定解。考虑决策者对于期望产出与非期望产出通常保有不同的重视程度，假设期望产出与非期望产出中各项指标的重要性程度均可量化体现，那么双目

标规划问题则能够通过赋予权重的方式转化为一个加权目标函数，由此将双目标规划模型简化成为求解单目标规划的模型，即

$$
\begin{aligned}
&\min \lambda_1\theta + \lambda_2\beta \\
\text{s. t. } &\sum_{j=1}^{n} x_{i,j}\mu_j + s_i^- = \theta x_0, \quad i = 1,2,\cdots,m \\
&\sum_{j=1}^{n} y_{k,j}\mu_j - s_k^- = y_0, \quad k = 1,2,\cdots,r \\
&\sum_{j=1}^{n} z_{t,j}\mu_j + s_t^- = \beta z_0, \quad t = 1,2,\cdots,l \\
&\mu_j \geqslant 0, \quad j = 1,2,\cdots,n \\
&s_i^- \geqslant 0, \quad s_k^- \geqslant 0, \quad s_t^- \geqslant 0
\end{aligned}
\tag{8.2}
$$

式(8.2)较式(8.1)多了一项非期望产出的条件方程，非期望产出以向量 z 表示，目标函数通过添加期望产出与非期望产出的加权比例 λ_1 和 λ_2 将双目标规划简化为单目标规划。需要注意的是，式(8.2)中加权比例 λ_1 和 λ_2 的给定具有一定的主观性。

8.2.2 影响能源利用效率的因素分析

在研究全要素能源效率影响因素分析中采用 Tobit 模型对十省域全要素能源效率及其可能的影响因素构成的面板数据进行相关性分析。Tobit 模型由 Tobin 提出，能够解决受限因变量或截尾数据的模型构建问题，是典型的一种因变量受限回归模型。模型表达式为

$$
Y=\begin{cases} Y^* = \alpha + \beta X + \varepsilon, & Y^* > 0 \\ 0, & Y^* \leqslant 0 \end{cases}
\tag{8.3}
$$

其中，Y 为截断因变量向量；X 为自变量向量；α 为截距项向量；β 为回归参数向量；扰动项 ε 服从均值为零的正态分布。

DEA 模型测算的效率值是大于 0 的离散数值，在 Tobit 回归分析中作为因变量，属于截断的离散分布数据，而因变量的离散或部分连续特性将导致 OLS 估计的 Tobit 模型分析结果出现偏差，因此 DEA 测算的全要素能源效率相关因子分析适用于采用 ML 估计的 Tobit 回归分析。

8.3　全要素能源利用效率评价指标

研究选取指标主要为中国东部、中部十省域的能源投入、固定资产投资、就业人口与工业产出。

8.3.1 工业部门能源主要投入产出指标

1. 能源投入

能源投入数据的选取一方面考虑区域能源消费总量的公布口径不一，另一方面出于碳排放研究需求，需要更为具体的分能源品种消费数据，因此研究选用的能源数据均采用历年《中国能源统计年鉴》中的分省能源平衡表。

根据分能源品种消费量、各类能源折标系数与碳排放系数估算区域能源消费总量及碳排放总量。能源消费总量计算公式为

$$E_t = \sum_{i=1}^{n} M_t^i \beta^i \tag{8.4}$$

其中，E_t 为能源消费总量；M_t^i 和 β^i 分别为第 i 种能源消费量与折标系数，研究所用的能源消费量数据均剔除作为原材料投入的部分。

2. 资本投入

选择固定资产投资作为资本投入，相关数据来源国家统计局分省年度数据统计，为匹配工业终端能源消耗与工业终端总产值，固定资产投资也剔除了电力热力生产及供应行业的部分。此外，为剔除价格因素，研究将固定资产投资根据当年固定资产投资价格指数折算成2010年可比价。

3. 劳动力投入

选择城镇单位就业人员与城镇私营及个体就业人员的总和作为劳动力投入，相关数据来源国家统计局，为匹配工业终端能源消耗与工业终端总产值，就业人员也剔除了电力热力生产及供应行业的就业人数。

4. 工业产出

工业产出数据则出于历年《中国工业统计年鉴》的分省工业统计数据。对应终端工业能源需求，总产出需要从工业总产值中剔除能源加工转换行业，即

$$\mathrm{FI}_t = I_t - \sum_{i=1}^{n} T_t^i \tag{8.5}$$

其中，FI_t 为终端工业总产值；I_t 为工业总产值；T_t^i 为第 i 个能源加工转换行业总产值；n 为能源加工转换行业个数，包括电力、热力生产行业与石油加工及炼焦行业。

此外，这里研究以区域工业出厂价格指数将终端工业总产值转换为2010年可比价，尽可能地使能效计算结果更贴近真实情况。

5. 碳排放总量

将终端消费能源分为原煤、焦炭、油品及天然气，根据其碳排放系数估算碳排放总量，即

$$C_t = \sum_{i=1}^{n} M_t^i \delta^i \tag{8.6}$$

其中，C_t 为碳排放总量；M_t^i 和 δ^i 分别为第 i 种能源消费量和碳排放系数，碳排放系数资料来源《综合能耗计算通则》(GB/T2589—2008)与《关于印发省级温室气体清单编制指南(试行)的通知》(发改办气候〔2011〕1041 号)。

8.3.2 影响能源利用效率的主要因素

研究考虑的省域工业全要素能源效率影响因素包括出口贸易依存度、高耗能工业集中度、高附加值工业集中度、能源消费结构。

1. 出口贸易依存度

选取出口贸易依存度作为区域对外贸易水平的考量，出口贸易依存度计算公式为

$$L_t = \frac{E_t}{\mathrm{GDP}_t} \tag{8.7}$$

其中，L_t 为出口贸易依存度；E_t 为出口贸易总额；GDP_t 为区域生产总值。

出口贸易依存度在一定程度上是区域对外贸易水平的反映，其受地理位置影响显著，对区域经济发展、产业结构，以及行业结构的升级都有着不可忽视的影响，从而进一步影响区域资本、劳动力，以及能源投入与产出的关系。

2. 高耗能工业集中度

高耗能工业集中度，即四大高耗能行业总产值占工业总产值的比重为

$$M_t = \sum_{i=1}^{n} g_t^i / I_t \tag{8.8}$$

其中，M_t 为高耗能工业集中度；g_t^i 为第 i 个高耗能行业总产值，这里研究的高耗能行业为全国四大高耗能行业[①]；I_t 为工业总产值。

传统四大高耗能行业具有能源高消耗、产品附加值低的特性。高耗能行业集中度高将有降低区域投入产出回报率的可能，且四大高耗能行业对于煤炭需求较

① 四大高耗能行业包括黑色金属冶炼及压延加工业、有色金属冶炼及压延加工业、非金属矿物制品业、化学原料及化学制品制造业。

高，其能源消费结构也将对区域工业的能源消费结构产生影响。

3. 高附加值工业集中度

高附加值工业集中度即高附加值行业总产值占工业总产值的比重，这里选取医药制造业、通用设备制造业、计算机电子设备及通信业、仪器仪表制造业作为高附加值行业代表，计算区域高附加值行业集中度，即

$$N_t = \sum_{i=1}^{n} f_t^i / I_t \tag{8.9}$$

其中，N_t 为高附加值行业集中度；f_t^i 为第 i 个高附加值行业总产值；I_t 为工业生产总值。

高附加值工业集中度与区域对外贸易水平、外资引进水平、区域地理位置、高新技术人力资源积累密切关联。

4. 能源消费结构

DEA 数据包络分析模型考虑了以碳排放作为非期望产出，而区域能源消费结构主要是煤炭消费将对碳排放产生一定影响。这里选取煤炭占能源消费总量的比重作为区域能源消费结构的反映，分析其对区域环境效率的影响。由于工业终端能源消费包含多类煤炭能源产品，因此在计算煤炭能源占比时需结合各类能源的折标系数，将煤炭类的能源进行合计并计算其与能源消费总量的比例，即

$$\mathrm{CP}_t = \sum_{i=1}^{n} C_i \beta_i / E_t \tag{8.10}$$

其中，CP_t 为煤炭能源占能源消费总量的比重；C_i 为第 i 种煤炭类能源；β_i 为第 i 种煤炭类能源的折标系数；E_t 为能源消费总量。

8.4　节能减排环境下中东部省份能源利用效率测算

基于非期望产出 DEA 模型测算 2008～2014 年十省共同前沿全要素能源效率，观察区域之间的效率差异的同时分析环境效率随时间推移的变化，计算结果如表 8.1 所示。

表 8.1　东部、中部 10 省环境效率测算结果

年份	2008	2009	2010	2011	2012	2013	2014
湖南	0.41	0.45	0.51	0.63	0.59	0.61	0.62
湖北	0.37	0.40	0.41	0.43	0.51	0.61	0.64
江西	0.42	0.51	0.47	0.50	0.58	0.63	0.69

续表

年份	2008	2009	2010	2011	2012	2013	2014
安徽	0.38	0.45	0.47	0.59	0.59	0.60	0.65
河南	0.58	0.52	0.54	0.61	0.59	0.62	0.70
中部 5 省平均值	0.43	0.47	0.48	0.55	0.57	0.61	0.66
浙江	0.69	1.00	1.00	0.68	1.00	0.77	0.75
江苏	1.00	1.00	1.00	1.00	1.00	1.00	1.00
山东	1.00	1.00	1.00	1.00	1.00	1.00	1.00
福建	0.46	0.47	0.48	0.52	0.55	0.68	0.71
广东	1.00	1.00	1.00	1.00	1.00	1.00	1.00
东部 5 省平均值	0.83	0.89	0.90	0.84	0.91	0.89	0.89

从十省共同前沿全要素能源效率测算结果来看，所选东部 5 省的平均全要素能源效率显著高于中部 5 省全要素能源效率；东部江苏、广东、山东均处于技术前沿，浙江保持显著高于中部水平的全要素能源效率，而福建则与中部 5 省接近；在中部 5 省中，除河南环境效率稍高，其他省区环境效率均处于较低的水平。从区域截面看，大部分省域全要素能源效率呈现一定幅度的增长(除长期位于技术前沿的省域)，并且整体上看，东部、中部环境效率差距逐渐缩小，如图 8.1 所示。

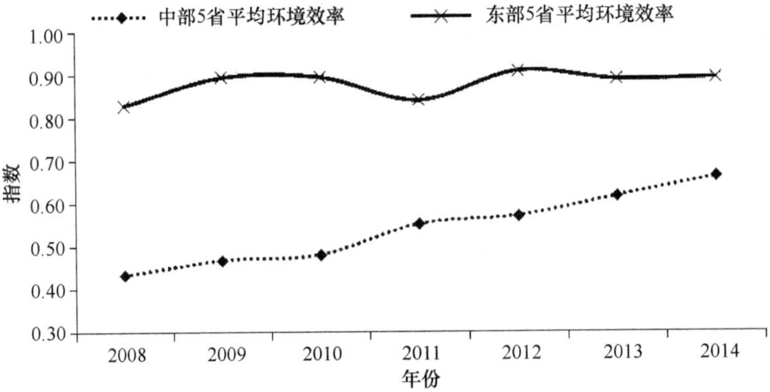

图 8.1　中部 5 省与东部 5 省平均环境效率

经济技术的辐射效应、近年来深化调整并普遍覆盖的产业发展政策，以及能源发展指导政策使得原本大幅落后的省区后起发力，不断追赶前沿环境效率水平。然而，所选中部 5 省与东部 5 省工业全要素能源效率仍然存在相当的差距。这一差距甚至体现在东部 5 省内部，如福建省相较于其他东部省份的落后，工业全要素能源效率差距显示出多数省域相较于前沿水平仍然存在较大的提升空间。

采用非期望产出 DEA 模型测算区域工业全要素能源效率，出现多个位于前沿水平样本的情况，如广东、山东、江苏，而前沿水平的省区之间则无法相互比较。

针对 DEA 模型测算结果中出现多个为 1.00 的情况，有学者提出以超效率 DEA 模型来解决。事实上，超效率 DEA 模型确实能够通过算法区别同位于技术前沿的样本，但其测算值的比例与无效率区域的效率值却不可同比。换言之，超效率仅可用于同位于技术前沿的样本之间的效率排序，而不能反映样本之间效率差异幅度。为了进一步观察同位于技术前沿地区环境效率差异，本书根据 DEA 模型的决策变量，通过观察区域单位产值能源、资本、劳动力投入，以及碳排放产出比较同位于技术前沿的省区的差异。

如图 8.2 所示，以 S_1、S_2、S_3 和 S_4 分别表示单位产值碳排放、能源消耗、投资

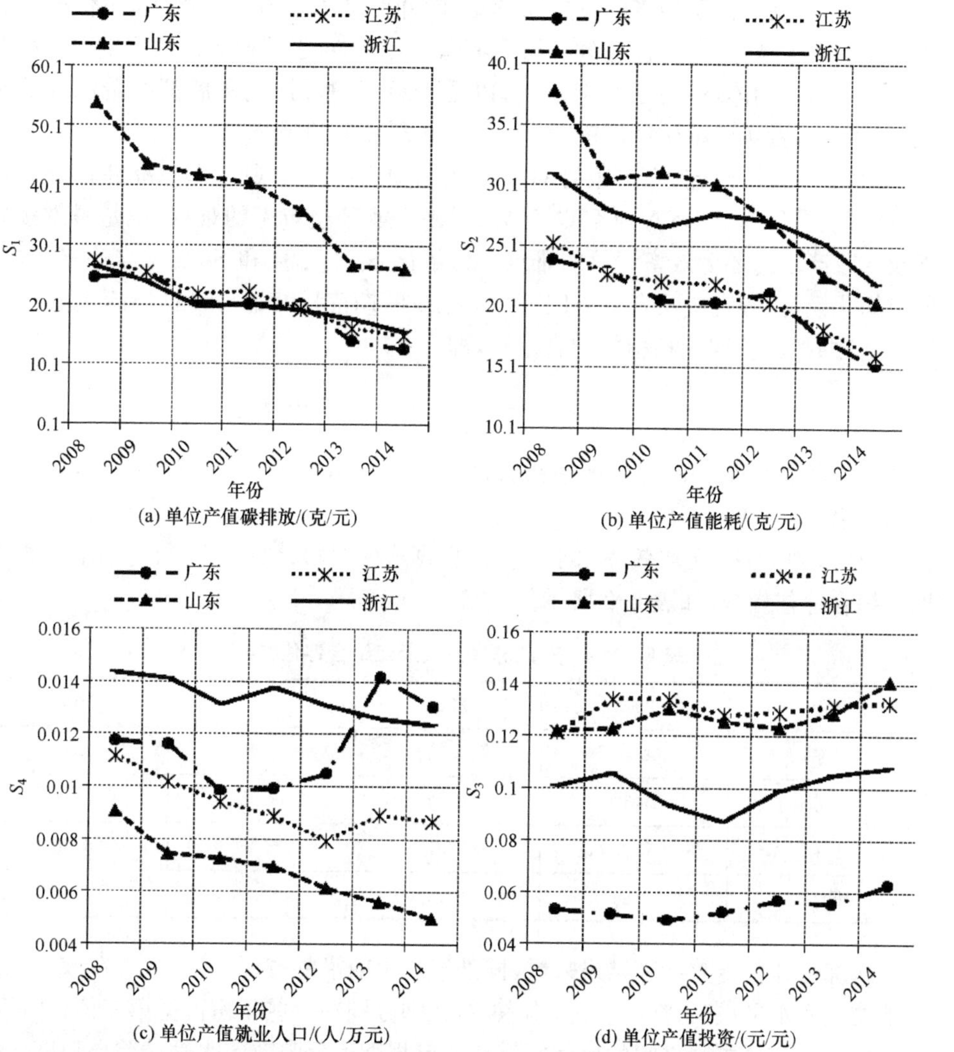

(a) 单位产值碳排放/(克/元)

(b) 单位产值能耗/(克/元)

(c) 单位产值就业人口/(人/万元)

(d) 单位产值投资/(元/元)

图 8.2　前沿省域单位产值投入与非期望产出

和就业人口。从决策者的角度,希望上述指标越小越好,但是在同处于技术前沿的区域中无法避免某个区域某项指标高,而另一项指标低的情况。那么,如何综合评价四项指标成为对比同处于技术前沿区域环境效率的关键。事实上,决策者对于这些指标减小的期待程度存在差异,而这种主观选择也将随着不同时期发展主题的改变而产生变化。例如,在工业化发展初期,决策者往往更加重视经济效益问题,倾向于以价值化的成本衡量投入,希望投入越少越好,而对能源消耗,尤其是不可再生资源的消耗不仅仅是经济成本问题缺乏考虑,在当前经济发展步入新常态背景后,环境与能源问题愈加被重视,决策者对于减少能源投入与碳排放产出的期待程度更大;又如仅从经济效益层面考虑,同样劳动力成本的情况下,单位产出劳动力投入越少越好,而从社会效益层面考虑,经济体对于就业人口的容纳也是社会效益一定程度的体现,对于社会稳定,以至于经济的可持续发展都有着深远的意义,因此决策者对于单位产出就业人口减少的鼓励程度减弱。

然而,在统计研究中,决策者对于上述四项指标的主观选择标准往往难以量化,这不仅是目前以DEA模型测算结果反映真实环境效率的难点,也是考虑多要素投入或产出的环境效率评价的难点。为量化 S_1、S_2、S_3 和 S_4 的综合水平,本书研究简化模型,假定决策者对于四项指标减少的期待程度是一致的,创建一项综合评估指数 R^0 评价四项指标的综合水平,即

$$R^0 = \sum_{i=1}^{4} \frac{S_i^0}{\min(S_i^j)}, \quad j = 1,2,\cdots,m \tag{8.11}$$

其中,R^0 表示 DMU^0 的综合评估指数;S_i^0 表示 DMU^0 的第 i 项指标;j 为同处于技术前沿的DMU个数。

显然,R^0 越小,区域效率水平越高。根据式(8.11)计算广东、江苏、山东、浙江四省综合评估指数,如表8.2所示。

表8.2 广东、江苏、山东、浙江综合评估指数

年份	2008	2010	2012	2014
广东	4.30	4.39	4.80	5.63
江苏	5.69	6.22	5.58	6.13
山东	7.07	7.27	6.38	6.66
浙江	5.86	6.01	6.20	6.90

从综合评估指数计算结果来看,同处于技术前沿的省份中,广东省在该评价系统下的效率水平最高,江苏次之,山东、浙江则分别在一些年份占据第三位,并且不同区域综合评估指数之间的比例能够在一定程度上反映效率水平的差异程度。综合评估指数的对比结果显示,同处于技术前沿的省域中仍然不乏存在可观提升空

间的区域，对比 2014 年各省综合评估指数，山东、浙江效率水平仍然存在近 20%的提升空间。

8.5　工业全要素能源效率影响因素

在类似研究文献中，一些学者对区域工业全要素能源效率影响因素展开了深入及广泛的分析。本书选取对外贸易水平、高耗能行业集中度、高附加值工业集中度与煤炭占能源消费总量比重(能源消费结构)作为工业环境效率的假定影响因子展开分析。基于 Tobit 模型，以上述变量为自变量，以全要素能源效率为因变量进行回归分析，计算结果如表 8.3 所示。

表 8.3　面板数据回归分析结果

指标	系数	Z	$P>\|Z\|$
出口贸易依存度	−0.56	−2.20	0.031
高耗能行业集中度	0.02	0.07	0.940
高附加值行业集中度	2.66	4.65	0.000
煤炭占能源消费总量比重	−1.16	−4.24	0.000

从 Tobit 面板数据的回归分析结果来看，出口贸易依存度与高耗能行业集中度未通过显著性检验，而高附加值工业集中度与煤炭占能源消费总量比重两项指标通过显著性检验，且符号合理。

出口贸易依存度的 P 值虽在 0.05 的水平上通过，但其系数为负，与理论推断结果相悖。从我国出口贸易产品结构来看，一般来说，出口贸易依存度高的区域工业趋于集中于纺织业等轻工业或机电产品。此外，较高的出口贸易依存度通常与外商投资水平匹配，意味着比其他地区更早接触并应用先进的生产或管理技术。总体而言，出口贸易依存度将通过影响区域工业行业结构与行业生产及管理技术而对区域工业全要素能源效率产生正面影响。而这一理论推断与 Tobit 回归分析结果有所出入，单从出口贸易依存度较高的 DMU 样本，如广东、浙江、江苏来看，其全要素能源效率确处于较高的水平(均处于或接近技术前沿)，然而同样处于技术前沿的山东出口贸易依存度则位于 15%左右，甚至远低于福建(30%左右)，同样的情况也出现在出口贸易依存度较低的样本对比中。由此看来，在 DMU 样本较少的情况下，个别样本的特性对整体回归分析结果的影响仍然是显著的，另一方面，出口贸易依存度差异仅在达到一定幅度时才会体现出对区域工业全要素能源效率的显著影响。

(1) 高附加值工业集中度

从 Tobit 回归分析结果看，高附加工业集中度与区域工业全要素能源效率存在显著的正相关关系,即区域高附加值工业集中度越高,全要素能源效率越高。结合 DEA 分析基础全要素模型,从工业总产值与碳排放两方面解释高附加值工业集中度对区域工业全要素能源效率的影响。对比传统高耗能行业,高附加值工业倾向于以更少的能源投入获得更为丰富的产出,并且高耗能行业中黑色及非金属行业能源消费以煤炭为主。根据 2014 年全国分行业终端能源消费统计,其煤炭消耗量占能源消费总量比重在 70%以上(电热当量法),显著高于高附加值行业,如计算机通信设备制造业 5%,以及仪器仪表制造业 13%的水平。行业能源投入产出的回报率,以及能源消费结构使得工业行业结构对同时考虑总产值产出与碳排放产出的全要素能源效率产生影响。

(2) 煤炭占能源消费总量比重

从 Tobit 回归分析结果看,煤炭占能源消费比重与区域全要素能源效率存在显著的负相关关系,即煤炭占能源消费比重越高,区域环境效率越低。分能源品种看,在释放同等热值水平下,原油产品碳排放量将是原煤产品的 80%,天然气则更少,仅为原煤的 60%(根据二氧化碳排放系数与折标准煤系数计算),而二次能源,如电力、热力能源在终端使用环节接近零排放。不同能源品种的碳排放差异使得终端能源消费结构对区域碳排放产生一定影响,从而影响区域工业全要素能源效率。Tobit 回归分析结果也印证了改善区域能源消费结构对提升环工业全要素能源效率的积极作用。

8.6 小　　结

本章基于共同前沿 DEA 方法,对湖南省及中国东部、中部十省 2010～2014 年的全要素能源效率及碳排放效率进行测算,分析省域全要素能源效率演变,探讨相关影响因素,主要结论如下。

从全要素能源效率测度结果来看,所选十省分属于东部、中部地区,东部 5 省全要素能源效率显著地高于中部 5 省,这与前期学者研究结论一致,如王志平、史丹等提出的中国工业全要素能源效率的布局为东部最高、中部次之、西部最低。在所选十省范围内,中部地区与东部地区的全要素能源效率差距整体呈缩小趋势,即中部 5 省工业全要素能源效率逐步向东部 5 省靠近,这与中部省份近年来工业的迅速发展密切相关。

在考虑非期望产出的 DEA 模型基础上,引入综合评估指数对比同处于技术前沿省区的全要素能源效率,结果显示在综合评估指数的评价系统下,广东省环境效率居于首位,其他技术前沿区域,如江苏、山东、浙江仍然存在一定的提升空间。总体来看,无论是中部 5 省较之东部,或是东部 5 省内部对比,均显示出大多数地区全要素能源效率长期内仍然存在可观的提升空间。

从全要素能源效率影响因素分析结果来看,高附加值工业集中度、煤炭占能源消费总量比重对区域环境效率呈现出显著的影响,而高耗能工业集中度、出口贸易依存度的影响则不显著。

根据研究结论,我们提出如下建议:

① 从研究结果看,东部、中部区域仍有不少省域在工业全要素能源效率方面存在较大的提升空间,区域工业发展应当重视对能源的利用,拓展、深化相关研究,并落实到实践实现工业全要素能源效率的提升。

② 高附加值工业集中度与全要素能源效率的显著关联性显示区域产业结构对环境效率的确定性影响,区域发展应积极主动面对产业调整,不断积累优质资源,立足长远,为高附加值工业的落地准备好适宜的土壤。当前,我国经济发展步入新常态,工业发展也将面临新的机遇与挑战:一方面,传统高耗能行业落后产能的淘汰将为区域经济发展带来短期阵痛;另一方面,工业内部结构的深化调整对提高工业全要素能源效率将起到一定的推进作用。区域工业发展也需顺应新常态经济形势,着力调整产业结构,为经济长期可持续发展夯实基础。

③ 在督促企业提升全要素能源效率的同时,还应从能源供应端着手,调整优化能源消费结构,如加大燃气及电力供应基础设施的建设投入,进一步扩大燃气与电力的应用普及度,支持工业企业生产以电代煤、以气代煤;提升原煤入洗率并鼓励使用洗精煤、焦炭等更高热值的煤品,在提高工业生产过程中的能源利用效率的同时改善碳排放及其他污染物排放问题。另一方面,在当前节能减排背景下,以环保补贴、排污收费等形式督促工业企业使用清洁能源,减少工业生产过程中的碳排放,从而提高考虑非期望产出碳排放的工业全要素能源效率。

参考文献

蔡圣华，杜立民，毕清华，2012. 我国提高能源效率的目标设计[J]. 中国管理科学，20(3)：152-160.

柴建，郭菊娥，席酉民，2009. 我国单位 GDP 能耗的投入占用产出影响因素分析[J]. 管理科学学报，12(5)：140-148.

崔民选，王军生，陈义和，[2017-5-22]. 2016 年中国能源发展报告[M]. 北京：社会科学文献出版社：25-76.

龚健健，沈可挺，2011. 中国高耗能产业及其环境污染的区域分布--基于省际动态面板数据的分析[J]. 数量经济技术经济研究，28(2)：20-36.

关伟，张华，许淑婷，2015. 基于 DEA-ESDA 模型的辽宁省能源效率测度及时空格局演化分析[J]. 资源科学，37(4)：764-773.

国际货币基金组织 IMF，[2017-4-2]. 2017 年世界经济展望报告[EB/OL]. http:// www. mofcom. gov. cn/article/i/jyjl/k/201701/20170102502901. shtml.

国家发改委，国家能源局，[2017-7-5]. 电力发展“十三五”规划(2016～2020 年)[EB/OL]. http://ghs. ndrc. gov. cn/ghwb/gjjgh/201706/t20170605_849993. html.

国家发改委，国家能源局，[2017-1-12]. 能源发展“十三五”规划[EB/OL]. http://www. ndrc. gov. cn/zcfb/zcfbtz/201701/t20170117_835278. html.

国家统计局，1982. 中国统计年鉴[M]. 北京：中国统计出版社.

国家统计局，1983. 中国统计年鉴[M]. 北京：中国统计出版社.

国家统计局，1984. 中国统计年鉴[M]. 北京：中国统计出版社.

国家统计局，1985. 中国统计年鉴[M]. 北京：中国统计出版社.

国家统计局，1986. 中国统计年鉴[M]. 北京：中国统计出版社.

国家统计局，1987. 中国统计年鉴[M]. 北京：中国统计出版社.

国家统计局，1988. 中国统计年鉴[M]. 北京：中国统计出版社.

国家统计局，1989. 中国统计年鉴[M]. 北京：中国统计出版社.

国家统计局，1990. 中国统计年鉴[M]. 北京：中国统计出版社.

国家统计局，1991. 中国统计年鉴[M]. 北京：中国统计出版社.

国家统计局，1992. 中国统计年鉴[M]. 北京：中国统计出版社.

国家统计局，1993. 中国统计年鉴[M]. 北京：中国统计出版社.

国家统计局，1994. 中国统计年鉴[M]. 北京：中国统计出版社.

国家统计局，1995. 中国统计年鉴[M]. 北京：中国统计出版社.

国家统计局，1996. 中国统计年鉴[M]. 北京：中国统计出版社.

国家统计局，1997. 中国统计年鉴[M]. 北京：中国统计出版社.

国家统计局，1998. 中国统计年鉴[M]. 北京：中国统计出版社.

国家统计局，1999. 中国统计年鉴[M]. 北京：中国统计出版社.

国家统计局，2001. 中国统计年鉴[M]. 北京：中国统计出版社.

国家统计局，2002. 中国统计年鉴[M]. 北京：中国统计出版社.

国家统计局,2003. 中国统计年鉴[M]. 北京:中国统计出版社.
国家统计局,2004. 中国统计年鉴[M]. 北京:中国统计出版社.
国家统计局,2005. 中国统计年鉴[M]. 北京:中国统计出版社.
国家统计局,2006. 中国统计年鉴[M]. 北京:中国统计出版社.
国家统计局,2007. 中国统计年鉴[M]. 北京:中国统计出版社.
国家统计局,2008. 中国统计年鉴[M]. 北京:中国统计出版社.
国家统计局,2009. 中国统计年鉴[M]. 北京:中国统计出版社.
国家统计局,2010. 中国统计年鉴[M]. 北京:中国统计出版社.
国家统计局,2011. 中国统计年鉴[M]. 北京:中国统计出版社.
国家统计局,2012. 中国统计年鉴[M]. 北京:中国统计出版社.
国家统计局,2013. 中国统计年鉴[M]. 北京:中国统计出版社.
国家统计局,2014. 中国统计年鉴[M]. 北京:中国统计出版社.
国家统计局,2015. 中国统计年鉴[M]. 北京:中国统计出版社.
国家统计局,2016. 中国统计年鉴[M]. 北京:中国统计出版社.
国家统计局能源统计司,2005. 中国能源统计年鉴[M]. 北京:中国统计出版社.
国家统计局能源统计司,2006. 中国能源统计年鉴[M]. 北京:中国统计出版社.
国家统计局能源统计司,2007. 中国能源统计年鉴[M]. 北京:中国统计出版社.
国家统计局能源统计司,2008. 中国能源统计年鉴[M]. 北京:中国统计出版社.
国家统计局能源统计司,2009. 中国能源统计年鉴[M]. 北京:中国统计出版社.
国家统计局能源统计司,2010. 中国能源统计年鉴[M]. 北京:中国统计出版社.
何晓萍, 2011. 中国工业的节能潜力及影响因素[J]. 金融研究,(10):34-46.
河南省统计局,2016. 河南统计年鉴[M]. 北京:中国统计出版社.
湖北省统计局,2016. 湖北统计年鉴[M]. 北京:中国统计出版社.
湖南省发改委,[2016-11-14]. 湖南省"十三五"煤炭工业发展规划[EB/OL]. http://fgw. hunan. gov. cn/ztzl/nyjwy/tzggnyj/201705/t20170531_4243821. html.
湖南省发改委,[2016-12-1]. 湖南省"十三五"能源发展规划[EB/OL]. http://fgw. hunan. gov. cn/ztzl/nyjwy/tzggnyj/201705. html.
湖南省发改委,[2016-12-3]. 湖南省"十三五"煤层气发展规划[EB/OL]. http://fgw. hunan. gov. cn/ztzl/nyjwy/tzggnyj/201705. html.
湖南省人民政府,[2016-1-6]. 湖南省"十三五"国民经济与社会发展规划纲要[EB/OL]. http://www. hunan. gov. cn/2015xxgk/szfzcbm/tjbm. html.
湖南省人民政府,[2016-4-22]. 湖南省煤炭行业化解过剩产能实现脱困发展的实施方案[EB/OL]. http://www. hunan. gov. cn/2015xxgk/fz/zfwj/szfbgtwj/201604/t20160419_3046340. html
湖南省人民政府,[2016-7-21]. 湖南省能源发展补短板行动计划(2016~2018 年)[EB/OL]. http://fgw. hunan. gov. cn/ztzl/nyjwy/201607/t20160721_3098004. html.
湖南省人民政府,[2016-8-4]. 湖南省加快推进产业园区转型升级的实施方案(2016~2018 年)[EB/OL]. http://www. hunan. gov. cn/2015xxgk/fz/zfwj/szfbgtwj/201607/t20160706_3080089. html.

湖南省统计局,1982. 湖南统计年鉴[M]. 北京:中国统计出版社.
湖南省统计局,1983. 湖南统计年鉴[M]. 北京:中国统计出版社.
湖南省统计局,1984. 湖南统计年鉴[M]. 北京:中国统计出版社.
湖南省统计局,1985. 湖南统计年鉴[M]. 北京:中国统计出版社.
湖南省统计局,1986. 湖南统计年鉴[M]. 北京:中国统计出版社.
湖南省统计局,1987. 湖南统计年鉴[M]. 北京:中国统计出版社.
湖南省统计局,1988. 湖南统计年鉴[M]. 北京:中国统计出版社.
湖南省统计局,1989. 湖南统计年鉴[M]. 北京:中国统计出版社.
湖南省统计局,1990. 湖南统计年鉴[M]. 北京:中国统计出版社.
湖南省统计局,1991. 湖南统计年鉴[M]. 北京:中国统计出版社.
湖南省统计局,1992. 湖南统计年鉴[M]. 北京:中国统计出版社.
湖南省统计局,1993. 湖南统计年鉴[M]. 北京:中国统计出版社.
湖南省统计局,1994. 湖南统计年鉴[M]. 北京:中国统计出版社.
湖南省统计局,1995. 湖南统计年鉴[M]. 北京:中国统计出版社.
湖南省统计局,1996. 湖南统计年鉴[M]. 北京:中国统计出版社.
湖南省统计局,1997. 湖南统计年鉴[M]. 北京:中国统计出版社.
湖南省统计局,1998. 湖南统计年鉴[M]. 北京:中国统计出版社.
湖南省统计局,1999. 湖南统计年鉴[M]. 北京:中国统计出版社.
湖南省统计局,2001. 湖南统计年鉴[M]. 北京:中国统计出版社.
湖南省统计局,2002. 湖南统计年鉴[M]. 北京:中国统计出版社.
湖南省统计局,2003. 湖南统计年鉴[M]. 北京:中国统计出版社.
湖南省统计局,2004. 湖南统计年鉴[M]. 北京:中国统计出版社.
湖南省统计局,2005. 湖南能源统计年鉴[M]. 北京:中国统计出版社.
湖南省统计局,2005. 湖南统计年鉴[M]. 北京:中国统计出版社.
湖南省统计局,2006. 湖南能源统计年鉴[M]. 北京:中国统计出版社.
湖南省统计局,2006. 湖南统计年鉴[M]. 北京:中国统计出版社.
湖南省统计局,2007. 湖南能源统计年鉴[M]. 北京:中国统计出版社.
湖南省统计局,2007. 湖南统计年鉴[M]. 北京:中国统计出版社.
湖南省统计局,2008. 湖南能源统计年鉴[M]. 北京:中国统计出版社.
湖南省统计局,2008. 湖南统计年鉴[M]. 北京:中国统计出版社.
湖南省统计局,2009. 湖南能源统计年鉴[M]. 北京:中国统计出版社.
湖南省统计局,2009. 湖南统计年鉴[M]. 北京:中国统计出版社.
湖南省统计局,2010. 湖南能源统计年鉴[M]. 北京:中国统计出版社.
湖南省统计局,2010. 湖南统计年鉴[M]. 北京:中国统计出版社.
湖南省统计局,2011. 湖南统计年鉴[M]. 北京:中国统计出版社.
湖南省统计局,2012. 湖南统计年鉴[M]. 北京:中国统计出版社.
湖南省统计局,2013. 湖南统计年鉴[M]. 北京:中国统计出版社.
湖南省统计局,2014. 湖南统计年鉴[M]. 北京:中国统计出版社.

湖南省统计局,2015. 湖南统计年鉴[M]. 北京:中国统计出版社.

湖南省统计局,2016. 湖南统计年鉴[M]. 北京:中国统计出版社.

黄群慧,李芳芳,等,2016. 中国工业化进程报告(1995—2015)[M]. 北京:社会科学文献出版社:115-176.

黄晓勇,邢广程,解树江,2017. 2016 年世界能源发展报告[M]. 北京:社会科学文献出版社:78-108.

江苏省统计局,2016. 江苏统计年鉴[M]. 北京:中国统计出版社.

江西省统计局,2016. 江西统计年鉴[M]. 北京:中国统计出版社.

林卫斌,苏剑,2010. 经济增长,结构变化与电力消费[J]. 经济理论与经济管理,(2):27-32.

山东省统计局,2016. 山东统计年鉴[M]. 北京:中国统计出版社.

史丹,2002. 我国经济增长过程中能源利用效率的改进[J]. 经济研究,(9):49-56.

史丹,2006. 中国能源效率的地区差异与节能潜力分析[J]. 中国工业经济,(10):57-65.

孙传旺,林伯强,2014. 中国工业能源要素配置效率与节能潜力研究[J]. 数量经济技术经济研究,31(5):86-99.

王磊,吕璐,解明明,2012. 经济增长,结构变迁与中国能源消费——基于半参数广义可加模型的经验研究[J]. 华东经济管理,26(08):59-65.

王志平,2010. 生产效率的区域特征与生产率增长的分解——基于主成分分析与随机前沿超越对数生产函数的方法[J]. 数量经济技术经济研究,27(1):33-43.

英国石油公司,[2017-4-2]. BP 世界能源统计年鉴 2017[EB/OL]. http://www.bp.com/zh_cn/china/reports-and-publications/_bp_2017-_.html.

翟士军,赵磊,2006. 基于泰尔指数的产业结构调整对出口强度影响研究[J]. 经济经纬,33(04):92-97.

浙江省统计局,2016. 浙江统计年鉴[M]. 北京:中国统计出版社.

中国工程院,2017. 2017 中国战略性新兴产业发展报告[M]. 北京:科学出版社:126-189.

Garbaccio R F, Mun S H, Jorgenson W, 1999. Why has the energy-output ratio fallen in China? [J]. The Energy Journal,(3):63-92.

Stern D I, Cleveland J C, 2004. Energy and economic growth[R]. Rensselaer Working Papers in Economics:3-10.

Wood S N, 2006. Generalized Additive Models: An Introduction with R[M]. New York: Chapman & Hall/CRC:273-318.

附　　表

附表 1　2000～2016 年湖南省 GDP 和结构

指标	当年值构成/亿元				增长率/%				百分比构成/%		
	GDP	第一产业	第二产业	第三产业	GDP	第一产业	第二产业	第三产业	第一产业	第二产业	第三产业
1985 年	350.0	147.7	127.1	75.2	12.0	3.7	13.6	27.2	42.2	36.3	21.5
1990 年	744.4	279.1	250.0	215.3	4.0	3.2	4.6	3.8	37.5	33.6	28.9
1995 年	2132.1	685.3	770.7	676.1	10.3	6.5	13.5	10.6	32.1	36.1	31.8
2000 年	3691.9	780.5	1468.0	1443.4	9.0	3.8	10.7	10.6	22.1	36.4	41.5
2001 年	3983.0	826.0	1570.0	1587.0	9.0	4.0	10.0	10.5	20.7	39.4	39.9
2002 年	4340.9	847.3	1737.2	1756.4	9.0	2.6	10.9	10.5	19.5	40.0	40.5
2003 年	4633.8	885.9	1793.7	1954.2	9.6	3.6	12.6	9.6	19.1	38.7	42.2
2004 年	5612.3	1155.9	2214.4	2242.0	12.0	7.4	16.2	10.2	20.6	39.5	39.9
2005 年	6473.7	1255.0	2604.6	2614.1	11.6	5.7	13.9	11.8	19.4	40.2	40.4
2006 年	7493.2	1331.3	3123.5	3038.4	12.1	4.8	15.5	12.4	17.8	41.7	40.5
2007 年	9145.1	1611.5	3901.2	3632.4	14.4	4.6	18.6	14.4	17.6	42.7	39.7
2008 年	11156.5	2007.4	4933.0	4216.1	12.8	5.3	14.9	13.3	18.0	44.2	37.8
2009 年	12930.7	1969.7	5682.2	5278.8	13.6	5.0	18.9	11.0	15.2	43.9	40.9
2010 年	15902.1	2339.4	7313.6	6249.1	14.5	4.3	20.2	11.5	14.7	46.0	39.3
2011 年	19635.2	2733.7	9324.7	7576.8	12.8	4.2	17.0	11.0	13.9	47.5	38.6
2012 年	22154.2	3004.2	10506.4	8643.6	11.3	3.0	12.8	12.2	13.6	47.4	39.0
2013 年	24501.7	3099.2	11517.4	9885.1	10.1	2.8	10.9	11.4	12.7	47.0	40.3
2014 年	27048.5	3148.8	12481.9	11417.8	9.5	4.5	9.3	11.1	11.6	46.2	42.2
2015 年	29047.2	3331.6	12955.4	12760.2	8.6	3.6	7.4	11.2	11.5	44.6	43.9
2016 年	31244.7	3578.4	13181.0	14485.3	7.9	3.3	6.6	10.5	11.5	42.2	46.3

附表 2　2000～2016 年湖南省各地市 GDP 情况

指标	GDP/亿元					GDP 增长率/%			
	2000 年	2005 年	2010 年	2015 年	2016 年	2000～2005 年	2005～2010 年	2010～2015 年	2015～2016 年
长沙市	1176.7	2239.3	4547.1	8001.9	8754.1	13.7	15.2	12.0	9.4
株洲市	383.6	657.4	1275.5	2179.3	2351.5	11.4	14.2	11.3	7.9
湘潭市	263.4	459.1	894.0	1546.8	1673.6	11.8	14.3	11.6	8.2
衡阳市	456.9	742.5	1420.3	2387.3	2575.9	10.2	13.9	10.9	7.9
邵阳市	263.5	407.0	727.3	1225.2	1322.0	9.1	12.3	11.0	7.9
岳阳市	469.1	796.8	1539.4	2582.4	2783.9	11.2	14.1	10.9	7.8
常德市	465.1	794.2	1491.6	2529.9	2732.2	11.3	13.4	11.1	8.0
张家界	77.3	128.1	242.5	393.1	425.0	10.6	13.6	10.1	8.1
益阳市	237.3	377.2	712.3	1197.5	1290.9	9.7	13.6	10.9	7.8
郴州市	357.2	623.3	1081.8	1857.9	2010.2	11.8	11.7	11.4	8.2
永州市	248.2	407.3	767.0	1261.9	1362.9	10.4	13.5	10.5	8.0
怀化市	226.6	364.1	674.9	1085.8	1173.7	10.0	13.1	10.0	8.1
娄底市	228.8	368.5	678.7	1105.0	1189.0	10.0	13.0	10.2	7.6
湘西自治州	122.7	180.8	303.5	445.1	475.8	8.1	10.9	8.0	6.9

注:2010 年可比价

附表 3　2000～2016 年湖南省各地市 GDP 结构

指标	2000 年			2005 年			2010 年			2015 年			2016 年		
	第一产业	第二产业	第三产业	第一产业	第二产业	第三产业	第一产业	第二产业	第三产业	第一产业	第二产业	第三产业	第一产业	第二产业	第三产业
长沙市	11.3	40.9	47.8	7.5	42.2	50.3	4.4	53.6	42.0	4.0	50.9	45.1	4.0	48.4	47.6
株洲市	17.3	46.7	36.0	13.4	50.5	36.1	9.7	57.8	32.5	7.6	57.3	35.1	7.8	54.3	37.9
湘潭市	15.2	42.9	41.9	15.5	43.3	41.2	10.7	55.9	33.4	8.3	54.8	36.9	8.2	52.9	38.9
衡阳市	29.5	34.9	35.6	25.5	38.0	36.5	18.6	45.5	35.9	15.2	44.6	40.2	15.1	41.5	43.4
邵阳市	39.9	25.6	34.5	30.8	28.2	41.0	23.9	38.2	37.9	21.6	36.6	41.8	21.5	35.2	43.3
岳阳市	24.8	40.4	34.8	20.0	46.3	33.7	14.0	54.2	31.8	11.0	50.1	38.9	11.1	47.4	41.5
常德市	30.0	39.4	30.6	26.3	40.2	33.5	18.8	45.9	35.3	13.1	45.7	41.2	13.0	42.8	44.2
张家界	24.8	22.8	52.4	17.7	24.3	58.0	12.9	24.8	62.3	11.6	22.7	65.7	11.3	21.5	67.2
益阳市	27.7	30.1	42.2	28.1	28.6	43.3	22.8	40.5	36.7	18.6	42.1	39.3	18.6	40.5	40.9
郴州市	24.3	35.6	40.1	17.6	47.5	34.9	11.8	54.9	33.3	9.8	54.6	35.6	9.9	52.9	37.2
永州市	33.6	30.9	35.5	30.6	26.2	43.2	24.9	36.3	38.8	21.8	36.5	41.7	20.9	34.8	44.3
怀化市	26.9	31.0	42.1	23.8	30.9	45.3	14.4	42.8	42.8	14.5	41.8	43.7	14.4	39.1	46.5
娄底市	23.8	39.6	36.6	18.7	46.2	35.1	14.7	53.8	31.5	14.6	50.3	35.1	14.7	48.3	37.0
湘西自治州	33.7	34.2	32.1	21.7	34.4	43.9	16.3	40.0	43.7	15.3	31.9	52.8	15.2	31.2	53.6

附表 4　1978～2016 年全国及浙江、江苏、湖南省经济发展情况

指标	生产总值增长率/%			
	全国	浙江省	江苏省	湖南省
1978 年	11.7	21.9	24.6	16.4
1979 年	7.6	13.6	12.0	9.1
1980 年	7.8	16.4	4.8	5.2
1981 年	5.2	11.5	10.9	5.5
1982 年	9.1	11.4	9.8	9.4
1983 年	10.9	8.0	12.3	9.2
1984 年	15.2	21.7	15.7	9.4
1985 年	13.5	21.7	17.3	12.0
1986 年	8.8	12.1	10.4	8.1
1987 年	11.6	11.8	13.4	9.3
1988 年	11.3	11.2	19.6	8.2
1989 年	4.1	−0.6	2.5	3.6
1990 年	3.8	3.9	5.0	4.0
1991 年	9.2	17.8	8.3	7.9
1992 年	14.2	19.8	25.6	11.1
1993 年	13.6	22.0	19.8	12.4
1994 年	13.1	20.0	16.5	10.6
1995 年	9.4	16.8	15.4	10.3
1996 年	10.1	12.7	12.2	12.1
1997 年	9.6	11.1	12.0	10.6
1998 年	7.3	10.2	11.0	8.5
1999 年	8.0	10.0	10.1	8.4
2000 年	8.6	11.0	10.6	9.0
2001 年	8.1	10.6	10.2	9.0
2002 年	9.6	12.6	11.7	9.0
2003 年	10.5	14.7	13.6	9.6
2004 年	10.5	14.5	14.8	12.1
2005 年	10.9	12.8	14.5	11.6
2006 年	13.3	13.6	14.9	12.1
2007 年	14.7	14.7	14.9	15.0
2008 年	10.1	10.1	12.7	13.9

续表

指标	生产总值增长率/%			
	全国	浙江省	江苏省	湖南省
2009 年	8.5	8.9	12.4	13.7
2010 年	10.3	11.9	12.7	14.6
2011 年	9.0	9.0	11.0	12.8
2012 年	8.6	8.0	10.1	11.3
2013 年	7.1	8.2	9.6	10.1
2014 年	8.3	7.6	8.7	9.5
2015 年	6.4	8.0	8.5	8.5
2016 年	6.7	7.5	7.8	7.9

附表 5　2015 年全国各地经济发展基本情况

指标	面积/万 km^2	常住人口/万人	GDP/亿元	各产业结构占比/%			人均 GDP/万元	人口密度/(人/km^2)	城镇化率/%
				第一产业	第二产业	第三产业			
北京市	1.64	2171	23014.6	0.6	19.7	79.7	10.60	1324	86.5
天津市	1.19	1547	16538.2	1.3	46.6	52.1	10.69	1300	82.6
河北省	18.77	7425	29806.1	11.5	48.3	40.2	4.01	396	51.3
山西省	15.60	3664	12766.5	6.1	40.7	53.2	3.48	235	55.0
内蒙古自治区	118.30	2511	17831.5	9.1	50.5	40.4	7.10	21	60.3
辽宁省	14.80	4382	28669.0	8.3	45.5	46.2	6.54	296	67.4
吉林省	18.74	2753	14063.1	11.4	49.8	38.8	5.11	147	55.3
黑龙江省	47.30	3812	15083.7	17.5	31.8	50.7	3.96	81	58.8
上海市	0.63	2415	25123.5	0.4	31.8	67.8	10.40	3833	87.6
江苏省	10.26	7976	70116.4	5.7	45.7	48.6	8.79	777	66.5
浙江省	10.18	5539	42886.5	4.3	45.9	49.8	7.74	544	65.8
安徽省	13.96	6144	22005.6	11.2	49.7	39.1	3.58	440	50.5
福建省	12.40	3839	25979.8	8.2	50.3	41.5	6.77	310	62.6
江西省	16.69	4566	16723.8	10.6	50.3	39.1	3.66	274	51.6
山东省	15.70	9847	63002.3	7.9	46.8	45.3	6.40	627	57.0
河南省	16.70	9480	37002.2	11.4	48.4	40.2	3.90	568	46.8
湖北省	18.59	5852	29550.2	11.2	45.7	43.1	5.05	315	56.9
湖南省	21.18	6783	28902.2	11.5	44.6	43.9	4.26	320	50.9

续表

指标	面积/万 km^2	常住人口/万人	GDP/亿元	各产业结构占比/%			人均 GDP/万元	人口密度/(人/km^2)	城镇化率/%
				第一产业	第二产业	第三产业			
广东省	17.98	10849	72812.6	4.6	44.8	50.6	6.71	603	68.7
广西壮族自治区	23.67	4796	16803.1	15.3	45.9	38.8	3.50	203	47.1
海南省	3.40	911	3702.8	23.1	23.7	53.2	4.06	268	55.1
重庆市	8.24	3017	15717.3	7.3	45.0	47.7	5.21	366	60.9
四川省	48.50	8204	30053.1	12.2	44.1	43.7	3.66	169	47.7
贵州省	17.61	3530	10502.6	15.6	39.5	44.9	2.98	200	42.0
云南省	39.40	4742	13619.2	15.1	39.8	45.1	2.87	120	43.3
西藏自治区	122.00	324	1026.4	9.6	36.6	53.8	3.17	3	27.8
陕西省	20.58	3793	18021.9	8.9	50.4	40.7	4.75	184	53.9
甘肃省	45.48	2600	6790.3	14.1	36.7	49.2	2.61	57	43.2
青海省	71.75	588	2417.1	8.6	49.9	41.5	4.11	8	50.3
宁夏回族自治区	5.20	668	2911.8	8.2	47.4	44.4	4.36	128	55.2
新疆维吾尔自治区	163.78	2360	9324.8	16.7	38.6	44.7	3.95	14	47.2
湖南省排名	10	7	9	10	20	19	16	12	21